MICE 산업론

홍성화 저

백산출판사

머리말

MICE산업은 관광, 숙박, 이벤트, 공연, 운송, 광고, 정보통신 등 다양한 산업과 융합과정을 거치면서 시너지효과가 매우 크다는 것을 보여주었고 부가가치 창출의 확대를 통해 경제적 파급효과의 극대화를 가져오고 있다. 또한, MICE산업의 외화가득률 효과는 자동차, 휴대폰, 반도체 등 주요 수출품과 비교해도 훨씬 높고 MICE 관련 행사 참석자의 평균 지출비용은 일반 관광객의 두 배 수준에 달하는 것으로 나타나고 있다.

이러한 MICE산업에 대해 정부차원에서는 이미 신성장 동력산업으로 지정하여 육성하고 있고, 2014년 1월에는 MICE산업 육성을 위한 5개년 계획인 '제3차 국제회의산업 육성 기본계획'을 발표하였다. 본서는 이러한 MICE산업을 둘러싼 시대적 환경변화에 맞추어 이론과 실무교육에 도움이 될 수 있도록 구성하였다.

MICE산업은 매우 광범위하여 관련 내용을 모두 담기에는 한계가 있다. 따라서 저자가 그동안 연구를 통해 축적해온 자료 중 꼭 필요하다고 판단되는 부문만을 중점적으로 발췌하여 본서에 담았다. MICE산업의 이해부분에서는 산업의 구조와 개념 그리고 다양한 파급효과의 내용을 담고 있다.

이어 MICE산업 통계에서는 국내외 통계자료를 제시하고 있는데 MICE 관련 전문가가 지적하고 있는 통계활용의 한계도 제시하였다. MICE 융복합 파트에서는 융복합의 사례와 발전방향 그리고 상품개발 전략을 제시했다. 또한 MICE 기획에서는 개최지 선정, 예산수립, 현장운영, 의전, 연사관리, 식음료, 현장진행인력 관리, 동시통역관리와 관련된 기획내용을 담았고 컨벤션기획사(PCO)의 유형과 역할에 대해 기술하고 있다.

MICE 유치전략은 행사유치를 위해 필요한 유치위원회의 업무와 전략을 담았고 조직위원회와 사무국의 역할도 제시하고 있다. 이어 국내외 주요 전시컨벤션센터 시설과 경영형태를 소개하였고 인센티브 투어와 관련된 상품의 특성과 홍보마케팅 전략을 제시하였다. 전시산업과 관련해서는 전시회의 기능과 특성을 시작으로 전시주최기업의 경영전략과 참여기업의 세일즈리드 활용의 중요성을 담았다. 이어 전시회 예산편성과 프로모션 그리고 전시회 공동개최의 필요성에 대해 언급하였다.

9장에서는 컨벤션뷰로의 역할과 기능 그리고 국내외 관련조직에 대해 소개하였고, 행사개최지역의 주요 파트너인 현지운영대행사의 자원확보전략과 업무내용을 기술하였다. 이어 MICE 행사 관련 주체의 효율적인 업무진행과 보호를 위한 협상 및 계약내용에 대해 설명하였고, 마지막으로 MICE 마케팅 파트에서는 MICE 상품특성과 뉴마케팅 전략, 스폰서 마케팅 그리고 MICE 관련 핵심기관의 내부마케팅 전략을 제시하였다.

본서가 나오기까지 강아령 대학원생의 도움이 컸다. 또한 백산출판사 진욱상 사장님과 편집부에도 감사드린다. 아내와 두 아들 승재, 승진의 응원에도 고마움을 표한다.

저자 씀

차례

CHAPTER 01 ★ MICE산업의 이해

1. MICE의 개념 ······ 013
2. MICE산업의 구조 ······ 015
3. MICE산업의 경제적 파급효과 ······ 017
1) 경제적 효과 ······ 017
2) 사회문화적 효과 ······ 018

CHAPTER 02 ★ MICE산업 통계

1. MICE산업 통계에 대한 이해 ······ 023
2. 세계 국제회의 개최 현황 ······ 024
1) 세계 주요 국가별 국제회의 개최 현황 ······ 025
2) 세계 주요 도시별 국제회의 개최 현황 ······ 026
3) 아시아지역 국제회의 개최 현황 ······ 028
3. 국내 MICE산업 통계 현황 ······ 030
1) 컨벤션 분야 통계 현황 ······ 031
2) 컨벤션, 인센티브 투어 & 전시분야 월별통계 ······ 035
3) 국내 국제회의 개최 현황 ······ 038
4. 제3차 국제회의산업 육성 기본계획 ······ 043

CHAPTER 03 ★ MICE 융복합 전략

1. 융복합의 개념과 의의 ······ 051
2. MICE산업의 융복합 전략 ······ 052

1) MICE산업 융복합의 의미 ······ 052
2) 융복합 MICE 사례 ······ 052
3) MICE산업의 융복합 가능사례 예시 ······ 058
3. MICE 융복합 산업의 발전방향 ······ 062
1) 융복합을 통한 새로운 가치 창출 ······ 062
2) 융복합을 통한 새로운 콘텐츠와 서비스 제공 ······ 062
3) 지역 비교우위 산업과 손잡는 융복합 상품개발 전략 필요 ······ 062
4) 정부의 융복합 정책에 적극 반응 ······ 063
5) MICE산업 융복합 상품개발 및 사업관리 시스템 구축 ······ 063
6) 융복합의 범위 확장 ······ 063

CHAPTER 04 ★ MICE 기획

1. MICE 기획의 개념 ······ 067
2. 개최지 선정 ······ 068
1) 개최도시 선정 ······ 069
2) 컨벤션 개최지와 개최장소 이미지의 상호관계 ······ 080
3. 예산수립 ······ 083
1) 예산계획의 수립 ······ 084
2) 예산서 작성 ······ 088
4. 현장운영 ······ 090
1) 현장운영의 의미 ······ 090
2) 현장진행의 내용 ······ 091
5. 의전 및 공항영접/영송서비스 ······ 098
1) 의전 ······ 098
2) 공항 영접/영송 서비스 ······ 100
6. 연사 관리 ······ 103
1) 연사 섭외 ······ 103
2) 연사 관리 ······ 105
7. 식 · 음료 기획 ······ 106
1) 휴식을 위한 음료서비스 ······ 107
2) 리셉션 ······ 107
3) 테마파티 ······ 110
4) 참석자 개런티 ······ 111
5) 식음료 행사장 서비스 제공 ······ 111

8. 현장진행인력의 개념 ········· 112
9. 동시통역 관리 ········· 117
10. 컨벤션 ········· 119
1) 컨벤션 기획가의 유형 ········· 119
2) 컨벤션 기획사의 역할과 자질 ········· 120
3) 컨벤션 기획사와 호텔기업 간 파트너십 구축 ········· 122

CHAPTER 05 ★ MICE 유치 전략

1. 유치조건 검토 ········· 129
2. 유치위원회 업무 ········· 130
3. 유치활동의 전개 ········· 131
4. 조직위원회와 사무국의 역할 ········· 132

CHAPTER 06 ★ 국내외 주요 전시컨벤션센터

1. 국내 전시컨벤션센터 ········· 138
2. 국외 전시컨벤션센터 ········· 147

CHAPTER 07 ★ 인센티브 투어

1. 인센티브 투어의 정의 ········· 151
2. 인센티브 투어의 개요 및 발달과정 ········· 154
3. 인센티브 투어의 효과 ········· 156
4. 인센티브 투어의 종류 ········· 156
1) 순수 인센티브 투어 ········· 156
2) 판매 인센티브 투어 ········· 157
5. 인센티브 투어 상품의 특성 ········· 157
6. 인센티브 투어 유치를 위한 홍보마케팅 전략 ········· 159

CHAPTER 08 ★ 전시회

1. 전시회의 특성 ······ 163
1) 전시회의 유래 ······ 163
2) 전시회의 유형 분류 ······ 164
3) 전시회의 구성요소 ······ 168
2. 전시회의 기능 ······ 171
1) 세일즈 공간으로서의 전시회 ······ 171
2) 통합적 마케팅 믹스 전략의 활용 공간 ······ 172
3. 전시주최자 운영전략 ······ 172
1) 시장변화에의 대응 ······ 172
2) 참여업체에 전시공간 할당 ······ 174
3) 예산관리 ······ 176
4. 기업체의 전시회 선정 ······ 179
1) 선정기준 ······ 179
2) 선정과정에서 고려해야 할 요소 ······ 180
5. 전시회 참여기업 예산편성 ······ 182
1) 전시회 참가에 따른 지출 항목 ······ 183
2) 지출관련 주요 항목 ······ 183
6. 전시회 프로모션 ······ 186
1) 전시회 프로모션의 의의 ······ 186
2) 전시회 프로모션 전략 ······ 186
7. 전시회에서 세일즈 리드의 중요성 ······ 189
1) 리드의 중요성 ······ 189
2) 리드 작성방법 ······ 190
8. 전시회 공동개최의 필요성 ······ 191

CHAPTER 09 ★ 컨벤션뷰로

1. 컨벤션뷰로 ······ 201
2. 컨벤션뷰로의 역할 ······ 202
1) 회의 유치 활동 ······ 203
2) 행사 진행 ······ 204

3) 사후관리 ········ 204
3. 국내 주요 컨벤션뷰로의 기능 ········ 205
1) Korea MICE Bureau ········ 206
2) 서울컨벤션뷰로 ········ 207
3) 제주컨벤션뷰로 ········ 208
4. 컨벤션뷰로 관련 국제조직 ········ 208

CHAPTER 10 ★ 현지운영대행사

1. 현지운영대행사 ········ 213
2. DMC의 자원 확보 ········ 215
1) 포트폴리오 ········ 216
2) 브랜드 가치 ········ 216
3) 행사 경험 ········ 216
4) 지역업체와의 네트워크 ········ 217
3. DMC의 업무진행절차 ········ 217
1) 잠재고객의 발굴 ········ 218
2) 사업제안서 작성 ········ 218
3) 현장 조사 ········ 219
4) 계약 및 행사진행 ········ 220
5) 사후관리 ········ 220

CHAPTER 11 ★ MICE산업의 협상과 계약

1. 협상 ········ 225
1) 협상의 과정과 태도 ········ 226
2) 정보수집 방안 ········ 227
3) 계약을 위한 현장조사 ········ 228
4) 업체별 협상내용 ········ 230
2. 계약 ········ 233

CHAPTER 12 ★ MICE 마케팅

1. MICE상품의 특성 ··· 237
2. 마케팅 절차 ··· 238
3. 뉴마케팅 전략 ··· 239
 1) 이메일 마케팅 ··· 240
 2) 블로그/SNS 마케팅 ··· 241
4. 스폰서 마케팅 ··· 242
 1) 스폰서십 ··· 242
 2) 스폰서의 확보 ··· 243
5. MICE 내부마케팅 전략 ··· 250
 1) MICE 관련기관 내부마케팅의 중요성 ··· 250
 2) MICE 관련기관의 내부마케팅 활동 ··· 252

부록 MICE산업 관련법률 ··· 255
참고문헌 ··· 279

Chapter 01

MICE산업의 이해

01 MICE산업의 이해

C · H · A · P · T · E · R

1 MICE의 개념

세계화가 진전됨에 따라 국가의 경계를 벗어난 문제들이 발생하였고, 세계 각국은 국제 이슈를 논의하고 협력을 하기 위한 모임들을 갖게 되었다. 이러한 흐름은 단순히 정부간 회의뿐만 아니라 학회와 협회 등을 포함하는 각 분야에서 일어났으며 전세계적으로 컨벤션산업이 발전하게 되는 계기가 되었다.

컨벤션이라는 용어는 올림픽, 월드컵, 세계박람회와 같은 메가이벤트를 포함하면서 산업의 영역을 더욱 확장해 나갔고 세계 주요 도시에서 대형 컨벤션행사를 유치하기 위한 치열한 경쟁이 전개되었다. 그 유치활동의 핵심에는 컨벤션뷰로와 컨벤션센터가 존재하였고 이로 인해 이들 기구 설립이 급속도로 확장되기 시작하였다.

그러나 컨벤션산업은 행사규모의 대형화와 종류의 다양성 그리고 산업간 융복합 추세를 반영하면서 MICE라는 새로운 용어로 대체되기 시작하였다. MICE라는 용어는 기존에 컨벤션산업과 전시산업으로 크게 양분되어 오던 산업을 통합한 용어로써 기업체에서 발생되는 인센티브 투어까지 포괄하는 산업으로 발전하였다.

'MICE'라는 용어는 통상적으로 Meetings(회의), Incentive Tour(포상관광), Convention(국제회의), Exhibition(전시)을 지칭하고 있으나, 각 국가 및 사용기관들이 이를 자체적으로 재정의 하는 경우도 있고, 각 분야의 세부적 의미는 다양하게 재해석되면서 사실상 국제적으로 통일된 분류체계를 갖고 있지 못하는 상황이다.

한국의 경우도 과거 컨벤션이라는 용어를 주로 사용하다가 2000년대부터 MICE란 용어를 본격적으로 사용하기 시작하였는데, 관련산업의 규모가 확대되면서 주요 도시별로 컨벤션뷰로(CVB)와 전시컨벤션센터 설립이 확산되었고 PCO(컨벤션기획

사) 등의 민간기업도 빠른 속도로 늘어나기 시작하였다.

2009년에는 MICE산업이 중앙정부로부터 신성장 동력사업으로 지정되면서 정부의 주요 정책이 시행되었고, 관련산업의 마케팅 및 상품개발 등의 지원사업을 전담하고 있는 한국관광공사의 Korea Convention Bureau는 2010년 초에 Korea MICE Bureau로 명칭이 바뀌었다. 이러한 MICE산업의 이니셜에 따른 개략적인 정의를 살펴보면 다음과 같다.

연구자들의 미팅에 대한 정의는 다양한데 'meeting'의 의미를 사업, 교육, 혹은 사회적 목적으로 인해 모이는 것이라고 정의하고 있다. 협회는 종종 교육적 목적과 동반되는 전시회를 혼용하여 사용하는데, 이는 세미나, 포럼, 심포지엄, 콘퍼런스, 워크숍, 클리닉 등으로 표현되기도 한다. 다시 말해 회의(meeting)는 공통된 목적을 갖고 비슷한 관심을 가진 사람들이 한곳에 모이게 되는 각종 모임을 나타내는 포괄적인 용어라 할 수 있다.

인센티브 투어는 자사에 큰 공헌을 했거나 판매실적이 우수한 직원을 대상으로 포상차원에서 관광활동을 부여하는 것을 말하는데, 주요 목적은 직원의 사기진작과 동기부여를 하기 위함이고 팀워크를 구축하는 데에도 활용된다. 국제기구인 MPI(Meeting Planners International)의 경우 인센티브 투어를 "사업상의 목적으로 성취한 자에 대한 동기유발적 포상"이라 정의하고 있는데, 여기서 목적이라 함은 사업판매량의 증가, 이윤증대를 말하며 판매원에게 할당된 물량을 넘어섬으로써 여행경비를 상회해야 한다. 최근에는 포상차원 뿐만 아니라 신입사원 연수, 최고경영진 회의, 주요지역 지점장회의 등 기업과 관련된 행사도 인센티브 투어 범주에 넣는 경우도 있다.

컨벤션(convention)은 주로 미국에서 사용되는 용어로써 한국에서는 주로 국제회의라는 의미로 사용되고 있다. 일반적으로 컨벤션은 각종 회의에 사람들이 모여 중요 이슈에 대해 다양한 형태의 회의를 통해 전문가끼리 상호 토론하는 모양새를 갖춘 행사로 정의할 수 있다.

특히, 컨벤션의 특징을 보면 회의만 진행하는 것이 아니라 전시회가 동반되기도 하고, 중간에 독특한 이벤트 행사가 병행되기도 한다. 이어 회의 전이나 도중 혹은 회의 일정이 끝난 이후에 회의 개최지역의 매력적인 관광자원을 대상으로 다양한 관광활동을 즐기는 모습을 보이고 있다.

MICE산업에서 컨벤션 분야와 더불어 또다른 한축을 담당하고 있는 전시분야는 그 종류가 다양해지고 규모가 점점 커지고 있으며 매년 개최 수가 증가하고 있다. 전시회는 주최자가 정한 목적에 따라 일정기간 동안 참관객을 대상으로 상품을 진열하여 판매촉진을 위한 상담 및 정보를 교류하는 장이라고 할 수 있다. 또한 참가업체들의 입장에서는 신시장을 개척하고 기업이미지를 제고하기 위한 기회로 활용될 수 있고 방문객 입장에서는 관련 주제 전시회 참관을 통해 새로운 상품정보를 획득하고 구매기회를 가질 수 있다는 장점이 있다.

2 MICE산업의 구조

MICE산업의 구조를 파악하려면 우선 관련 산업에서 활동하고 있는 단체나 기업을 파악할 필요가 있다. UN산하의 관광분야 대표기구라 할 수 있는 UNWTO는 MICE산업과 관련된 단체의 범위를 세 범주로 분류하고 있다[1]. 우선 컨벤션, 콩그레스, 콘퍼런스, 세미나, 전시회 그리고 박람회 등 MICE 행사의 기획, 홍보, 마케팅 및 영업활동을 하는 단체나 기구를 한축으로 보고 있고, MICE 행사 참가자가 사용하는 회의시설이나 숙박시설 그리고 관광상품 등을 제공하는 기업을 두 번째 범주로 보고 있다. 그리고 용역, 기술설비, 식음료, 통번역 서비스 등 MICE 행사 진행에 필요한 제반 서비스를 제공하는 업체를 세 번째 축으로 분류하고 있다.

이와 같은 MICE산업이 성장하기 위해서는 세 범주로 분류한 각각의 주체가 상호 유기적으로 연결되고 협력시스템을 가져가야 하는데, 일반적으로 MICE산업과 관련된 단체나 기업은 MICE 개최자, 공급자, 중간구매자 및 참가자 등으로 구분할 수 있다. 우선, MICE 개최자는 기업, 협회, 정부기관, 학회, 시민단체 등 단체로서의 성격을 가지고 있으면서, 직접 MICE 행사를 주최하기도 하고 후원의 역할을 담당하기도 하는데, 이러한 경우가 일반적인 개최자라고 할 수 있다.

1) Global Meeting Initiative, Volume 1: Basic Concepts and Definitions.

기업은 MICE 행사를 통해 회사의 원활한 의사소통과 직원들 간의 교류, 정보와 지식의 공유를 이루어 효과적인 경영을 꾀할 수 있다. 따라서 많은 기업들이 기업 내 회의를 비롯해 인센티브 투어 등 다양한 MICE상품을 활용하고 있다. 협회분야는 기업과 달리 회원사들의 공통된 목적과 이해를 충족시키고자 MICE행사를 개최하는 경우가 많다. 개최목적에는 정보의 교류 및 통합, 교육과 훈련, 회원 간 단합도모 등을 들 수 있다.

정부기관의 경우 사업추진으로 인한 주민공청회와 같은 소규모 회의에서 시작해 국가 및 도시간 정책협의와 상호 협력관계를 구축하기 위해 회의를 개최한다. 정치, 경제, 사회, 문화 등 다양한 주제를 가지고 회의가 개최되는데, 규모가 큰 정부회의를 개최하면 개최목적지는 홍보효과를 포함하여 다양한 혜택을 얻을 수 있다.

둘째, MICE 공급자는 MICE행사를 진행함에 있어 필요한 인프라 시설과 다양한 프로그램 및 서비스를 제공하는 업체라 할 수 있다. 컨벤션센터와 숙박시설 같은 시설분야, MICE행사 개막식과 폐막식, 각종 이벤트, 관광프로그램, 행사 등록 및 안내 등의 운영분야 그리고 행사가 진행되는 동안 개최지에서 제공되는 교통 등과 같은 지원분야로 나뉠 수 있다.

셋째, MICE 중간구매자는 우리가 흔히 언급하는 컨벤션기획사가 MICE산업 구조에서 중간구매자라 할 수 있다. 때에 따라서는 MICE 개최자가 공급자와 직접 거래를 하면서 중간구매자 역할을 할 수도 있다. 중간구매자의 역할은 공급자와 최종수요자 사이를 연결하여 원활한 행사의 진행과 서비스의 공급 및 제공이 이루어질 수 있도록 매개체적 역할을 한다.

중간구매자는 프로그램의 목적에 따라 행사 전체기획, 회의기획, 리셉션, 파티, 연사 초청, 의전관리 등 다양한 업무를 수행하게 된다. 그리고 참가자는 MICE산업 구조의 끝에 위치하고 있는데 행사의 성격에 따라 초청받은 경우에만 참가하는 경우와 일반인 누구나 자유롭게 참가할 수 있는 경우가 있다.

3 MICE산업의 경제적 파급효과

국제사회에서 MICE산업의 경쟁력 강화를 위해 적극적으로 나서는 배경에는 산업이 가지고 있는 파급효과가 너무도 많기 때문이 아닌가 생각된다. 정치, 경제, 사회, 문화 등 다양한 분야로의 파급효과가 발생하고 있는데, 예산투입 대비 성과를 극대화할 수 있는 방안, MICE산업을 통한 자국 시민의 의식 선진화 및 세계화 달성 방안, 국제친선을 강화하기 위한 방안, 관광산업의 질적 성장방안 등과 같은 내용이 주요 고려사항이 될 것이다.

1) 경제적 효과

MICE산업을 통한 경제적 파급효과는 기존 선행조사를 통해 극명하게 드러나는 것으로 나타나고 있다. 주요 측면을 보면 MICE행사 참가자 지출을 통한 외화획득, 직간접 세수입, 고용창출, 생산유발 효과 등을 고려할 수 있을 것이다. 물론 이러한 경제적 파급효과는 MICE행사가 개최되는 도시별로 파급효과가 다르게 나타나는데, 파급효과를 극대화하기 위한 정책이 제대로 집행되고 있는지 혹은 MICE 관련 이해집단과 상호 시너지효과를 내기위한 시스템이 제대로 구축되어 있는지 등의 요인에 좌우될 것이다.

MICE행사가 개최되면 직접적인 수입을 창출하는 분야는 전시컨벤션센터와 숙박시설 그리고 식음료 업종일 것이다. 일반 관광객에 비해 MICE행사 참가자는 비용지출액수가 크고 체재일수가 길기 때문에 관련 업종이 체감하는 매출확대 효과는 클 것이다. 더불어 여행사, A/V 관련 업체, 컨벤션기획사, 이벤트사, 관광지 운영업체 등도 이러한 파급효과의 범주 안에 포함될 수 있을 것이다.

특히, 선행연구에 따르면 MICE 참가자는 개최도시 지역에서 쇼핑활동에 높은 매력을 느끼고 있는 것으로 나타나고 있고, 실제 면세점이나 대규모 쇼핑센터 주변을 중심으로 집중적으로 방문이 이루어지는 것으로 나타나고 있다. 그리고 행사 전이나 이후 혹은 행사도중에라도 매력적인 관광프로그램이 제공된다면 기꺼이 관광상품을 구매할 의사가 있는 것으로 나타나고 있다.

또한 MICE행사 개최 프로그램 안에서도 매출효과가 나타날 수 있는데, 리셉션, 테마파티, 팀빌딩 프로그램, 중소규모 이벤트행사 그리고 케이터링 서비스 등도 소득창출과 고용창출을 이루어 낼 수 있는 훌륭한 수단이 될 수 있을 것이다.

MICE산업은 고용창출효과도 기대할 수 있는데, 산업이 성장하면서 자연스레 고용창출이 이루어지기도 하지만, 관련업종이 새로이 등장하면서 고용창출 요인이 발생하기도 한다. 테마파티와 팀빌딩 그리고 이벤트 프로그램이 새로운 주요 매력수단으로 등장하면서 관련 전문가에 대한 수요도 증가하고 있다. 다만, 대부분의 고용이 행사 자체만을 위한 단기고용에 그치면서 고용안정성에 대한 문제제기가 따르고 있는데 이에 대한 해결책이 뒤따라야 할 것이다.

MICE산업의 한축인 전시산업의 경우 역시 막대한 경제적 파급효과를 기대할 수 있는데, 전시회 개최 현장에서 직접적인 참가업체 상품의 홍보 및 판매촉진이 이루어지기 때문에 직접적인 매출효과를 낼 수 있다. 또한 관련 업종의 지식, 정보기술의 교환이 촉진되며 무역상담을 통한 경제협력 관계도 공고히 할 수 있을 것이다. 참가자 역시 관심업종에 대한 정보를 한자리에서 비교하면서 획득할 수 있고 기업입장에서는 핵심 소비계층에 대한 정보획득을 통해 마케팅전략을 효율적으로 구상할 수 있을 것이다.

2) 사회문화적 효과

MICE 개최도시가 국제적으로 잘 알려진 행사를 성공적으로 개최할 경우 지역의 이미지를 제고하는데 결정적인 도움을 받을 수 있을 것이다. 행사 준비과정에 지역의 인프라를 제대로 정비할 수 있을 것이고, 특히 지역문화 발전, 시민의식의 향상 그리고 국제화 환경구축 등의 효과를 거둘 수 있다.

특히, 최근의 MICE행사 개최도시 패턴을 보면 대규모 도시 일변도에서 벗어나 국토 균형개발 차원에서 소규모 도시지역에서도 행사개최를 적극 지원하고 있는데, 이는 지역도시 국제화에 기여할 수 있을 것이다. MICE행사는 다양한 국가에서 전문가의 방문이 이루어지게 되는데, 지역주민 입장에서는 해외에 나가지 않더라도 안방에서 이들과 접촉할 수 있고, 이는 국제적 네트워크 구축 및 최신정보 교류 등의 효과로 이어질 것이다.

표 1-1 MICE산업의 파급효과

MICE 산업의 파급 효과	정치적 효과	- 대규모 국제행사 개최로 인한 국가 및 개최도시 위상강화 및 홍보효과 - 미수교국 당사자와 교류기반을 할 수 있는 기회 - 오피니언 리더 참여로 인한 민간외교 차원에서의 효과기대 - 행사 관련 업종에 대한 국제적 영향력 증대
	경제적 효과	- MICE행사 참가자 소비지출로 인한 파급효과 - 새로운 업종 등장으로 인한 고용창출 효과 - 직간접 세수입 확대 - 다양한 교역상담을 통한 수출입 규모 확대 - 지역산업 특성에 맞춘 생산유발 효과 확대
	사회·문화적 효과	- MICE행사 참가자와 지역주민 간 직접적 접촉을 통한 지식과 정보의 교환 - MICE 개최국 및 개최도시 문화발전 동력 부여 - 개최지역 시민의식 함양 - MICE 개최도시 국제화 및 세계화 함양
	관광산업효과	- 관광 비수기 타개하고 양질의 대량관광객 유치 효과 - 관광관련 연관업종에 파급효과 확대 - 관광수용태세 정비 - 관광종사원 고용확대 및 전문성 확대

Chapter
02

MICE산업 통계

02 MICE산업 통계

C · H · A · P · T · E · R

1 MICE산업 통계에 대한 이해

MICE산업이 타산업에 비해 늦은 출발을 보였지만, 국가차원의 지원을 받고 핵심산업으로 성장하려면 근거로 제시할 수 있는 정확한 통계치가 제시되어야 한다. 그러나 앞서도 언급했지만, MICE산업은 국제회의분야 뿐만 아니라 인센티브 투어와 전시회 등 다양한 분야를 다루고 있기 때문에 산업군 전체를 포함하는 정확한 통계데이터를 제시하기가 쉽지 않은 환경이다. 이런 상황에서 국제협회연합(UIA)과 국제컨벤션협회(ICCA)가 꾸준히 국제회의 개최건수와 관련된 통계를 발표하고 있는데, 관련 산업에 대한 통계자료가 미흡한 상황에서 두 기구의 발표자료는 중요한 의의를 갖는다고 볼 수 있다.

다만, 두 기관이 통계자료를 수집하면서 개최건수와 관련된 사안은 내부규정에 따르고 있는데, 통계데이터 수집대상이 제한적이어서 전세계에서 발생하는 모든 행사를 반영하지 못한다는 한계점을 보이고 있다. UIA의 경우는 자체적으로 설정한 국제회의 성립기준에 부합하는 행사만을 대상으로 데이터 수집이 이루어지고 있고, ICCA 역시 내부규정에 의거한 회의시장의 일부만을 조사대상으로 삼고 있다는 한계를 보이고 있다.

그러다보니 통계집계 시기가 비슷한데도 불구하고 국가와 도시별 개최순위는 두 기관이 서로 다른 모습을 보이는 경우가 있어 정책담당자에게 다소 혼란을 주기도 한다. 따라서 두 기관의 개최순위 발표를 서로 비교하면서 필요한 부분을 발췌해 마케팅자료로 활용하는 것이 바람직하다는 전문가의 조언이 뒤따르고 있다. 한편으로는 두 기관의 발표가 개최건수에 기반을 둔 순위에 중점을 두고 있는데, 그보다 중요한 것은 행사 전체 참가자수와 체재일수 그리고 소비지출액 등이 더 중요할 수도 있다는 주장도 제기되고 있다(GLOBAL MICE Insight, vol. 15. "국제회의 개최통계 현황 및 이해" 내용발췌).

한편, ICCA에서 제시하는 국제회의 기준에 부합하는 행사는 3가지 조건을 충족해야 하는데, 참가자 50인 이상의 회의이어야 하고, 주기적으로 개최되는 회의(일회성 행사는 포함되지 않으며, 최초 개최 행사의 경우 다음회 개최지가 확정된 경우에만 포함됨)만 대상이 된다. 그리고 개최국이 3개국 이상으로 순환 개최되는 회의에 한정에 통계대상에 포함시키고 있다. UIA가 통계에 포함시키는 국제회의 충족기준은 아래의 표와 같다.

표 2-1 UIA 국제회의 기준

종 류	기 준
A Type	• 국제기구가 주최(후원)하는 회의로 참가자수 50명 이상
B Type	• 국제기구의 국내지부 또는 국내단체가 주최하는 회의로 참가국수 5개국 이상 • 참가자수 300명 이상(또는 전시회 동반), 외국인 참가자 비율 40% 이상 • 회의기간 3일 이상인 조건을 모두 충족하는 회의
C Type	• 국제기구의 국내지부 또는 국내단체가 주최하는 회의로 참가국수 5개국 이상 • 참가자수 250명 이상(또는 전시회 동반), 외국인 참가자 비율 40% 이상 • 회의기간 2일 이상인 조건을 모두 충족하는 회의

2 세계 국제회의 개최 현황

UIA는 각종 국제기구, 협회 및 단체의 연합기구로 매년 6월 전년도 국가별, 도시별 국제회의 개최실적을 집계하여 통계보고서로 발간을 한다. 여기에 제시된 통계치는 2013년 6월 UIA가 집계하여 발표한 자료이고 이를 한국관광공사에서 "2012 MICE산업 통계조사 · 연구 실적조사 분석편"이라는 보고서를 발간하였고 그 내용중 일부를 발췌하여 제시하고 있다.

1) 세계 주요 국가별 국제회의 개최 현황

우선 세계 주요 국가별 국제회의 개최순위를 보면 싱가포르가 952건으로 1위를 기록하였고 일본과 미국이 각각 2위와 3위를 나타내고 있으며, 대한민국은 5위로 집계되었다. 2012년에는 전세계 국제회의가 245건이 감소함에도 불구하고 싱가포르, 일본, 대한민국이 증가세를 보이며 전반적으로 아시아권이 강세를 보여주고 있다.

표 2-2 세계 주요 국가별 국제회의 개최 현황 (단위 : 건, %)

2012년				2011년	2010년	2009년	2008년	2007년	2006년
순위	국 가	건수	구성비	건수	건수	건수	건수	건수	건수
1	싱가포르	952	9.1	919	725	689	637	466	298
2	일본	731	7.0	598	741	538	575	448	166
3	미국	658	6.3	744	936	1,085	1,079	1,114	894
4	벨기에	597	5.7	533	597	470	383	307	239
5	대한민국	563	5.4	469	464	347	293	268	185
6	프랑스	494	4.7	557	686	632	797	598	634
7	오스트리아	458	4.4	390	362	421	315	366	382
8	스페인	449	4.3	386	572	365	467	393	362
9	독일	373	3.6	421	499	555	440	523	434
10	호주	287	2.7	329	356	227	273	272	202
11	영국	272	2.6	293	375	347	349	327	350
12	이탈리아	262	2.5	269	357	391	413	414	324
13	캐나다	228	2.2	186	221	229	267	275	230
14	네덜란드	177	1.7	299	329	458	428	423	391
15	덴마크	175	1.7	126	130	162	141	107	106
16	스위스	166	1.6	219	322	336	232	284	288
17	스웨덴	165	1.6	161	161	246	124	183	176
18	노르웨이	164	1.6	169	172	151	145	132	87
19	핀란드	160	1.5	159	152	166	168	200	325

20	중국	155	1.5	200	236	173	216	204	163
21	포르투갈	142	1.4	160	145	194	159	188	118
22	말레이시아	141	1.3	125	100	71	83	79	52
23	헝가리	129	1.2	221	181	134	145	97	108
24	터키	119	1.1	123	131	120	116	116	93
25	브라질	114	1.1	80	90	106	114	113	110
26	인도	90	0.9	103	164	138	131	111	93
27	태국	89	0.8	126	82	131	64	89	68
28	아랍에미리트	84	0.8	103	85	57	42	36	39
29	남아공	78	0.7	91	67	112	101	98	90
30	체코	67	0.6	65	82	199	103	97	105
30	아일랜드	67	0.6	52	93	50	62	61	39
31	그리스	64	0.6	70	92	107	166	116	136
32	폴란드	63	0.6	114	74	114	106	104	91
33	홍콩	62	0.6	46	54	43	55	51	41
34	멕시코	61	0.6	83	99	85	108	116	81
35	러시아	49	0.5	54	68	83	80	90	75

출처 : 2012 MICE산업 통계조사 · 연구 실적조사 분석편, KTO.

2) 세계 주요 도시별 국제회의 개최 현황

세계 주요 도시별 개최 현황을 보면 싱가포르가 1위로 집계되고 있고 그 뒤로 브뤼셀 2위, 빈 3위, 파리 4위 그리고 서울이 5위를 나타내고 있다. 국내 도시별 순위는 서울이 253건으로 세계 5위를 차지하였으며 제주가 78건을 개최하여 세계 22위를 기록하였다. 이어 부산이 50건으로 세계 35위를 기록하는 등 국내 주요 국제회의 개최도시인 서울과 제주, 부산이 선전하는 모습을 보여주고 있다. 이 외에도 대전 30건, 대구 25건, 광주 23건, 여수 14건, 강릉 12건을 포함하여 국제회의 지정 도시를 중심으로 28개의 국내 도시가 지속적으로 집계에 포함되고 있다.

표 2-3 세계 주요 도시별 국제회의 개최 현황 (단위 : 건, %)

2012년				2011년	2010년	2009년	2008년	2007년	2006년
순위	국가	건수	구성비	건수	건수	건수	건수	건수	건수
1	싱가포르	952	9.1	919	725	689	637	466	298
2	브뤼셀	547	5.2	464	486	395	299	229	179
3	빈	326	3.1	296	257	311	249	298	316
4	파리	276	2.6	336	394	316	419	315	363
5	서울	253	2.4	232	201	151	125	121	89
6	도쿄	225	2.1	153	190	134	150	126	58
7	바르셀로나	150	1.4	150	193	148	193	161	139
8	코펜하겐	150	1.4	105	102	127	104	72	83
9	마드리드	149	1.4	116	175	61	85	58	75
10	런던	119	1.1	105	164	125	103	103	118
11	스톡홀름	113	1.1	109	92	159	59	93	83
12	부다페스트	107	1.02	168	144	108	116	70	88
13	시드니	103	0.98	103	137	81	97	90	40
14	헬싱키	102	0.97	70	73	76	79	79	140
15	리스본	93	0.89	96	91	115	98	104	61
16	제네바	90	0.86	121	189	183	102	170	169
17	베를린	89	0.85	149	165	171	94	115	84
18	쿠알라룸푸르	88	0.84	70	61	49	55	60	44
19	이스탄불	87	0.83	92	86	70	82	73	61
20	교토	84	0.8	48	61	39	34	62	19
21	베이징	80	0.76	90	79	80	75	88	80
21	요코하마	80	0.76	84	82	54	68	54	16
22	제주	78	0.74	68	67	61	53	50	33
23	몬트리올	77	0.73	60	77	77	55	90	87
24	멜버른	75	0.71	99	92	39	67	42	53
25	오슬로	69	0.66	74	64	69	55	70	35
26	두바이	67	0.64	73	56	32	28	28	24

27	뮌헨	66	0.63	49	65	48	47	59	45
28	방콕	65	0.62	88	61	81	42	62	45
29	로마	64	0.61	59	86	104	94	76	67
30	밴쿠버	63	0.6	26	49	48	40	47	43
31	홍콩	62	0.59	45	54	43	55	51	41

출처 : 2012 MICE산업 통계조사 · 연구 실적조사 분석편, KTO.

3) 아시아지역 국제회의 개최 현황

아시아지역 내 국가별 개최순위는 싱가포르가 952건으로 1위를 차지하였으며 일본이 731건으로 2위를 차지하였다. 그 뒤를 이어 대한민국이 563건으로 3위를 차지하였으며 중국과 말레이시아가 그 뒤를 따르고 있다. 아시아 도시별 개최건수를 보면 싱가포르가 1위, 서울 2위, 도쿄 3위, 쿠알라룸푸르 4위, 그리고 교토가 5위의 순위를 보이고 있다. 대한민국에서는 서울에 이어 제주가 8위, 부산이 12위의 순위를 나타내고 있다.

표 2-4 아시아지역 국제회의 개최 현황 (단위 : 건, %)

2012년				2011년	2010년	2009년	2008년	2007년	2006년
순위	국가	건수	구성비*	건수	건수	건수	건수	건수	건수
1	싱가포르	952	9.1	919	725	689	637	466	298
2	일본	731	7.0	598	741	538	575	448	166
3	대한민국	563	5.4	469	464	347	293	268	185
4	중국	155	1.5	200	236	173	216	204	163
5	말레이시아	141	1.3	125	100	71	83	79	52
6	인도	90	0.9	103	164	138	131	111	93
7	태국	89	0.8	126	82	131	64	89	68
8	아랍에미리트	84	0.8	103	85	57	42	36	39

출처 : 2012 MICE산업 통계조사 · 연구 실적조사 분석편, KTO.
*주 : 2012년 UIA 전체 국제회의 대비 구성비임

그림 2-1 ▶ 아시아지역 2012 국제회의 개최 현황

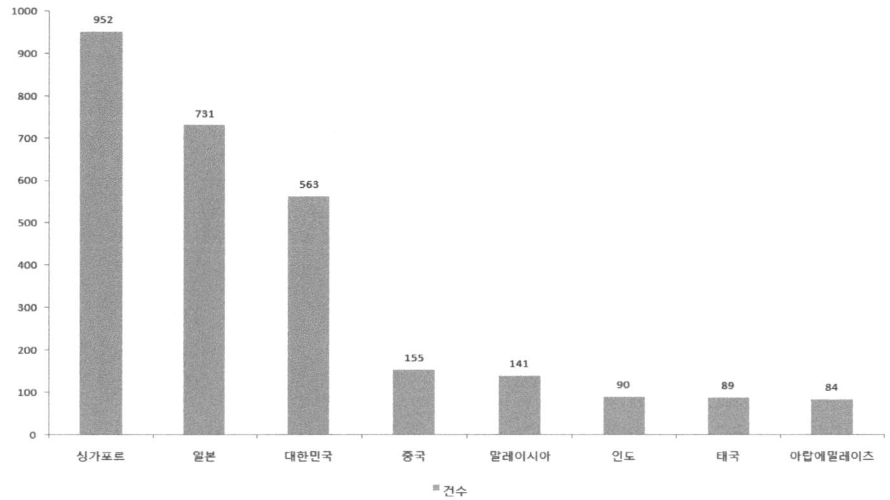

표 2-5 아시아 주요 도시별 국제회의 개최 현황

(단위 : 건, %)

2012년				2011년	2010년	2009년	2008년	2007년	2006년
순위	국가	건수	구성비*	건수	건수	건수	건수	건수	건수
1	싱가포르	952	9.1	919	725	689	637	466	298
2	서울	253	2.4	232	201	151	125	121	89
3	도쿄	225	2.1	153	190	134	150	126	58
4	쿠알라룸푸르	88	0.84	70	61	49	55	60	44
5	교토	84	0.8	48	61	39	34	62	19
6	베이징	80	0.76	90	79	80	75	88	80
7	요코하마	80	0.76	84	82	54	68	54	16
8	제주	78	0.74	68	67	61	53	50	33
9	두바이	67	0.64	73	56	32	28	28	24
10	방콕	65	0.62	88	61	81	42	62	45
11	홍콩	62	0.59	45	54	43	55	51	41
12	부산	50	0.48	82	93	41	60	42	37

출처 : 2012 MICE산업 통계조사 · 연구 실적조사 분석편, KTO.

*주: 2012년 UIA 전체 국제회의 대비 구성비임

그림 2-2 ▶ 아시아 주요 도시별 국제회의 개최 현황

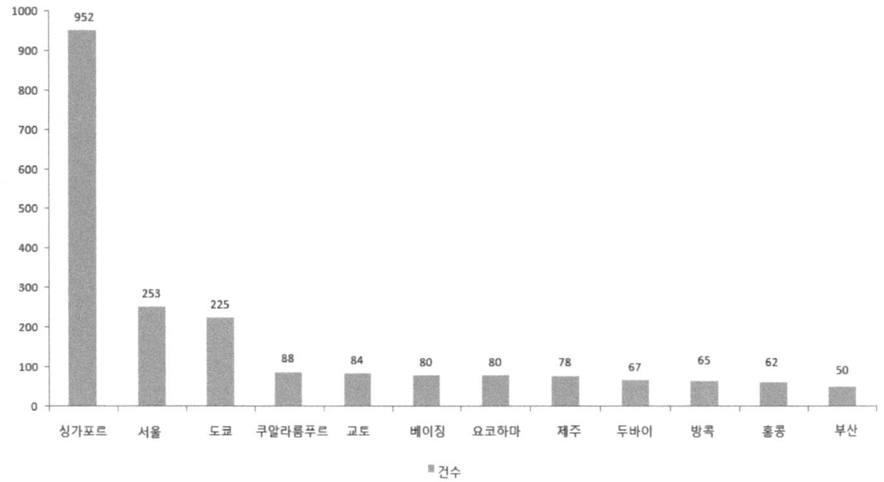

3 국내 MICE산업 통계 현황

KTO는 2012년 국내에서 개최된 MICE 관련 행사의 실적을 조사하였는데, 자료의 출처는 지역의 CVB 및 RTO의 협조를 받아 관할지역 내 개최된 MICE행사 자료를 취합하였다. 수집된 데이터는 전화와 팩스 그리고 이메일 등의 수단을 통해 주최기관과 PCO 등을 대상으로 행사 건당 자료 보완작업을 거쳤다. 국내 국제회의 통계수치 기준은 아래 제시된 표와 같다.

표 2-6 KTO 조사대상 정의

종류	정의	범위	
Meeting	아이디어교환, 토론, 정보교환, 사회적 네트워크 형성을 위한 각종 회의	국제	외국인 참가자가 10명 이상이며 동시에 전체 참가자가 10명 이상인 정부/공공기관·협회/학회·기업회의로 전문전시컨벤션시설, 호텔 및 리조트 등의 회의시설, 대학 등 기타시설 등에서 4시간 이상 개최되는 회의. 단, Convention 기준에 포함되는 회의는 제외

		국내	외국인 참가자가 10명 미만이며 전체 참가자가 10명 이상인 정부/공공기관·협회/학회·기업회의로 전문전시컨벤션시설, 호텔 및 리조트 등의 회의시설, 대학 등 기타시설 등에서 4시간 이상 개최되는 회의. 단, Convention 기준에 포함되는 회의는 제외
Incentive Tour	조직원들의 성과에 대한 보상 및 동기부여를 위한 순수보상여행 및 보상관광회의	국제	외국에서 국내로 오는(Inbound) 외국인이 10명 이상 참가하며 국내숙박시설에서 1박 이상 체류하는 보상관광
		국내	국내 기업종사원이 국내리조트 등 숙박시설에서 1박 이상 체류하는 보상관광
Convention	아이디어교환, 토론, 정보교환, 사회적 네트워크 형성을 위한 각종 회의	국제1	UIA(Union of International Association)기준에 부합하는 정부/공공·협회/학회·기업회의
		국제2	외국인 참가자가 10명 이상이며 동시에 전체참가자가 250명 이상인 정부/공공기관·협회/학회·기업회의로 전문전시컨벤션시설, 호텔 및 리조트 등의 회의시설, 대학 등 기타시설 등에서 4시간 이상 개최되는 회의. 단, '국제1' 유형에 포함되는 회의는 제외
		국내	외국인 참가자가 10명 미만이며 동시에 전체 참가자가 250명 이상인 정부/공공기관·협회/학회·기업회의로 전문전시컨벤션시설, 호텔 및 리조트 등의 회의시설, 대학 등 기타시설 등에서 4시간 이상 개최되는 회의. 단, '국제1' 유형에 포함되는 회의는 제외
Exhibition	유통·무역업자, 소비자, 일반인등을 대상으로 판매, 홍보, 마케팅 활동을 하는 각종 전시회	국제	「전시산업발전법」에 의한 전시회로 100명 이상의 외국인구매자가 참가 등록한 무역전시회, 소비자전시회 및 혼합전시회 (1일 이상)
		국내	「전시산업발전법」에 의한 전시회로 100명 미만의 외국인구매자가 참가 등록한 무역전시회, 소비자전시회 및 혼합전시회 (1일 이상)

1) 컨벤션 분야 통계 현황

행사 주제별 개최 현황을 보면 의학분야가 308건으로 가장 많았으며, 과학기술 분야가 173건, 정보통신 분야가 106건, 그리고 경제 및 금융분야가 104건으로 나타났다. 참가자 현황 역시 의학분야가 가장 많았고 과학기술과 정보통신 분야가 그 뒤를 따르고 있다.

표 2-7 컨벤션 분야의 행사 주제별 개최 현황 (단위 : 건, 명)

구 분	개최 건수	외국인 참가자수	내국인 참가자수	전체 참가자수
경제/금융	104	12,749	40,846	53,595
과학기술	173	32,161	98,052	130,213
관광/교통	31	5,228	16,701	21,929
교육	70	11,593	47,490	59,083
국방/안보	20	8,065	13,016	21,081
기업/경영	80	11,819	58,567	70,386
농수산/식품	31	9,020	61,008	70,028
문화	43	10,948	33,694	44,642
사회과학	35	20,817	47,051	67,868
스포츠/레저	13	3,860	52,349	56,209
언론	8	4,455	8,223	12,678
역사	3	302	722	1,024
예술	9	2,285	4,193	6,478
의학	308	42,809	188,985	231,794
자연과학	75	13,961	48,042	62,003
정보통신	106	13,558	73,980	87,538
정치/법률	56	6,603	21,471	28,074
종교	8	2,099	30,894	32,993
주택/건설	25	2,756	12,100	14,856
패션/섬유	14	1,034	8,642	9,676
해양	13	2,556	9,018	11,574
환경	74	15,542	68,583	84,125
기타	81	12,401	61,047	73,448
합 계	1,380	246,621	1,004,674	1,251,295

출처 : 2012 MICE산업 통계조사 · 연구 실적조사 분석편, KTO.

그림 2-3 ▶ Convention 분야의 행사 주제별 개최 현황

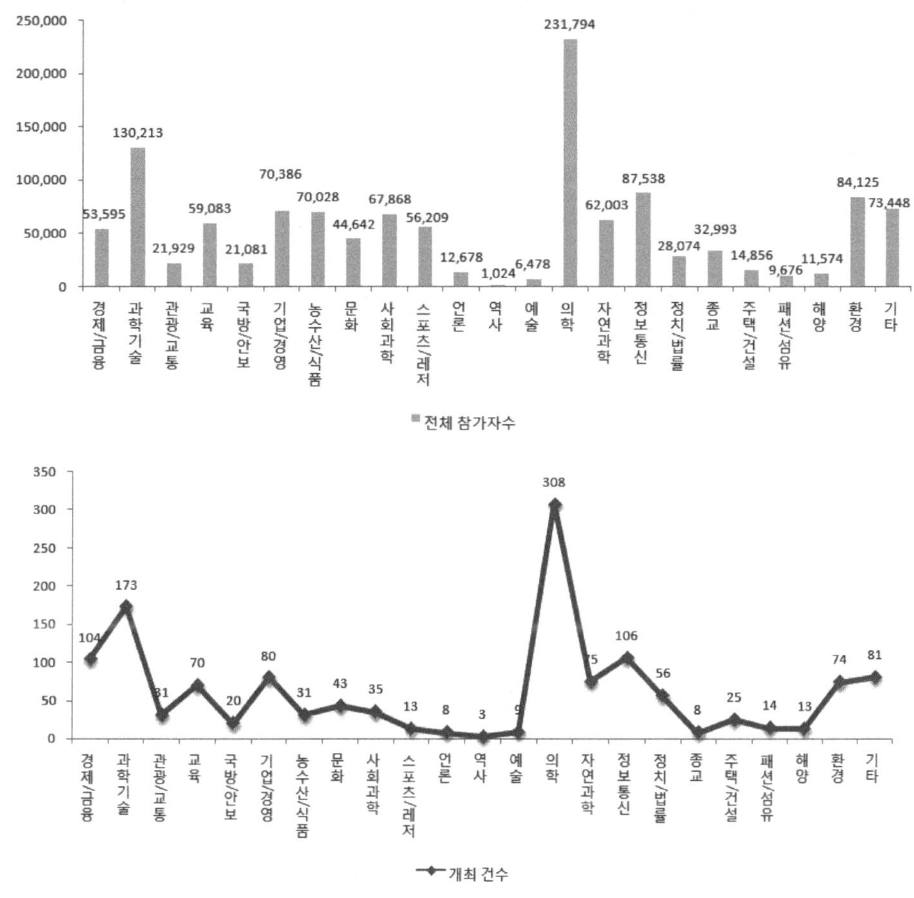

한편, 컨벤션분야 주최기관별 개최 현황을 보면 주최기관은 성격별로 정부기관, 공공기관, 학회, 협회, 일반기업, 그 외 기타기관으로 분류하였다. 이중 학회에서 개최한 행사가 377건으로 가장 많았고, 협회와 기업 그리고 정부기관 순으로 개최 건수 순위를 나타내고 있다.

표 2-8 **컨벤션 분야의 주최기관별 개최 현황** (단위 : 건, 명)

구 분	개최 건수	외국인 참가자수	내국인 참가자수	전체 참가자수
정부	199	37,017	131,641	168,658
공공기관	165	22,105	73,152	95,257
학회	377	58,407	209,139	267,546
협회	274	68,137	295,197	363,334
기업	219	32,020	186,519	218,539
기타	146	28,935	109,026	137,961
합 계	1,380	246,621	1,004,674	1,251,295

출처 : 2012 MICE산업 통계조사 · 연구 실적조사 분석편, KTO.

컨벤션 분야의 참가자 규모별 개최 현황을 보면, 250명 이상 500명 미만의 규모로 개최된 행사가 808건으로 가장 많았고, 500명 이상 1000명 미만의 행사가 294건을 기록했으며, 1000명 이상 2500명 미만의 행사는 186건으로 나타났다.

그림 2-4 Convention 분야의 주최기관별 개최 현황

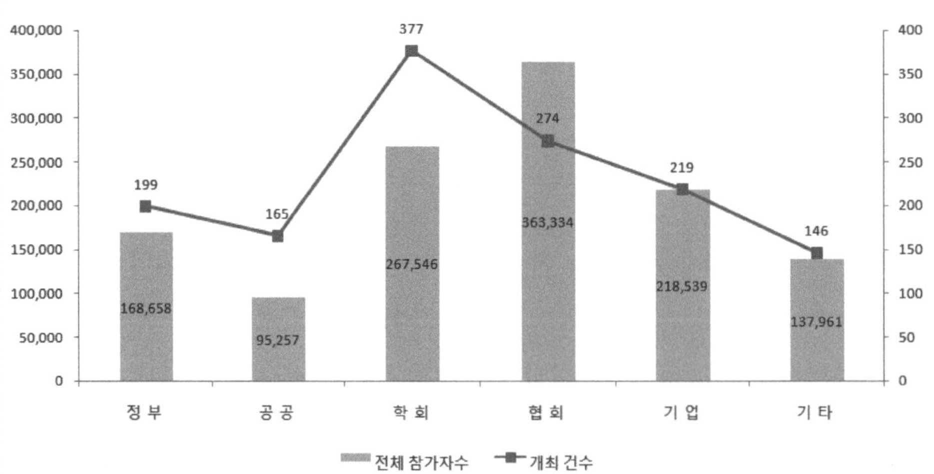

표 2-9 **컨벤션 분야의 참가자 규모별 개최 현황** (단위 : 건, 명)

구 분	개최 건수	외국인 참가자수	내국인 참가자수	전체 참가자수
250명 이상 - 500명 미만	808	71,108	178,834	249,942
500명 이상 - 1000명 미만	294	43,628	140,528	184,156
1000명 이상 - 2500명 미만	186	52,991	209,496	262,487
2500명 이상	92	78,894	475,816	554,710
합 계	**1,380**	**246,621**	**1,004,674**	**1,251,295**

출처 : 2012 MICE산업 통계조사 · 연구 실적조사 분석편, KTO.

그림 2-5 ▶ Convention 분야의 참가자 규모별 개최 현황

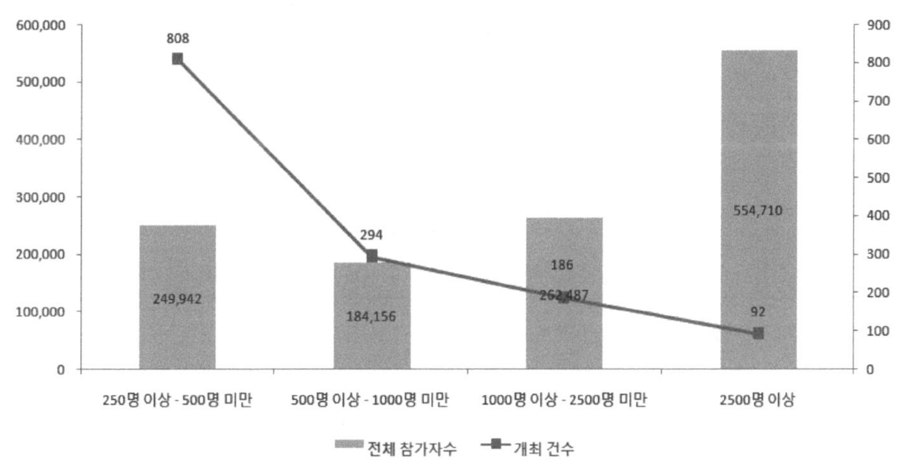

2) 컨벤션, 인센티브 투어 & 전시분야 월별통계

2012년 컨벤션분야 월별통계 개최 현황은 2011년과 마찬가지로 10월과 11월에 가장 많이 개최된 것으로 나타났는데, 2012년은 2011년 대비 2월과 7월에 증가율을 보이며 구성비가 변화된 것으로 나타났다.

표 2-10 **컨벤션 분야 월별 개최 현황 비교**

(단위 : 건, 명, %)

구분	2012년				증가율		2011년			
	개최 건수	구성비	외국인 참가자수	전체 참가자수	개최 건수	전체 참가자수	개최 건수	구성비	외국인 참가자수	전체 참가자수
1월	33	2.39	3,493	27,450	106.25	63.30	16	2.40	1,912	16,810
2월	63	4.57	7,177	36,300	293.75	53.23	16	2.40	4,904	23,690
3월	70	5.07	14,898	54,930	191.67	225.86	24	3.60	4,593	16,857
4월	113	8.19	19,118	87,130	105.45	69.98	55	8.26	12,883	51,258
5월	148	10.72	28,515	163,352	114.49	117.39	69	10.36	26,070	75,144
6월	123	8.91	34,121	176,914	105.00	272.29	60	9.01	12,534	47,521
7월	96	6.96	23,632	86,122	231.03	111.88	29	4.35	11,646	40,647
8월	91	6.59	15,065	84,927	37.88	10.73	66	9.91	24,521	76,699
9월	154	11.16	36,592	165,983	123.19	11.67	69	10.36	24,270	148,637
10월	213	15.43	39,336	208,848	70.40	70.02	125	18.77	40,604	122,837
11월	213	15.43	19,251	135,286	93.64	54.62	110	16.52	23,758	87,497
12월	63	4.57	5,423	24,053	133.33	51.39	27	4.05	5,088	15,888
합계	1,380	100	246,621	1,251,295	107.21	72.95	666	100	192,783	723,485

출처 : 2012 MICE산업 통계조사 · 연구 실적조사 분석편, KTO.

인센티브 투어 월별 비교치를 보면 2012년 월별개최 현황은 10월과 3월 그리고 4월 순으로 나타나 2011년과 비슷한 순위를 보여주고 있다. 참가자수의 경우 2011년은 9월에 가장 많이 참가한 것으로 나타났으나, 2012년에는 2월과 9월 순으로 나타나고 있다.

표 2-11 인센티브 분야 월별 개최 현황 비교 (단위 : 건, 명, %)

구분	2012년			증가율		2011년		
	개최 건수	구성비	전체 참가자수	개최 건수	전체 참가자수	개최 건수	구성비	전체 참가자수
1월	428	4.5	25,345	64.60	58.60	260	5.2	15,985
2월	874	9.2	67,333	131.80	245.50	377	7.5	19,487
3월	954	10	64,874	68.80	104.80	565	11.2	31,678
4월	914	9.6	61,033	50.60	39.50	607	12.1	43,736
5월	740	7.8	49,503	73.30	75.20	427	8.5	28,251
6월	727	7.6	53,624	149.80	166.20	291	5.8	20,143
7월	566	5.9	33,760	53.00	-13.40	370	7.4	38,972
8월	633	6.7	32,399	104.90	51.70	309	6.2	21,362
9월	740	7.8	65,726	83.60	14.70	403	8	57,309
10월	1,101	11.6	57,676	99.80	165.00	551	11	21,765
11월	927	9.7	48,236	123.40	68.80	415	8.3	28,574
12월	914	9.6	42,903	103.60	50.00	449	8.9	28,594
합계	9,518	100	602,412	89.50	64.70	5,024	100	365,856

출처 : 2012 MICE산업 통계조사 · 연구 실적조사 분석편, KTO.

전시분야의 월별통계를 보면 2012년의 경우 2011년과 유사하게 11월과 10월에 가장 많이 개최한 것으로 나타났다. 참가자수의 경우 2011년에는 10월에 가장 많이 참가한 것으로 나타났으나, 2012년에는 5월에 가장 많이 참가한 것으로 나타났다.

표 2-12 전시분야 월별 개최 현황 비교

(단위 : 건, 명, %)

구 분	2012년				증가율		2011년			
	개최 건수	구성비	외국인 참가자수	전체 참가자수	개최 건수	전체 참가자수	개최 건수	구성비	외국인 참가자수	전체 참가자수
1월	17	2.9	1,465	380,228	0.0	126.8	17	3.1	2,310	167,651
2월	26	4.5	11,469	630,370	8.33	5.86	24	4.3	5,437	595,483
3월	32	5.5	6,747	931,030	-21.95	-48.53	41	7.4	14,667	1,808,748
4월	42	7.3	16,328	1,159,349	-4.55	36.98	44	8	10,988	846,335
5월	59	10.2	59,457	2,792,912	34.09	83.41	44	8	11,551	1,522,769
6월	64	11.1	18,365	1,052,347	23.08	33.54	52	9.4	9,187	788,066
7월	34	5.9	3,984	731,402	0.00	28.88	34	6.1	3,389	567,500
8월	34	5.9	12,821	1,009,720	6.25	30.15	32	5.8	3,875	775,839
9월	63	10.9	24,911	1,159,463	21.15	-50.25	52	9.4	53,860	2,330,680
10월	84	14.6	29,469	1,838,221	-3.45	-23.04	87	15.7	73,340	2,388,480
11월	92	15.9	16,730	2,128,219	21.05	63.96	76	13.7	10,462	1,298,011
12월	30	5.2	2,167	439,981	-40.00	-13.78	50	9	1,422	510,293
합 계	577	100	203,913	14,253,242	4.34	4.80	553	100	200,488	13,599,855

출처 : 2012 MICE산업 통계조사 · 연구 실적조사 분석편, KTO.

3) 국내 국제회의 개최 현황

2012년 UIA에서 인증한 국내 개최 국제회의를 광역도시별로 분류했을 때 서울이 253건으로 가장 많았고, 제주 78건, 그리고 부산 50건의 순으로 나타났다.

표 2-13 국내 국제회의 광역시도별 개최 현황

(단위 : 건)

도시	2012		2011	
	국내순위	건수	국내순위	건수
서 울	1	253	1	232
제 주	2	78	3	68
부 산	3	50	2	82
대 전	4	31	6	10
대 구	5	25	5	20
인 천	5	25	4	24
광 주	7	23	7	9
강 원	8	20	11	1
경 기	9	17	8	8
전 남	10	16	11	1
경 북	11	14	9	6
경 남	12	6	9	6
전 북	13	3	-	-
울 산	14	1	11	1
충 북	-	-	11	1
충 남	-	-	-	-

출처 : 2012 MICE산업 통계조사 · 연구 실적조사 분석편, KTO.

한편, 연도별 국내 국제회의 개최 현황을 보면 2012년 우리나라에서 개최된 국제회의는 총 2,593건으로 전년대비 94.93% 증가하였으며, 외국인 참가자수도 전년보다 33.25% 증가한 292,962명으로 집계되었다.

표 2-14 연도별 국제회의 개최 현황

(단위 : 건, 명, %)

연도별	개최건수	성장률	외국인 참가자수	성장률
2000년	292	1.74	33562	-1.4
2001년	294	0.68	40,625	21.04
2002년	296	0.68	35,100	-13.6
2003년	298	0.68	34,467	-1.8
2004년	302	1.34	41,233	19.63
2005년	306	1.32	69,941	69.62
2006년	420	37.25	79,177	13.21
2007년	456	8.57	88,294	11.51
2008년	634	39.04	120,011	35.92
2009년	1,057	66.72	152,906	35.92
2010년	1,070	1.13	160,173	4.73
2011년	1,330	24.3	219,859	37.26
2012년	2,593	94.93	292,962	33.25

출처 : 2012 MICE산업 통계조사 · 연구 실적조사 분석편, KTO.

그림 2-6 ▶ 연도별 국제회의 개최 현황 (2000 – 2012)

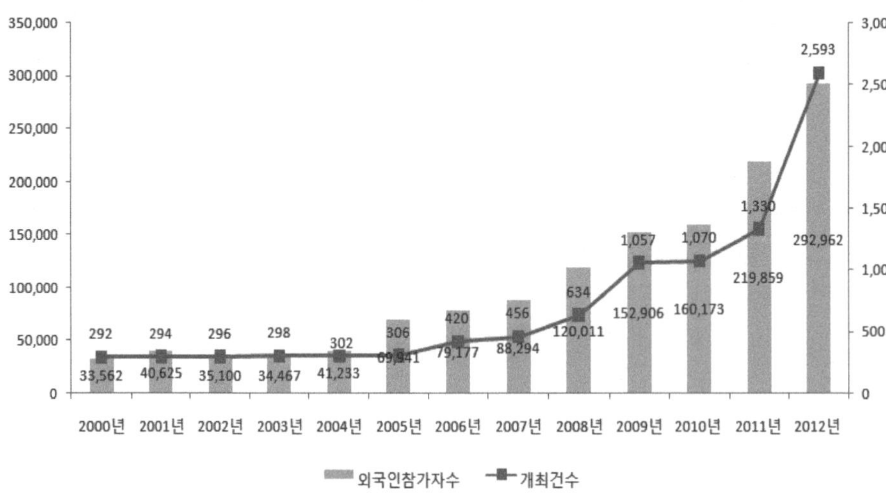

외국인 참가자 규모별로 개최 현황을 보면 50명 미만의 외국인 참가자 행사가 가장 많았으며, 그 뒤를 이어 50명 이상 100명 미만의 행사와 100명 이상 300명 미만의 행사 순으로 나타났다.

표 2-15 **외국인 참가자 규모별 국제회의 개최 현황** (단위 : 건, 명, %)

구 분	2012년		2011년		2010년	
	개최 건수	구성비	개최 건수	구성비	개최 건수	구성비
50명 미만	1,171	45.16	616	46.32	524	48.97
50명 이상 100명 미만	722	27.84	191	14.36	197	18.41
100명 이상 300명 미만	532	20.52	367	27.59	238	22.24
300명 이상 500명 미만	80	3.09	85	6.39	53	4.95
500명 이상 1,000명 미만	52	2.01	38	2.86	35	3.27
1,000명 이상	36	1.39	33	2.48	23	2.15
합 계	2,593	100	1,330	100	1,070	100

출처 : 2012 MICE산업 통계조사 · 연구 실적조사 분석편, KTO.

그림 2-7 ● 외국인 참가자 규모별 국제회의 개최 현황 (2010 – 2012)

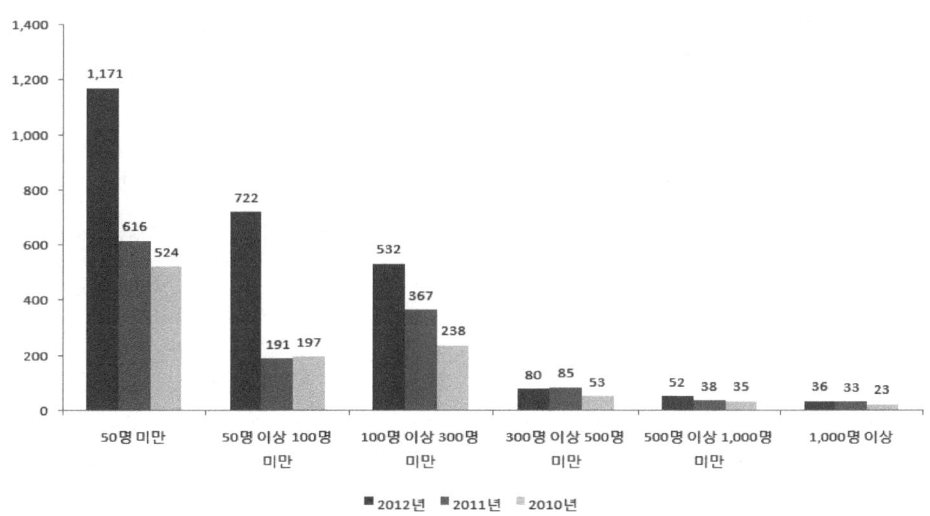

한편, 주요 시설별 국제회의 개최 현황을 보면 호텔에서 개최된 행사가 851건으로 가장 많고, 전문회의시설 674건, 기타시설 470건, 그리고 준회의시설 279건으로 나타났다.

표 2-16 **시설 유형별 국제회의 개최 현황**

(단위 : 건, 명, %)

구 분	개최건수	구성비	외국인 참가자수	전체 참가자수
전문회의시설	674	25.99	146,340	692,380
준회의시설	279	10.76	18,721	89,000
중소규모회의시설	83	3.20	5,780	22,658
호텔(특1)	851	32.82	74,220	260,808
호텔(특2)	177	6.83	13,298	54,188
호텔(1급)	8	0.31	203	550
휴양콘도미니엄	51	1.97	5,026	45,503
기타시설	470	18.13	29,374	203,540
합계	2,593	100	292,962	1,368,627

출처 : 2012 MICE산업 통계조사 · 연구 실적조사 분석편, KTO.

국내 주요 시설별 개최 현황을 보면 코엑스가 291건으로 가장 많고, 벡스코 88건, 더케이서울호텔 82건, 라마다프라자제주호텔 61건, 부산 웨스틴조선호텔 59건 등 주로 서울, 부산 그리고 제주에 소재한 시설에서 많이 개최된 것을 알 수 있다.

표 2-17 **주요 시설별 국제회의 개최 현황**

(단위 : 건, 명, %)

장소별	개최건수	구성비	외국인 참가자수	전체 참가자수
코엑스	291	11.2	46,381	293,331
벡스코	88	3.4	40,821	135,041
더케이서울호텔	82	3.2	7,048	34,863
라마다프라자제주호텔	61	2.4	4,023	10,510
부산 웨스틴조선호텔	59	2.3	2,684	5,096

노보텔 앰배서더 부산	53	2.0	1,904	4,287
롯데호텔서울	52	2.0	6,268	24,685
그랜드 힐튼 서울	50	1.9	4,558	25,650
백범김구기념관	49	1.9	4,236	20,710
대전컨벤션센터	48	1.9	5,292	25,673
서울무역전시장	43	1.7	3,560	23,050
킨텍스	42	1.6	9,773	78,227
서울신라호텔	41	1.6	3,384	14,784
제주국제컨벤션센터	35	1.3	18,965	40,816
엑스코	33	1.3	6,872	31,896

출처 : 2012 MICE산업 통계조사 · 연구 실적조사 분석편, KTO.

4 제3차 국제회의산업 육성 기본계획(2014~2018)

문화체육관광부는 2014년 1월 2일, 향후 5년간 국내 컨벤션산업 발전을 위해 중장기적으로 추진할 '국제회의산업 육성 기본계획'(2014~2018)을 최종 확정, 발표했다. 이번 계획은 「국제회의산업 육성에 관한 법률」 제6조에 의해 수립되는 제3차 국제회의산업 육성 기본계획으로 지난 제2차 계획(2006~2010)에 대한 성과분석 및 국내외 동향분석을 토대로 공공기관, 지자체, 업계, 학계 등 관계 전문가의 의견을 다양하게 수렴해 수립됐다.

한국 국제회의산업의 질적 발전 모색을 위해 이번 제3차 계획에서는 '국제회의산업 고도화 · 고부가가치화 구현'을 목표로 4대 추진전략 및 15대 핵심 과제를 수립했다. 계량적인 목표로는 국제회의 개최건수 790건(UIA 기준), 국제회의 외화획득 14억 5000달러, 국내 개최 국제회의 참가 외국인 수 40만명 달성이 세워졌다. 또 우리나라 대표 3대 '토착형 글로벌 컨벤션'을 육성하고 국내 개최 주요 대형 행사를 계기로 한 국제회의를 추가 발굴해 MICE산업의 시너지효과를 제고할 계획이다.

아울러 지역별로 특화되어 있는 강점 산업 중에서 국제적으로 성장할 가능성이 있는 회의를 육성, 지역대표 국제회의로 육성하는 '지역특화 컨벤션'을 2013년 11개에서 2018년 20개로 확대 지원하게 된다. 특히 국가직무능력표준(NCS)에 근거해 컨벤션기획사 2급의 시험과목 및 출제 · 평가 · 운영 방식을 개선하고 1급을 시행하는 등 '일 · 교육 · 훈련 · 자격'의 실질적 연계를 강화할 수 있도록 자격제도의 실효성을 제고할 방침이다.

이밖에 국제회의기획업 · 서비스업에 대한 산학연계 인턴십을 확대(2013년 71명 →2018년 300명)하는 등 청년 일자리 창출 및 취업 지원을 강화할 계획이다. 또한, 국제회의 핵심시설과 배후지원시설을 집적화해 쇼핑 · 관광 · 숙박 등 연관산업을 연계한 부가가치를 창출하는 국제회의 복합지구 제도를 도입하고 컨설팅을 통해 세계적 수준의 복합리조트 건립지원계획을 마련할 계획이다.

아울러 고궁 · 박물관 · 미술관 · 공연장 등 독특한 회의 개최장소(Unique Venue)를 발굴, 참가자 만족도를 제고하기로 했다. 아래의 내용은 문화체육관광부에서 2014년 1월 2일 발표한 것을 웹사이트(www.mcst.go.kr)를 참조해 제시한 것이다.

제3차 국제회의산업 육성 기본계획

1. 계획목적

❑ **국제회의산업 기본계획 수립으로 한국 국제회의 미래 비전 제시**

○ 향후 5년간 우리나라 국제회의산업의 지속적인 성장과 질적 발전을 이룩하기 위한 국가단위 중장기 계획으로 정책목표 및 과제 제시

❑ **국제회의산업의 국내 · 외 동향분석을 통해 외부환경 변화를 반영한 국제회의산업의 새로운 발전방향 수립**

○ 세계 각국은 국제회의산업을 미래 성장동력으로서 전략적으로 집중 육성 중인바 국제경쟁력을 갖춘 국제회의산업 발전방향을 수립할 필요

❑ 국가 브랜드 가치 제고와 지역경제 활성화를 위한 고부가가치 국제회의산업 육성정책 추진

○ 한국 국제회의산업의 지난 성과와 문제점 분석을 통해 육성 기본방향 도출, 미래 고부가가치 관광산업으로서 국제회의산업 성장기반 구축

2. 계획 성격

❑ 국제회의산업 중장기 발전방향을 제시하는 5년 단위 법정계획

○ 「국제회의산업 육성에 관한 법률」 제6조에 의한 법정계획으로, 한국 국제회의산업의 중장기 발전을 위한 정책목표 및 수단 제시

❑ 전국을 대상으로 국제회의산업의 기본방향을 제시하는 종합계획

○ 국가 수준에서 국제회의 분야 전반에 걸쳐 유관기관 · 업계 · 학계 등 주요 관계자들을 포괄하는 체계적 전략 제시

제3차 국제회의산업 육성 기본계획 범위

○ 시간적 범위 : 2014~2018년 (5년)

○ 공간적 범위 : 전국

○ 내용적 범위 : 「국제회의산업 육성에 관한 법률」 제6조 제1항에서 규정한 △국제회의의 유치와 촉진 △국제회의의 원활한 개최 △국제회의 인력 양성 △국제회의 시설의 설치와 확충 △그 밖에 국제회의산업의 육성 · 진흥에 관한 사항

* '국제회의육성법' 제정(1996년) 이후 제1차 기본계획(1998년~), 제2차 기본계획(2006년~) 수립

3. 비전 및 목표

비전

국제회의산업 발전을 통한 문화융성 · 창조경제 실현

목표

2012년 현재	국제회의산업 고도화 · 고부가가치화 구현
o 개최건수 563건 o 외화획득 6억2천만 달러 o 국제회의 참가 외국인 수 25만명	o 국제회의 개최건수 790건 (UIA 기준) o 국제회의 외화획득 14.5억 달러 o 국내 개최 국제회의 참가 외국인 수 40만명

4대 추진전략 및 15대 핵심과제

Ⅰ. 건강한 국제회의산업 생태계 조성	① 민관협력체계 강화 ② 동반성장체제 강화 ③ 업종체계 정립 ④ 국제회의 품질 강화
Ⅱ. 국제회의 수요 지속 창출	① 한국 대표 국제회의 발굴 ② 주요 주최자 관리 ③ 국제 교류 협력 강화 ④ 국제회의 목적지로서 한국 홍보
Ⅲ. 전문인력 양성 및 제도적 산업기반 강화	① 전문인력 양성 및 일자리 창출 ② 국제회의 기획업계 역량 강화 ③ 국제회의 산업 통계 개선
Ⅳ. 국제회의산업 융복합화 촉진	① 회의 개최 인프라 확충 ② 융 · 복합 관광 육성 ③ 정보기술 결합 친환경 국제회의 진흥 ④ 전시회 연계 국제회의 · 관광 육성

추진체계

① 국제회의산업 민관협력 거버넌스 체계 강화
② 법 · 제도 정비를 통한 성장기반 구축

4. 전략 방안별 핵심 정책과제 및 추진방안

15대 정책과제	추진방안
추진전략 Ⅰ. 건강한 국제회의산업 생태계 조성	
Ⅰ-1. 민관협력 체계 강화	① 관계부처 간 협력체계 활성화
	② 시·도 국제회의산업 발전협의회 신설
	③ 한국MICE협의회(KMA) 활성화
	④ 산학연계로 전문 연구개발(R&D) 기능 강화
Ⅰ-2. 동반성장 체제 강화	① 국제회의 업계 표준요율 시행
	② 국제회의 기획업계 자율적 동반성장 유도
	③ 컨벤션뷰로 역량강화 클리닉 운영 및 안정적 운영기반 조성
Ⅰ-3. 업종 체계 정립	① 국제회의 서비스업 신설
	② 국제회의산업 관련 한국표준산업분류코드 개정
Ⅰ-4. 국제회의 지원방식 개선 및 품질 관리 강화	① 입체적 인큐베이팅 지원제도 개선
	② 개최 정보·사후 평가 등 공유를 통한 국제회의 품질 관리 강화
	③ 지자체 간 회의유치 과당경쟁 방지제도 마련
	④ 국제회의도시 평가제도 도입
추진전략 Ⅱ. 국제회의 수요 지속 창출	
Ⅱ-1. 한국 대표 국제회의 발굴	① 한국 대표 국제회의 발굴·육성
	② 지역 특화 컨벤션 확대
Ⅱ-2. 주요 .주최자 관리	① 국제회의 유치 민간 홍보대사 프로그램 도입
	② 주관 단체 컨설팅 프로그램 체계화
	③ 국가·공공기관 대상 유치·개최 활성화
	④ 재방문 회의 수요 지속 관리
Ⅱ-3. 국제 교류 협력 강화	① 국제회의산업 관련 국제기구 교류협력 강화
	② 국제회의 본부 유치 및 회의 개최 촉진 프로그램 개발
	③ 국제회의 산업 주체의 국제협력 강화
Ⅱ-4. 국제회의 목적지로서 한국 홍보	① 해외 로드쇼, 설명회 개최 및 전문 박람회 참가
	② 한국MICE산업전 연계 MICE위크 확대

	③ 한국관광공사거점 지사 지정 및 활용
	④ 대형 국제회의 유치용 영상물 제작·활용
추진전략 Ⅲ. 인력양성 및 제도적 산업기반 강화	
Ⅲ-1. 국제회의 전문인력 양성 및 일자리 창출	① 체계적인 국제회의 전문 인력 육성
	② 국제회의 분야 국가직무능력표준(NCS) 개발
	③ 컨벤션기획사 자격제도 개선
	④ 청년 일자리 창출 및 취업 지원 강화
Ⅲ-2. 국제회의 기획업계 역량 강화	① 국제회의기획업체의 사업 다각화 및 기획력 제고
	② 국제회의업 수출금융지원 제도 도입
	③ 국제회의기획업 운영현황 연례보고서 작성
Ⅲ-3. 국제회의 산업 통계 개선	① MICE산업 통계조사연구 보완
	② K-MICE 통합정보시스템 활용도 제고
추진전략 Ⅳ. 국제회의산업 융·복합화 촉진	
Ⅳ-1. 국제회의 개최 인프라 확충	① 컨벤션센터·복합리조트 등 인프라 확충
	② 국제회의 복합지구 제도 도입
	③ 이색 체험 제공을 위한 독특한 개최장소 관리
	④ 국제회의 등 MICE 관광 진흥센터 조성
Ⅳ-2. 융·복합 국제회의 관광 육성	① 지역별 MICE 카드 확대
	② 지역특화 융·복합 관광상품 발굴
Ⅳ-3. 정보기술 결합 친환경 국제회의 진흥	① ICT 활용 국제회의 신기술 개발
	② 친환경 국제회의 육성
Ⅳ-4. 전시회 연계 국제회의 육성	① 전시회 연계 국제회의 활성화

출처 : 문화체육관광부 웹사이트 www.mcst.go.kr

Chapter 03

MICE 융복합 전략

03 MICE 융복합 전략

C · H · A · P · T · E · R

1 융복합의 개념과 의의

융복합(融複合)은 서로 합쳐짐이라는 뜻이 내포된 융합(融合)과 복합(複合)이 조합된 용어로써 다른 종류의 것이 녹아서 서로 구별 없이 하나로 합하여지거나 그렇게 만드는 것을 의미하며, 산업, 기술 측면에서는 다른 기술, 산업을 통합한 전체로 병합하는 것을 의미한다. 즉 융복합은 다른 분야의 경영과 기술, 산업 등이 결합하여 신기술, 신제품, 신서비스 등을 개발함으로써 새로운 가치를 창출하고 기존의 영역을 개선하고 고도화하는 성격을 지니고 있다.

우리 사회는 급속한 발전을 통해 짧은 시간에 산업화와 정보화 시대를 거쳐왔고, 그 과정에서 생산된 다양한 물질자산과 각종 미디어의 발달로 축적된 지식정보자산이 포화상태에 이르게 되었다. 이러한 시대적 배경 속에서 새로운 생산보다는 기존에 생산된 자산들을 어떻게 연결하고 조합하여 새로운 가치를 창출하느냐가 중요해짐에 따라 현 시대에는 융복합이 보다 광범위하게 전개되고 있다.

산업화와 정보화 시대를 이룩한 배경이 되는 산업혁명, 기술혁명, 정보혁명, IT 혁명, 지식혁명 등은 융복합의 등장요인이 되는 주요 산업의 공급과잉, 핵심요소 기술발달, 디지털화, 글로벌화, 소비자의 욕구 변화에 맞추어 융복합이 진행되었으며, 그 융복합의 대상으로는 산업, 기술, 제품, 콘텐츠, 서비스 그리고 학문 등 거의 모든 분야에 걸쳐 광범위하게 이루어지고 있다.

이러한 융복합의 전개방향으로는 고객 중심적 문제들을 해결하기 위한 솔루션 및 서비스를 개발하는 것으로 널리 인간사회의 이로움을 위한 고도화된 융복합이 향후 산업사회를 지배하게 될 것으로 보인다.

2 MICE산업의 융복합 전략

1) MICE산업 융복합의 의미

MICE산업에서의 융복합의 의미는 미팅과 인센티브 투어, 컨벤션 및 전시박람회 분야의 행사에서 각종 아이디어 도출을 통한 새로운 유형의 상품을 개발하는 것을 의미한다. 행사 기획 및 운영에 새로운 기술, 서비스 분야가 결합되어 새로운 가치체계와 부가가치를 만들어 고객을 대상으로 새로운 산업(영역)을 창출함으로써 과거와 다른 시장이나 가치를 도출한다는 의미도 포함된다. MICE산업의 특성상 협력적 생태계 구축이 미흡하나, 새로운 신규 시장의 개발과 함께 미래 성장을 주도할 새로운 분야나 서비스의 개발이 시급한 시점에서 융복합의 의미를 찾을 수 있다.

새로운 제품과 서비스를 제공함으로써 수요, 공급측면에서 새로운 가치체계의 창출을 기대할 수 있으며, 기존에 정체되어 있는 제조, 서비스 등 전통산업에 첨단기술이나 서비스가 융복합되어 새로운 산업영역으로 재탄생하거나, 제조업 및 서비스업 간의 균형있는 발전과 산업간, 지역간, 계층간 불균형 해소에 기여할 수 있다.

2) 융복합 MICE 사례

(1) 라스베이거스 CES 2013(산업간 융합 IT + 전자 + Exhibition)

세계가전전시회(Consumer Electronics Show)는 미국가전협회(CEA: Consumer Electronics Association)가 주관해 매년 열리는 세계 최대 규모의 가전제품 박람회로서 디지털 홈웨어, 하드웨어 및 소프트웨어, 유무선 통신기술 및 기기 등 모든 종류의 가전제품과 첨단IT 신기술이 공개되어 전 세계 전자산업의 흐름을 한눈에 볼 수 있다.

가전제품 중심에서 점차 정보기기로 그 영역을 넓혀왔으며, 오디오, 비디오, 카오디오, 컴퓨터, 하드웨어, 소프트웨어, 위성수신기, 전화기, 계산기, 시계, 카메라, 가정 자동화기기 등 일상생활과 밀접한 제품들이 선보전시회로 가장 유명하다.

1967년 미국 뉴욕에서 제1회 대회가 열린 이후 지금까지 이어지면서 세계 가전

업계의 흐름을 한눈에 볼 수 있는 권위 있는 행사로 자리매김하였으며, 1995년부터는 매년 1월 미국 라스베이거스에서 개최하고 있고 매년 2,000개 이상의 업체와 10만명 이상이 방문해 세계 최대 규모의 전자박람회로 꼽힌다.

그림 3-1 ▶ 라스베이거스 CES 2013

2013년 1월 8일부터 11일까지 미국 라스베이거스에서 'CES 2013'이 개최되었으며, CES 역사상 최대규모인 전 세계 48개국에서 3,000여개 기업이 참가한 가운데 나흘간 계속된 올해 CES의 대표 키워드는 '기기간 연결성(Connected)'이며, TV와 스마트폰을 중심으로 생활가전에서 자동차에 이르기까지의 다양한 기기를 제어하는 융합된 기술의 진화를 선보였다. 그리고 이를 통해 가정 내 모든 기기간 연결성이 확대됨에 따른 스마트홈 구현에 대한 기대를 더욱 높였다.

CES는 IT와 가전이 융합된 첨단기술 경연의 장이 되고 있으며, 전시와 시연을 통해 참관객의 흥미를 유발하고 있다. 특히, 동영상을 통해 CES가 개최되는 라스베이거스 현장을 실시간으로 중계하면서 PC와 스마트폰을 이용해 홈페이지를 방문하거나 전용 앱을 다운받아 다양한 기업의 혁신적인 기술과 서비스를 접할 수 있다.

(2) 바르셀로나 MWC(산업간 융합 모바일 + 통신 + Congress)

MWC(Mobile World Congress)는 GSM협회(GSM Association)가 주관해 1987년부터 스페인의 바르셀로나에서 매년 개최되는 행사로 휴대폰 제조업체와 이동통신 업체들이 참가하는 세계 최대 규모의 이동통신산업 전시회이다.

2013년 MWC에는 삼성전자, LG전자를 비롯해 노키아, 모토로라, 소니에릭슨 등 세계 220여개국 1700여 개 휴대폰 제조업체와 이동통신 업체들이 참가했으며, '새로운 모바일 지평을 열다'를 주제로 한 이번 행사에는 7만 2천명의 참관객이 방문한 것으로 나타났다. 참관객들은 자신의 손 안에 스마트폰 · 태블릿PC를 들고 버튼을 눌러보고 데이터 전송속도와 기능을 체험하는 시간을 가졌다.

매년 2월 말에 열리는 MWC는 CES(세계 최대 가전 전시회)와 더불어 스마트폰과 태블릿PC 등 최신 IT 트렌드를 전망하는 척도로 업계 관계자와 소비자들의 주목을 받고 있다.

그림 3-2 ▶ 라스베이거스 CES 2013

(3) 세계 유방암 학술대회(학술 서비스간 융합 의학 + 치유 + Convention)

세계유방암학술대회(GBCC)는 2007년 1회대회를 시작으로 2년 단위로 국내에서 개최되는 국제규모의 의학 학술대회이다. 2007년 1회대회에는 26개국 1,000여명, 2009년 2회대회에는 28개국, 1,300여명, 3회대회에도 33개국 1,300여명의 참가자를 유치하며 단기간에 큰 성공을 거두었으며, 아시아 각국의 유방암 치료 및 연구 현황 등을 발표함으로써 관련 학계로부터 큰 호응을 얻고 있다.

2013년 10월 10일부터 동월 12일까지 한국유방암학회를 비롯하여 대한종양간호학회, 한국유방건강재단, 존스홉킨스 블룸버그 보건대학 주최로 제4회 세계유방암학술대회가 개최되었다. 특히 이번 학술대회에는 환우 및 유전성 유방암 프로그램이 별도로 마련되었으며, 환우 프로그램의 경우 한국과 일본 등 아시아 대표 환우들이 참여하여 의료진과 함께하는 토크 콘서트와 체조배우기, 환우댄스공연, 자가검진 홍보단 선포식 등이 진행되었다.

그림 3-3 ▶ 세계 유방암 학술대회

(4) 지역 관광자원 + MICE 상품

정부는 관광산업의 질적 발전과 경쟁력 강화를 위해 고부가가치 · 고품격의 융복합 관광 육성 및 신시장 진출과 경쟁력 제고를 강화할 예정으로 융복합 관광은 고품격 한국관광 실현을 위한 중요한 정책이다.

우리나라 융복합 관광의 흐름을 살펴보면 1980년대 농촌관광을 시작으로 1990년 초반 컨벤션(MICE), 1990년대 후반 한류관광, 2000년대 초반 의료관광, 2000년대 후반 음식관광, 2010년대 초반 쇼핑관광, 산업관광, 2013년 이후 레저 스포츠관광, 크루즈관광, 역사 · 전통문화체험관광으로 진행되고 있는 것을 알 수 있다.

그림 3-4 ▶ 지역자원을 활용한 MICE 상품

특히 MICE, 의료관광, 크루즈관광 등 고부가가치 융복합관광 · 레저산업을 육성하고 MICE 복합지구 제도 도입, 헬스케어, 숙박, 관광이 어우러지는 체류형 의료관광 클러스터 조성, 고궁 · 고택 · 템플스테이 등을 활용한 역사 · 전통문화 체험관광과 한식 · 패션이 연계된 한류관광 등을 육성하고 있다.

(5) 정보통신 기술(RFID) + Convention

RFID는 전파신호를 통해 비접촉식으로 사물에 부착된 얇은 평면 형태의 태그를 식별하여 정보를 처리하는 시스템으로 판독 및 해독기능을 하는 판독기(RF reader)와 고유 정보를 내장한 전파 식별 태그로 운용 소프트웨어 및 네트워크로 구성되며, RFID는 전시, 물류, 교통, 보안, 안전 등의 다양한 응용분야에 활용되고 있다.

RFID는 회의산업 및 전시산업에 적용될 수 있으며, 회의의 경우 RFID Tag를 Name Tag 대신 사용하여 참가자들의 회의참석 세션을 구분하고, 정확한 입장관리 및 참가한 회의나 세션 등의 발표자료를 다운받는데 활용할 수 있다. 또한 전시의 경우 참가자들은 RFID Tag를 이용하여 전시부스 입장 및 대화내용의 입력, 그리고 관심부스의 내용(브로슈어)을 쉽게 저장할 수 있다.

그림 3-5 ▶ RFID 기술을 활용한 Covention

3) MICE산업의 융복합 가능사례 예시

융복합 MICE는 기존의 MICE산업 분야에 연계가 가능한 타 산업분야 간의 융합과 복합 연계를 통해 시너지를 창출하여 경쟁력을 강화하는데 그 목적이 있다고 할 수 있다. 적용가능 산업은 무궁무진하다고 볼 수 있으며, 유형의 사업뿐만 아니라 무형의 사업에도 적용이 가능하리라 본다. 그리고 융복합을 통한 파급효과도 여타 산업에 비해 우수할 것으로 기대되기 때문에 이와 관련된 연구개발이 지속적으로 필요하다.

표 3-1 MICE산업과 미래기술의 융복합 사례

미래기술	융복합 효과	적용범위
로봇, 첨단기계	음성 안내서비스, 통번역, 출입관리, 장애인 지원 등 각종 이용자 편의 도모	1. 등록데스크 무인화 - 터치 스크린 방식의 키오스크 설치로 참가자들의 등록절차 무인화(네임택 출력, 각종 정보 제공) 2. 공항, 터미널 영접행사 및 안내서비스 제공 - 많은 인력이 소모되는 영접 및 안내 루트에 로봇 음성안내 시스템 도입으로 참가자 편의 제공 3. 각종 증명 발급 및 자료출력 - 비즈니스 미팅 및 학술 세미나에 필요한 각종 증명 발급 서비스 및 회의자료 출력 서비스 제공
모바일 근거리 통신기술 (NFC)	참가자 등록 및 보안 등 정보관리 자료 공유 및 네트워크 서비스 강화	1. 참가자 등록 및 보안 등 정보관리 - 모바일 기기의 정보를 단말기 상으로 수신하여 등록절차 간소화 및 참가자 정보관리의 전산화 2. 스마트 폰을 활용한 자료의 공유 및 상호간의 네트워크 강화에 이바지 - 참가자들의 근거리 통신을 통한 자료의 공유 가능 및 전자 명함 등 개인 연락처 공유 3. 보안이 필요한 콘텐츠에 유리 - 기존 블루투스, 와이파이 등과는 다른 짧은 거리의 통신망으로 직접 맞대어 전송하는 특성상 보안성 강화
홀로그램 원격회의	실시간 홀로그램 원격 화상회의 입체 자료 공유 및 현실감 증가	1. 평면 디스플레이를 벗어난 입체형 영상 기술 - 원거리 화상통신의 발전된 형태로 입체 영상을 통해 같은 공간에 없이도 보다 정확한 의사소통 가능 2. 입체자료의 현실성 구현 및 회전 가능 - 평면이 아닌 360° 회전이 가능한 영상구현을 통한 회의간 입체자료의 공유 및 현실성 증대 3. 디스플레이가 없는 회의장 - 메인 무대의 스크린 및 PC의 모니터가 없는 홀로그램 레이저 빛을 통한 영상 재생 - 각종 안내, 전시, 편의성 서비스 제공에 홀로그램 영상을 통한 공간적, 시간적 효율적 운영
모바일 전자투표	참가자 개인의 등록된 모바일 폰을 활용 의사결정 및	1. 참가자의 의견 청취 및 반영시간 대폭 단축 - 개인 모바일기기를 통한 간편하고 보안이 뛰어난 전자투표 방식으로 투표율 증가 및 투표결과 즉시 제공 2. 투표뿐만 아니라 설문조사 및 다양한 의견 개진에 반영 가능

	안건 채택 등 전자투표	- 행사의 만족도 조사 및 각종 설문조사에 활용 및 건의사항 접수 가능 3. 기존 기술을 활용한 접목 기술 편리 - 참가자들의 개인 스마트폰 해당 어플리케이션을 통해 와이파이 통신망을 접목한 손쉬운 적용
전자종이, 단말기	자료 및 행사 정보 안내 등을 휴대성이 강한 전자종이 및 단말기를 통한 서비스	1. 각종 인쇄물을 대체할 전자종이 단말기 - 무겁고, 소모적인 인쇄물을 대체할 수 있는 가볍고 휴대가 편리한 전자종이 단말기 2. 태블릿 PC를 뛰어넘는 휴대성과 넓은 시야각 - 기존 스마트 폰이나 태블릿 PC보다 화면이 크고, 무게가 가벼우며 내구성이 튼튼한 차세대 디스플레이 3. 종이의 질감을 그대로 살리고, 통신기술까지 접목한 수요자 중심의 단말기 - 질감 및 우수한 시인성을 통한 기존의 전자 단말기와 차별화된 장점으로 참가자들의 만족도 제고
친환경 그린 에너지	신재생 에너지와 저탄소 녹색성장 친환경 건물, 탄소 소비 ZERO	1. 친환경 그린 컨벤션 및 인프라 - 저탄소 녹생성장 이슈에 대응한 세계적 환경의무를 지키는 소재로 주최측의 공감을 이끌어 냄 2. 친환경 소재의 다양한 이슈에 대응 - 갈수록 친환경과 관련된 이슈가 커지고 수요가 많아지는 만큼 에너지 기업 등 관련기업의 참여 증가 3. 불필요한 에너지 낭비, 관련 행사 유치 - 재생 가능한 에너지 자원 활용 및 관련 인프라의 확충으로 인한 행사유치의 강점 부각
3D, 4D 콘텐츠 기술	3D와 4D 콘텐츠 기술을 활용한 회의, 전시, 박람회	1. 전시, 박람회에 특화된 기술 - 전시 박람회의 부스 운영 및 신기술 홍보에 있어 3D, 4D 콘텐츠를 활용한 만족도 제고 및 마케팅 효과 2. 체험형 소재 및 실제감 있는 시뮬레이터 제공으로 참가자 몰입도 증가 - 4D 입체 영상 및 3차원 체감 음향, 공간 진동, 특수 좌석, 향기 생성 등의 다양한 모션 컨트롤 기술 3. 짧은 시간에 강점을 부각할 수 있는 자극적 콘텐츠 - 오랜 설명과 설득을 대신한 콘텐츠 체험으로 짧은 시간에 강점을 부각하고, 오감을 통한 설득이 가능함
Interactiv	쌍방향 의사소통이	1. 쌍방향 의사소통을 활용한 참가자 참여 유도 - 스크린 속에 자신의 모습을 비춰 직접 참여할 수 있는 체험 콘텐츠 제공

e 쌍방향 방송 기술	원활한 인터랙티브 방송, 영상 콘텐츠 접목	2. 참가자의 심리를 자극한 흥미와 관심 유발 - 궁금증과 흥미를 유발하고 그 속에서 참가자의 참여를 유도하여 상호 공감할 수 있는 콘텐츠 3. 일방적 소통에서 참가자의 선택권을 부여 - 일방적 전달에서 탈피하여 참가자가 직접 선택하고 체험 함으로써 긍정적 이미지 제고

표 3-2 MICE 융복합 적용가능산업 예시

적용 가능 분야	융복합 MICE 소재
1. 의료서비스	한방치료, 테라피, 수치료, 건강검진, 성형상담, 의료기술 시찰
2. 한류 콘텐츠	뷰티, 패션, K-pop, 전통문화, 전통음식, 한류스타
3. IT 기술	RFID, 증강현실, 모바일 app, 키오스크, 근거리통신(NFC)
4. 3D 콘텐츠	미디어 아트, 3D 복원 4D 시뮬레이터, 자동 통/번역 서비스
5. 예술문화 콘텐츠	예술문화 콘텐츠, 색채미술, 공간예술, 조형물, 연극, 무용, 건축
6. 관광자원	자연자원, 시설형 관광지, 전통문화 체험, 레저스포츠
7. 인적교류 콘텐츠	눈, 참가자 회원관리, DM 발송, 전자명함 교류
8. 회의 시설 및 장비	원격 화상회의, 전자투표 시스템, 홀로그램, 전자종이, 로봇
9. 방송 콘텐츠	인터랙티브 광고, 온라인 다중 생중계, 영화
10. 뉴마케팅	슬로우 콘텐츠, LOHAS 웰빙, 체험, 의전, 와인, 데이마케팅, 게임
11. 감귤산업	감귤체험, 감귤재배 농가, 재래시장, 홈스테이, 가공식품, 축제
12. 스마트그리드	전기자동차, 풍력발전, 태양광 발전, 견학시설, 스마트그리드 행사
13. 말산업	승마, 마유, 화장품, 마상쇼, 조랑말 박물관, 승마대회, 경마장
14. 생태관광	UNESCO 3관왕, 화산지형, 등반관람형, 해안형, 복합시설형 자원
15. MICE 카드	금융 서빗, 관광지 등 할인쿠폰, 교통카드, E-shop

3 MICE 융복합 산업의 발전방향

1) 융복합을 통한 새로운 가치 창출

MICE산업은 다른 분야의 경영과 기술 그리고 산업과 결합하여 새로운 가치를 창출할 수 있는 분야이고 여타산업에 비해 빠르게 산업영역을 개선하고 확장할 수 있는 기회를 제공할 수 있다. 그동안 빠른 성장을 이루어내면서 다양한 자원과 축적된 지식을 확보하고 있는데, 이러한 자원을 어떻게 연결하고 조합하여 새로운 가치를 창출하느냐가 관건이 될 것이다.

2) 융복합을 통한 새로운 콘텐츠와 서비스 제공

향후 산업간 칸막이 없는 大융복합 시대의 부상을 앞두고 관련 산업과의 융복합 성장을 성공적으로 이루어내지 못하면 MICE산업은 성장에 한계를 보일 것이다. 국내에서 MICE산업의 융복합 사례를 보면 몇몇 회사를 중심으로 융복합 상품을 선보이고 있으나, 아직은 상품구성의 완성도 측면에서 개선의 여지가 많다는 평가를 받고있다.

3) 지역 비교우위 산업과 손잡는 융복합 상품개발 전략 필요

현재 MICE산업의 융복합 상품은 주로 IT, BT 등과 손잡아 상품개발이 이루어지고 있는데 다소 편향된 모습을 보이고 있다. 물론 이러한 산업의 융복합도 필요하지만 MICE산업의 특성에 맞게 융복합 대상산업의 영역을 전산업에 걸쳐 다양하게 확장할 필요가 있다. 각 지역이 갖는 비교우위 산업을 대상으로 적극적인 융복합 전략을 가져갈 필요가 있는데 최근 다양한 분야에서 개발된 콘텐츠와 스토리텔링 자원을 적극 활용할 필요가 있다.

4) 정부의 융복합 정책에 적극 반응

정부가 추진 중인 서비스분야 융복합 사업추진에 적극적으로 뛰어들어야 한다. 정부의 지원을 이끌어 내기 위해서는 MICE산업 융복합 상품개발이 고부가가치상품임을 보여주어야 하는데, 실질적인 성과창출을 위해 일자리 창출과 지역경제 활성화에 기여할 수 있다는 사례분석이 제시되어야 한다.

5) MICE산업 융복합 상품개발 및 사업관리 시스템 구축

융복합 상품개발은 이업종간 자산이 결합되어 제3의 새로운 가치를 창출하는 산업이기 때문에 이업종 간의 협력을 중간에서 이끌어내고 관리할 수 있는 시스템 구축이 필요하다. MICE산업이 국내외에서 융복합 전략의 효과를 선점하기 위해서는 관련 이해집단의 전문가를 포함하는 TF팀을 구성하여 관련 상품의 기획과 상품개발 그리고 마케팅전략까지 원스톱으로 관리할 수 있는 시스템 구축이 필요하다.

6) 융복합의 범위 확장

IT와 BT같은 신기술과의 융복합 전략도 중요하지만 이분야는 사실 비용부담이 커 MICE 관련 중소규모 기업이 상품개발을 이루기에는 적지 않은 부담이 있는 것이 사실이다. 하지만 무형의 영역이라 할 수 있는 뉴마케팅 기법, 경영기술기법, 콘텐츠와 스토리텔링과 같은 분야와 융복합을 이루어낸다면 산업의 성격도 적합하고 비용부담도 완화할 수 있을 것이다.

MICE 융복합의 적용 범위는 MICE 주축행사인 컨벤션, 인센티브 투어 그리고 전시분야를 중심으로 놓고 다양한 산업, 기술, 마케팅, 콘텐츠, 경영기법 등을 연계할 수 있는데 핵심적으로 고려해야 할 사항은 사업의 실현가능성, 타당성, 경제적 부가가치, 지역자원 연계 등을 주로 고려해야 할 것이다.

그림 3-6 ● 융복합 MICE산업의 적용범위

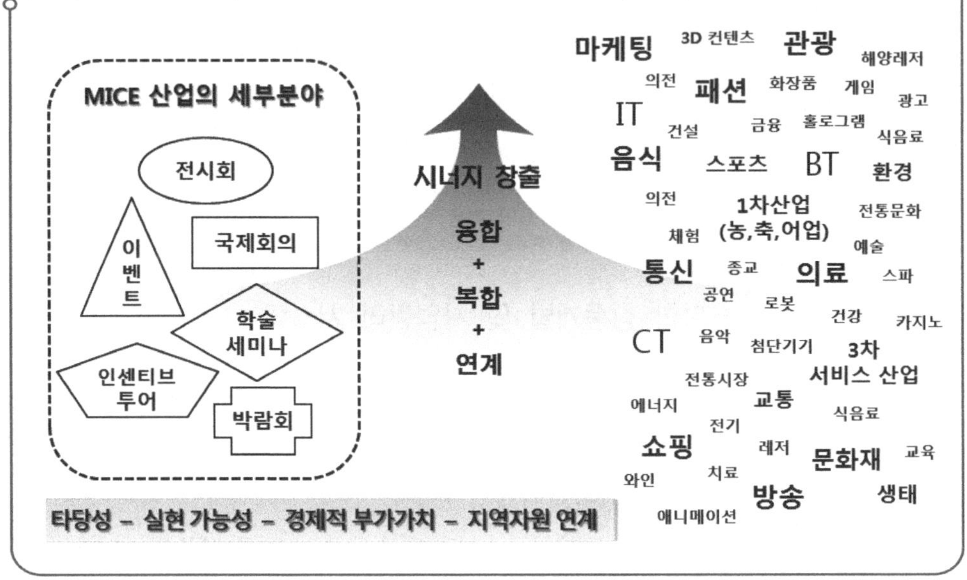

Chapter 04

MICE 기획

04 MICE 기획

C · H · A · P · T · E · R

1 MICE 기획의 개념

기획은 기획배경을 설명한 후 그에 대한 해결책을 제시하기 위하여 구체적인 실천방안을 제시하는 것이다. 특히 기획서를 의뢰한 고객으로 하여금 정확히 이해시킬 수 있어야 하고 관련 이해집단이 흥미를 가질 수 있도록 작성되어야 한다. 다시 말해 기획은 고객의 관점에서 기획서 작성을 왜 하는지와 구체적으로 무엇을 말하고 있는지, 그리고 풀어나가는 절차와 방법론은 어떠한지 더불어 기획서 작성으로 인해 고객이 얻을 수 있는 예상성과는 무엇인지에 답할 수 있어야 한다.

기획은 또한 복잡하게 엉켜 있는 실타래를 푸는 것과 같이 관련 주제를 가지고 다양한 이해집단이 가지고 있는 다른 관점과 갈등을 해결할 수 있는 길을 제시해주어야 한다. 문제의식은 누구나 가지고 있지만 거기에 머물러서는 안되고, 해결할 수 있는 질문을 수도 없이 던지기를 반복해야 한다. 기획 당사자는 이러한 반복질문을 통해 문제를 해결할 수 있는 방법을 찾게 되는 것이다.

이러한 과정은 결국 AS-IS(현재의 상황)와 TO-BE(목표 지향점) 간 갭을 분석하고자 하는 방향과 맥을 같이하고 있다. 현재의 문제상황에 대한 정확한 분석없이 목표를 설정한다든가 문제의식은 좋은나 해결에 대한 고민이 없으면 기획은 바르게 설정되기 어려워진다.

MICE 기획도 이러한 관점에서 크게 벗어나지 않는다고 생각한다. 협회와 정부 그리고 기업체에서 발생하는 행사를 유치하고 효과적으로 진행하며 사후 평가를 하는 절차라고 이해하면 될 것이다. 다만, 기획의 범위가 좀더 복잡하고 넓다고 할 수 있는데, 각종 프로그램, 숙박, 교통, 관광, 의전, 식음료, 연사관리 그리고 인적자원 운용에 이르기까지의 일련의 활동을 일컫는 말이다.

MICE 행사는 다양한 산업이 융복합 과정을 거치면서 진행되는 부분이 다수이기에 예측하지 못한 문제점이 발생할 가능성이 매우 높다. 그러므로 사전준비-진행-사후평가에 대해 개별계획과 행사에 대한 종합계획을 세워 불확실성을 낮추고 목적에 적합한 효율적인 운영을 하는 것이 바람직하다고 볼 수 있다.

2 개최지 선정

대부분의 개최 후보지들은 자신들의 지역이 행사 개최지로 선정되도록 전문적인 서비스를 제공하기 위해 컨벤션뷰로를 운영하며 전문적인 정보를 제공하고 있다.

개최지 선정 문제는 매우 중요한 문제이다. 장소에 따라 참가자들의 참여 여부가 달라질 수 있으므로 접근성, 선호성, 숙박시설 등을 고려하여 행사에 적합한 개최지를 선정해야 한다.

표 4-1 컨벤션 개최지 선정의 요소

주요항목	세부항목
접근성	• 비용(교통 등) • 시간(여행거리 및 시간) • 교통망 빈도수(행사개최지까지의 연결노선 빈도수) • 편리함(항공, 교통 연결의 편리성) • 여행장애(비자, 세관 통관 등 여행절차)
개최지 지원 정도	• 현지 지부의 지원 범위 • 컨벤션뷰로(CVB) 및 컨벤션센터의 지원 규모 • 리베이트나 보조금 등 개최지의 지원 정도
컨벤션 이외의 기회	• 식당, 바, 극장, 나이트 등 오락요소 • 쇼핑몰, 백화점, 저가 상점 등 쇼핑요소 • 건축, 박물관, 기념물, 관광 자원, 공원, 역사유적, 지방관광과 같은 볼거리 • 스포츠나 관람 또는 참여가 가능한 레크리에이션 • 현지고객방문 및 협상, 상담활동, 판촉, 마케팅과 같은 사업적 기회

숙박시설	• 이용 가능한 호텔의 객실 수용능력과 적정한 숙박비용 • 서비스 수준 • 안전하고 확실한 환경을 제공하는 호텔 보안 수준 • 숙박시설의 이용 가능 여부
컨벤션시설	• 적절한 회의시설 수용능력 • 적절한 분위기 및 환경을 창출할 수 있는 시설의 느낌 • 서비스 수준 • 아전하고 안심할 수 있는 회의시설 환경 • 회의시설 이용가능 여부
정보	• 과거에 만족스럽게 회의를 개최한 경험 • 회의 기획자들 간의 해당 목적지 평판 • 효과적인 목적지 마케팅활동 여부
기타 기준	• 파업, 자연재해, 거부운동, 기타 행사에 부정적인 것에 대한 위험 관리 • 해당 개최지가 회의 개최에 다른 수익 또는 손실 창출 여부 • 협회의 신뢰성 및 회원 확보 등 협회 홍보활동 • 차기 개최지로서 목적지의 새로운 특징

출처: Crouch, G. I. & Ritchie, J.R.B.(1998), "Convention Site Selection Research, A Revoew, Conceptual Model and Propositional Framework", Jornal of Convention and Exhibiion Management, 1(1), 49-69; 박의서 외 공저(2010), 『MICE산업론』, 학현사, p.200, 재인용

1) 개최도시 선정

개최지 선정은 행사의 성공 여부를 좌우하는 중요한 요소이다. 그러나 각각의 행사는 서로 다른 목표와 추구하는 바가 다르기 때문에 개최지를 선정할 때에는 이에 적합한 곳을 선정해야 한다. 그렇기 때문에 행사 기획자들은 사전에 행사의 특성에 대해 세밀하게 살펴야 하는데 아래의 내용을 검토해야 한다.

(1) 행사 목표 확인

각각의 행사는 다양한 목표를 갖고 있다. 정부회의와 협회회의 그리고 기업회의는 그 행사주제와 내용에 따라 가장 이상적인 개최장소가 달라질 수밖에 없다. 이러한 행사의 목적과 성과는 제안요청서가 준비되기 전에 파악하고 있어야 한다. 행사의 특성을 파악하기 위해서, 회의기획가는 개최될 행사와 참가자들에게 필요한 사안들에 대해 사전조사를 수행해야 한다.

(2) 과거 자료 수집 및 행사 특성 분석

행사과거 자료는 행사의 특성을 파악하는 데 있어 가장 가치 있는 자료로 활용될 수 있다. 개최지를 선정하고 지역 내 시설을 활용하기 위해서 제안요청서를 보내게 된다. 제안요청서를 작성하기 위해서는 행사의 참가자 수, 필요한 객실 수, 행사의 성과, 주요 행사 프로그램, 참가자의 특성 등을 파악해야 한다. 다음과 같은 내용을 고려해야 할 것이다.

- 행사의 특정 날짜나 시간
- 피해야 할 종교적, 인종적인 상황
- 예상 참가자 수
- 최근 3~5년 내에 개최된 행사의 참가자 특성
- 하루에 몇 개의 분과 회의실이 필요한가? 매일 동시 사용 가능 회의실은 몇 개인가?
- 회의, 이벤트, 전시장소가 근접한 곳에 어떤 관광자원이 있는가?
- 참가업체들과 해외 참가자들을 위한 휴식공간은 존재하는가?
- 회의 및 숙박시설 등 주요시설의 서비스 품질은 우수한가?
- 외국어 능력이 우수한 운영요원의 확보가 용이한가?
- 지역사회 주요기관 및 시민의 지원을 이끌어 낼 수 있는가?
- 물가가 안정되고 참가자들의 안전이 보장되는 지역인가?

(3) 개최시설 환경적 특성

회의장 및 호텔은 개최가 확정된 지역에서 조건에 적합한 곳을 물색하여 선정한다. 이 때 고려해야 할 요소로는 회의의 성격, 예산, 시설의 수준, 담당자의 태도, 서비스 수준 등이 있으며, 행사기간 내에 대규모 공사로 인한 문제는 발생하지 않는지, 다른 행사와의 중복으로 시설의 이용이 어려운 곳은 아닌지 살펴야 한다.

개최시설을 선정하기에 앞서 고민해야 할 사항은 개최지역의 환경적 특성이라고 할 수 있다. 개최지역은 크게 대도시 권역, 시외권역, 공항권역으로 나눌 수 있으며, 각각의 회의장소와 지역에는 다음과 같은 장단점이 존재한다.

가. 대도시 권역(Metropolitan Area)

개최지가 도심지에 있으면 대규모 회의와 연회장소로 특급 호텔을 활용할 수 있다는 장점이 있다. 또한 교통시설이 잘 갖추어져 있어 참가자들이 이동하기 쉽다는 장점을 갖고 있다. 도심에서 개최될 경우 일반적으로 행사에서 제공되는 서비스 제공업체들이 도심에 위치해 있기 때문에 서비스 제공이 용이하며, 운송 또한 쉽게 이루어진다. 하지만, 주차시설이 한정되어 있다는 단점이 있다.

나. 시외 권역(Suburban Area)

최근, MICE 행사가 바쁜 도심에서 벗어나 '여유 있는 문화'를 즐기는 것을 선호하면서 시외 권역에 많은 편의시설과 회의시설이 개발되고 있다. 시외권역에서 행사가 진행될 경우, 접근성에서는 대도시에 비해 어렵다는 문제가 있지만 자연경관을 즐길 수 있고 여유로운 행사진행이 가능하며, 지역의 특별한 정취를 느낄 수 있다는 장점이 있다.

다. 공항권역(Airport Area)

공항호텔은 대규모 행사가 아닌 간단한 위원회의나 당일 회의에 적합한 장소이다. 공항을 거점으로 할 경우, 셔틀버스가 운행되기 때문에 이동이 쉬우며, 참가자들은 돈과 시간을 절약할 수 있는 기회를 얻게 된다. 하지만 다른 지역에서 진행되는 것에 비해 서비스 제공에 한계가 있으며 항공기 소음이 문제로 작용된다.

(4) 개최시설 유형선택

개최지역에 대한 특성을 파악한 후, 기획가는 지역 내 분포되어 있는 시설 중 적합한 시설을 물색하게 된다. MICE 개최시설은 회의개최를 목적으로 둔 전문회의시설과, 숙소와 회의의 기능을 겸비하고 있는 호텔, 그 밖의 야외 장소 등으로 분류할 수 있다.

전문회의시설을 사용할 경우, 행사에 적합한 기술인력과 장비를 지원받게 되지만, 비용이 비싸고 숙소로의 이동이 필요하다는 단점이 있다. 이에 반해, 호텔회의장을 사용할 경우 전문회의장보다 다소 전문성이 떨어지더라도 숙소로의 이동이 불필요하다는 이점이 있다.

한편, 전통적인 회의장소인 컨벤션센터나, 호텔의 회의시설을 벗어나 독특하고 이색적인 장소에서 회의가 개최되기고 한다. 대학이나 크루즈 선박에서도 전문적인 회의시설을 갖추어 놓음으로써 회의장소로 활용되고 있으며, 특히 인센티브 투어의 부각으로 야외에서도 행사가 개최되고 있다. 또한 국제적인 행사에서는 국가적 이미지를 갖춘 장소들을 활용함으로써 국가의 이미지를 홍보에 활용하는 사례도 증가하고 있다.

그림 4-1 ▶ 국내 컨벤션센터(좌-Bexco, 우-ICC Jeju)

출처 : http://www.naver.com

가. 컨벤션센터

우리나라의 경우 컨벤션센터는 여타의 회의시설보다 대형화와 전문화 그리고 첨단회의 시설을 갖추고 있다는 이미지를 갖고 있다. 전문컨벤션센터인가 혹은 전시장 중심의 전시컨벤션센터인가에 따라 역시 성격이 달라진다. 이러한 센터의 성격은 행사의 웅장함과 화려함에 의해 참가자 만족을 극대화시킬 수 있지만, 다른 한편에서 보면 가동률이 낮을 경우 고정운영비가 많이 든다는 점에서 약점으로 작용하기도 한다.

컨벤션센터는 보통 같은 공간에서 회의와 전시를 동시에 진행할 수 있도록 설계되었다. 또한 연회, 식음료 등의 서비스를 원스톱으로 제공함으로써 참가자들의 편의를 제공하고 있다. 우리나라에는 서울의 COEX와 부산 BEXCO, 제주 ICC JEJU와 같이 각 지역을 대표하는 컨벤션센터가 존재하고 있으며, 센터를 중심으로 MICE 관련 행사를 유치하여 지역경제 파급효과를 극대화시키고자 하는 의지를 가지고 있다. 컨벤션센터의 특징은 일반적으로 다음과 같다.

- 대부분의 시설이 공간의 임대와 더불어 식음료와 각종 부대시설을 통한 부가적 서비스를 제공함으로써 수익을 창출하고 있다.
- 전시주최자에게 전기, 전화, 무대장식/조명 등 전문적인 서비스를 제공한다.
- 일반적으로 숙박시설이 밀집한 지역과 근접한 곳에 위치해 있어 참가자들의 접근이 용이하다.

종종 컨벤션센터는 회의개최 시설의 대표격으로서 호텔과 비교되는 경우가 많다. 24시간 항상 고객에게 열려 있는 호텔과 달리 컨벤션센터는 회의가 진행되는 시간에 한정해 부대시설이 운영되고 밤에는 모든 시설이 소등된다. 그러하기 때문에 컨벤션기획가는 나이트라이프에 대해 항상 컨벤션센터와 호텔의 상호 보완성을 고려해야만 할 것이다.

또한 컨벤션센터의 경영주체는 민간기업에 의하기보다는 공공성격을 갖는 비영리법인에 의해 운영되는 경우가 많다. 이는 센터의 장단점으로 작용하는데 관에 의한 경영이 좋은지 혹은 민간기업에 의한 경영이 효율적인지, 아니면 반관반민 형태의 장단점을 혼용한 형태의 경영형태가 나은지에 대한 논쟁은 지금도 이어지고 있고 사례조사가 이어지고 있다.

컨벤션센터의 또 하나의 특징은 비용절감과 운용의 효율성을 위해 아웃소싱에 많은 부분을 의존하고 있다는 것이다. 호텔의 경우는 대부분 자체적으로 대부분의 부가서비스를 고객에게 제공하지만, 센터는 특정시간대만 가동되는 경우가 많기 때문에 외부 용역을 적극적으로 활용하게 된다.

나. 콘퍼런스센터

콘퍼런스센터 역시 MICE 개최시설의 한축으로 인정받으며 큰 비중을 차지하고 있다. 컨벤션센터가 주로 대형행사에 치우치고 있다면 콘퍼런스센터는 중소규모에 치중하면서 행사성격도 주로 과학이나 의료처럼 전문분야 행사에 집중되는 경우가 많다. 참가자들이 보통 장시간 집중하면서 행사를 진행해야 하기 때문에 다소 비용이 소요되더라도 최적의 환경조성이 주요한 과제가 된다.

콘퍼런스센터가 컨벤션센터와 차별화할 수 있는 가장 큰 특징은 숙박서비스를 제공하면서 행사개최기간 내내 참가자가 다른 장소로 이동하지 않고 센터 한곳에서 원스톱으로 모든 서비스를 제공받을 수 있다는 것이다. 또한 기업이나 정부 혹은 협회 성격의 회의보다는 학습과 토론 등에 관련된 프로그램을 진행하는 단체가 주요 고객이 되는 것이다.

그림 4-2 ▶ 뉴욕 Jacob K. Javits 센터

① 콘퍼런스센터 운영의 특징

컨벤션센터나 호텔의 경우 각종 프로그램과 부대시설을 행사의 성격에 맞게 변형 가능하지만, 콘퍼런스센터는 전문 학술회의에 초점을 맞추어 조성되어 있기 때문에 성격을 달리한다. 회의실 내부는 리셉션, 연회, 기타 프로그램을 수용하기보다

는 오로지 학술관련 활동에 초점을 맞추어 조명과 음향 그리고 내부인테리어가 조성되어 있다.

또한, 콘퍼런스센터는 서비스 제공 부대시설과 인력배치가 학술행사장을 중심으로 밀접하게 조성되어 있어 집중적인 고품질의 서비스가 제공될 수 있도록 디자인되어 있고, 토론분위기가 훼손되지 않도록 연회 및 만찬장소와는 거리를 두고 운영된다.

더불어 콘퍼런스센터에서 개최되는 행사에서 가장 중요시되는 요인 중의 하나는 참가자 상호 교류와 네트워크 구축이다. 이는 행사기간 내내 참가자의 핵심가치로 인식되기 때문에 인적교류를 위한 공간과 서비스 제공에 항상 유념해야 한다. 이를 위한 공간서비스로는 회의실을 제외하고 라운지, 테라스 등이 해당될 것이다.

② 내부 시설

콘퍼런스센터 내 회의시설들의 집중적인 배치구조는 생산성의 지원뿐만 아니라, 사용자들의 편안함에 중점을 두고 있다. 장시간 지속되는 회의의 참가자들을 고려하여 의자나 책상과 같은 가구들은 참가자들의 편의를 위해 특별히 디자인된다. 노트북과 간단한 노트, 워크숍 또는 회의 관련 기록물을 수용하기 위한 넓은 필기공간은 참가자들에게 편안함과 유용성을 제공한다.

콘퍼런스센터는 회의기획자들의 첨단서비스에 대한 요구에 빠르게 대처하고 다른 시설에 대한 경쟁력을 갖추기 위해 최신 기술(A/V) 확보에 많은 신경을 기울인다. 필요하면 첨단장비 관련 기술전문가를 별도로 고용하여 시설 내 장비 운영과 사용자들에게 도움을 주도록 노력하고 있다.

다. 호텔

호텔은 전문회의 시설인 컨벤션센터가 나타나기 오래전부터 대부분의 MICE 관련 행사를 수용하는 역할을 담당해왔다. 지금은 개최 횟수로 보면 MICE시장에서 가장 빈번한 개최횟수를 보이고 있는데, 대형행사보다는 주로 중소규모 행사 수용에 집중하는 모습을 보이고 있다.

호텔은 일반적으로 다양한 회의공간을 제공하게 되는데, 회의공간이 비교적 크고 만찬장소로 애용되고 있는 Ballroom이 있다. 이 공간은 파티션과 같은 이동식 벽을 통해 효율적으로 분할되어 사용되어진다. 소규모 회의공간이라 할 수 있는 Break-out room은 작은 규모의 Ballroom이라고 볼 수 있으며 소수의 회의 참가자를 위한 공간이다.

호텔 측은 MICE행사 유치를 진행하면서 가장 크게 고민하는 부분이 수익창출의 극대화와 호텔 브랜드 파워의 강화라고 할 수 있다. 국제적으로 유명한 행사를 유치하게 되면 자연스레 호텔의 홍보효과를 거둘 수 있다. 수익창출 측면에서는 가능하면 행사 프로그램의 전과정을 호텔내부 부대시설에서 진행될 수 있도록 노력한다. 이를 위해서는 MICE 행사 기획가와 파트너십 관계 구축이 절실하게 요구된다.

호텔이 부대시설인 카지노를 운영하고 있다면 행사유치와 수익창출에 매우 유리한 고지를 점하게 된다. 이미 마카오를 포함 몇몇 도시에서 그 효과를 보이고 있는데, 최고수준의 호텔룸을 매우 저렴하게 제공하는 인센티브 정책을 통해 행사유치에 적극적으로 나서고 회의 이외 시간에는 회의 참가자의 카지노 활동을 유도해 수익창출을 꾀하는 경우가 많다.

라. 크루즈

회의 개최장소로서 크루즈선은 독특한 매력과 추억을 참가자에게 제공할 수 있다. 컨벤션센터나 호텔과 달리 프로그램 운영과 스케줄 관리에 좀더 주도권을 가지고 행사를 진행할 수 있으며, 회의 주최측 입장에서는 참가자의 회의장소 이탈방지를 통한 회의참가 집중도를 높일 수 있어 높은 만족을 보여주고 있다.

그림 4-3 ▶ Carnival Cruise 내부 모습

크루즈선은 MICE 분야 중에서도 특히 인센티브 투어 측면에서 가장 이상적이고 인기가 높은 현상을 보여주고 있다. 회의기획가는 무엇보다 크루즈선에서 제공되는 로맨틱한 요소들에 주목하게 되는데, 너무나도 다양한 옵션을 기획할 수 있기 때문이다. 여기에는 배우자 동반 혹은 가족동반이라는 추가 고객수요도 반영할 수 있는 매출확대의 이점이 있다.

크루즈선의 회의 유형와 규모는 선박이 가지고 있는 특성에 따라 다양하게 활용될 수 있다. 회의기획자들은 선박 안의 전형적인 회의공간만 살펴볼 것이 아니라 회의시설을 갖춘 다양한 부대시설까지 회의공간의 연장선상으로 고민해야 한다. 대부분의 크루즈선의 경우 자체 부대시설로서 대형극장과 라운지 시설 등을 갖추고 있는데 이는 훌륭한 회의대체공간으로 활용할 수 있다.

원스톱으로 회의진행과 관련된 모든 서비스를 한 장소에서 제공한다는 측면에서 보면 크루즈선은 앞서 언급한 콘퍼런스센터와 유사한 사항이 많다. 선상 내부에서 모든 회의와 관련된 요구사항을 해결해야 하기 때문에 사전에 철저한 대비가 필요하다. 회의첨단장비, 진행인력, 회의 프로그램, 참가자의 상호교류 등과 같은 요소가 중요시되는 이유이다.

그렇지만 크루즈선 회의의 가장 큰 매력은 역시 바다 한가운데 선박에서 진행된다는 매력을 빼놓을 수 없을 것이다. 크루즈선에서 고래가 움직이는 모습을 감상한다든가 선상음악회와 파티를 개최한다든가 하는 점이 여기에 해당될 것이다. 더불

어 크루즈선의 장점인 이동을 통해 다양한 기항지 도시체험을 할 수 있다는 매력도 있다.

그렇지만 크루즈선 회의 프로그램의 기획이 적절하게 수립되지 않을 경우 오히려 참가자에게는 비싼 비용을 지급하고도 유쾌하지 않은 기억을 담을 수도 있다. 선박에 참가자가 고립된다는 것이 주최측의 장점일 수도 있지만, 만약 참가자 입장에서 회의 프로그램이 불만족스런 경우 다른 선택의 여지는 존재하지 않는다.

다양한 국적과 문화 그리고 인구통계학적 특성을 갖고 있는 크루즈선 고객을 다루어야 하는 기획자 입장에서는 이들 모두를 만족시키는 프로그램을 진행한다는 것이 쉬운 일은 아니기 때문이다. 그렇기 때문에 주최측은 관련 프로그램을 기획하고 진행하는 인력에 대해서는 많은 고민이 있어야 할 것이고, 다양한 실험을 통해 최적의 프로그램을 개발해야 할 것이다.

마. 대학

대학 역시 매력적인 회의시설이라고 할 수 있는데, 회의장비와 공간 그리고 인력활용 측면에서 저비용 고효율을 꾀할 수 있는 공간이기 때문이다. 대학의 대강당과 강의실, 현장진행요원 식당, 그리고 교직원 및 현장진행요원의 휴식공간은 모두 기획가 입장에서 보았을 때 회의 프로그램에 활용할 수 있는 소중한 자원이 될 수 있는 것이다.

대학이라는 특성을 반영하여 여타 회의보다는 주로 학술회의에 집중하는 경향이 많고 회의참가자 역시 교수와 대학원에 재학중인 현장진행요원 등 연구활동에 종사하는 경우가 대부분이다. 따라서 회의참가자의 만족을 위한 프로그램 개발은 비교적 범위를 좁혀 복잡하지 않게 구성할 수 있을 것이다.

대학은 호텔과 달리 숙박시설을 갖추고 있지 못하지만 방학이라는 시간적 여유공간을 활용하면 게스트하우스나 현장진행요원 기숙사를 회의참가자를 위하여 저렴한 비용에 제공할 수 있을 것이다. 회의장비 역시 최근 각 대학은 강의를 위하여 구입한 첨단장비를 활용할 수 있고 대학에 재학중인 현장진행요원들은 회의진행의 핵심 진행요원으로 활용할 수 있다.

대학 내 교직원과 현장진행요원이 이용하는 식당의 경우 호텔과 비교하면 음식의 질이 다소 떨어질 수도 있다. 회의 참석자가 이러한 사정을 이해 못하는 것은 아니지만, 그래도 기획자 입장에서 예산범위를 초과하지 않으면서 양질의 식음료를 제공하고픈 욕구는 존재할 것이다. 대안으로는 식음료 관련 아웃소싱을 통해 외부에서 고품질의 식음료를 제공할 수도 있을 것이다.

교내 박물관 역시 회의진행을 위한 부대시설로 활용할 수 있다. 박물관은 참가자들 간 관계를 형성할 수 있는 사교의 기능을 제공할 수 있는데, 기획자들이 박물관을 하나의 프로그램으로 활용할 때 간과하는 부분은 작품에 대한 설명을 담당할 수 있는 인적자원을 확보하지 않는 경우이다. 훌륭한 해설이 뒤따르는 박물관 탐방은 회의참가자에게 좋은 학습과 추억꺼리를 제공할 수 있을 것이다.

바. 기타

앞서 언급한 회의시설은 대부분 실내에서 개최되는 상황을 설명한 것이고 때에 따라서는 이색 회의장소로서 야외에서 시설물을 활용한 회의를 개최할 수도 있다. 넓은 야외 공터에 대형 텐트를 설치해서 회의를 진행하는 경우도 있는데, 이는 고정 회의시설이 아니기 때문에 회의참가자에게 제공할 기본 서비스를 직접 해결해야 할 상황에 직면하게 된다.

특히 화장실, 주차시설, 쓰레기 처리 등과 같은 가장 기본적인 편의시설에 대한 점검을 끊임없이 고민해야 하는데, 동시에 많은 회의참가자가 이러한 시설을 이용할 때 혼잡에 의해 불편함을 느낀다면 회의진행은 시작부터 위기에 직면하게 될 것이다. 따라서 사전에 치밀한 기획을 통해 다수의 참가자 동선을 어떻게 분리시킬 것인가를 고려해야 할 것이다.

또한, 야외 행사이므로 추가적인 인력운용이 필요하지 않은지 살펴보아야 한다. 실내에서 진행하는 회의인력 수요에 비해 야외 회의진행은 예기치 않은 부분에서 인적 서비스를 필요로 하는 경우가 발생하기 때문이다. 이는 사전에 관련 전문업체의 도움을 받아서 해결하여야 하고 위기 발생시는 변덕스런 날씨를 감안했을 때 신속한 문제해결을 요구하게 된다.

정규 스태프 외에 추가적 인력이 필요할 경우 사전에 관련 업체의 협조를 통해 인력을 충당해야 한다. 고정 스태프 역시 수가 적거나 아예 없는 경우가 많다. 게다가 보통 시설을 대여할 때 시설 담당자와 논의하는 사항들 역시 행사기획자가 사전에 고려하여 제공하도록 조치를 해야 한다. 이러한 서비스에는 이동실 화장실, 주차 시설, 쓰레기 처리 시스템을 포함한다.

야외에서 회의를 진행하는 경우 참가자 만족을 위해 빼놓을 수 없는 것이 조명과 야외장식 효과일 것이다. 예를 들어 Clean span tents는 튼튼한 구조를 갖고 있기 때문에 다양한 조명을 설치할 수 있다. 텐트는 물, 전기, 화장실을 비롯한 여러 시설들이 마련되어지지 않은 곳에서 행사를 진행하기 위해 설치되어진다. 그러므로 외부에서 이러한 시설들을 설치할 수 있도록 해야 한다.

그림 4-4 ▶ Clean Span tent 설치 내부

2) 컨벤션 개최지와 개최장소 이미지의 상호관계

국가균형개발이 추진되고 있는 시점에서 지방의 경쟁력을 강화하기 위해 다양한 지방화 전략이 추진되고 있다. 특히, 지역정체성 확립을 통해 지역에 고유한 장소자산을 구축하고 이를 통해 지역경쟁력을 높이며 지역경제를 활성화시키려는 전

략이 지방자치단체별로 추진되고 있다. 그러나 대부분의 경우 이론적 근거와 지역에 대한 체계적인 지식이 없어 유사한 형태로 난립되고 있어 오히려 지역경쟁력 강화에 걸림돌이 되는 경우가 많은 실정이다(최재헌, 2005).

다시 말하면, 지방자치단체는 중앙정부 정책에 전적으로 의존하기보다는 스스로의 힘으로 지역의 경쟁력을 확보하기 위한 기업가적 역할을 담당할 필요가 있는데(한상일, 2002), 유용한 수단의 하나로서 특정지역의 장소성을 상품화하기 위한 장소마케팅이 최근 큰 관심을 끌고 있다. 지역 간 장소경쟁이 심화되면서 등장한 장소마케팅 개념에서는 지역의 이미지 제고와 지역경제 활성화라는 명제 하에 지역의 이미지를 강화하여 상품화하거나 이미지를 새롭게 부여하기도 하고, 때로는 지역 전체를 전과는 전혀 다른 모습으로 변화시키고 있다(이수범, 2004).

장소마케팅을 효율적으로 전개하려면 무엇보다 각 장소별 특성에 맞춰 차별화된 전략이 필요한데, 여기에는 개인의 개성과 마찬가지로 장소의 개성(이정훈, 2004)이 요구된다. 컨벤션산업에 있어서도 이는 비슷한 맥락으로 이해할 수 있는데 차별화된 개최장소(venue)의 이미지 창출은 오늘날 치열한 컨벤션시장 경쟁 하에서 무엇보다 중요하다고 할 수 있다.

서울 코엑스가 설립되기 이전에 주로 호텔의 연회장을 컨벤션 개최장소로 이용하던 패턴이 국가적 차원의 컨벤션 진흥책에 힘입어 주요 도시별로 컨벤션센터가 설립되었다. 그러나 이미 건립되었거나 신규 건설을 추진 중인 국내의 주요 컨벤션센터가 위치한 장소는 그 물리적 특성상 유사한 성격과 특징을 가지고 있어 차별화하기 힘든 구조에 놓여 있다.

더구나 UIA(Union of International Association)의 통계에 따르면 최근 MICE시장은 성장세가 둔화되는 것으로 나타나 컨벤션은 지속적 성장산업이라는 기존의 전망에 의문을 품게 되었고, 반면 공급측면에서는 국내외 주요 도시를 중심으로 대형 컨벤션의 증축 및 신축이 진행 중에 있어 컨벤션 유치를 둘러싼 경쟁이 더욱 치열해질 것으로 전망되고 있다. 따라서 이런 경쟁상황에서 낙오되지 않으려면 경쟁지역과 차별화되고 비교우위적인 전략을 펼쳐나가야만 하는 것이다.

그 대안의 하나로서 컨벤션 개최장소(venue)와 컨벤션 개최지(destination)의 특성을 연계시키는 것을 적극 고려할 필요가 있다. 예를 들어 기업회의나 협회 회의 혹은 정부회의와 같이 컨벤션 유형에 따라 컨벤션 개최지 및 개최장소의 특성을 연계시켜 다양한 전략을 펼쳐나간다면 바람직한 결과를 도출해 낼 수 있을 것으로 판단된다.

기업이미지와 제품이미지를 상호 연계시켜 상품판매 성과를 높인다거나 특정 지역의 이미지를 지역 내 유명 건축물 혹은 랜드마크와 연계시켜 이미지 향상을 꾀하는 성과가 기존 연구를 통해 검증된 바 있기에(권종옥, 1999; 윤성준·백미영·박종원, 2003, 이수범, 2004; 박경애, 2005; 안종석, 2005; 정용문·변재상, 2005; 윤성환, 2006), 컨벤션 분야에 있어서도 특정 지역과 그 지역의 특정 장소(컨벤션 개최장소)를 연계시켜 시너지효과를 낼 수 있는지 고민을 할 필요가 있는 것이다.

왜냐하면 기존의 연구가 컨벤션 개최지 이미지나 선택속성에 대한 연구(김시중, 2005; 김철원·변재상·임승빈, 2005; 홍성화, 2004; 김시중·박창규, 2006; 주현식, 2001; Fortin & Ritchie, 1997; Lawson, 1981; Crouch & Ritchie, 1981; Oppermann, 1996; Choi, 2000; Go & Zhang, 1997; Qu, Lan, & Gilder, 2000) 및 개최장소의 이미지 및 선택속성에 대한 연구(김학신·이덕성·박용범, 2004; 이강호, 2006; 최추호, 2004; 황희곤·김성섭, 2003; 김시중, 2006; Sureshchander, Rajendran, & Kamalanabha, 2002)로 나뉘어져 진행되어 왔고, 컨벤션 개최지와 개최장소간 이미지 상호작용은 관계를 서로 연계시켜 동시에 반영한 연구는 미진한 상황이기 때문이다.

국내 컨벤션 개최지의 유형을 보면 크게 도시형과 리조트형으로 나눌 수 있는데, 도시형은 많은 유동인구가 있고 주변에 각종 편의시설 및 다양한 위락시설이 밀집되어 있는 특성을 가지고 있고, 리조트형은 대형 컨벤션시설과 더불어 주변에 다양한 관광자원을 보유하고 있는 특성을 가지고 있다.

사실, 컨벤션 개최장소는 개최지보다 협의의 개념으로 개최지가 국제회의를 개최하는 광의적 개념의 지역이나 도시를 말한다면, 개최장소는 일반적으로 실제행사가 개최되는 장소를 의미한다(김은하, 2003). 즉 개최장소는 회의가 개최되는 장소로 선정된 호텔이나 리조트, 컨벤션센터 등을 의미한다.

장소는 가치가 게재된 공간 또는 의미가 부여된 공간 등으로 해석되므로(한상일, 2002), 컨벤션 개최지와 개최장소는 참가객의 가치가 개재된 공간이며, 참가객이 의미를 부여하는 공간이 될 수 있는 것이다. 따라서 컨벤션 개최지와 개최장소로서의 장소는 보다 관념론적인 차원에서 참가객의 인식체계를 통해 특정한 이미지와 가치를 지니고 인지된 공간을 의미한다고 할 수 있다.

컨벤션 개최지와 개최장소의 상호관계에 대한 직접적인 실증연구가 없지만, 컨벤션 개최지는 커벤션 개최장소를 포함하는 하나의 지역을 의미하는 것으로 지역이미지에 대한 연구에 컨벤션 개최지와 개최장소의 관계를 적용하여 살펴볼 수 있을 것이다. 지역이미지 구성요소 중 랜드마크, 장소, 건물과 같이 하나의 장소가 지역이미지에 영향을 미치고 있음을 확인할 수 있다. 즉 하나의 장소가 가지고 있는 이미지는 그 장소를 포함하고 있는 한 지역이미지에 유의한 영향을 미칠 수 있는 것이다.

컨벤션 개최지와 개최장소는 각각의 고유한 이미지를 가지고 있다. 다양한 개최지와 개최장소가 공존하는 완전경쟁시장 안에서 회의기획가에게 개최지와 개최장소를 인지시키기 위해서는 경쟁 개최지 또는 그 개최장소의 브랜드와 차별화할 수 있어야 하므로 단순히 전통, 기술력보다는 장소 선정에 커다란 영향을 주는 이미지가 더 중요시된다.

한번 형성된 이미지를 변화시키기 위해서는 많은 시간과 투자가 요구된다. 회의기획가가 긍정적 이미지를 형성하기 위해서는 개최지와 개최장소를 이루고 있는 구성요소 뿐만 아니라 회의기획가의 자아이미지나 고유한 태도나 습관 등이 주로 작용하며, 라이프스타일 등의 환경적인 요소에 의해서도 많은 영향을 받는다. 그렇기 때문에 개최지와 개최장소들은 회의기획가와 참석자에 대한 조사가 선행되어야 하고 현장실사를 포함한 다양한 조사분석이 필요하게 된다(홍성화, 2008).

3 예산수립

MICE행사의 예산수립과 집행은 성과관리를 위한 가장 중요한 요소의 하나이다. 특히, 예산과 관련해서는 변수가 많고 불확실성이 크기 때문에 전문가에 의한 사전조사와 검토가 필요하다. 더불어 예산수립은 가능한 세밀하고 철저하게 수입과 지출사항의 분석이 이루어져야 하는데, 행사 전에 가능한 모든 지출에 대한 예상이 이루어지는 것이 좋으며, 그러기 위해서 회의의 규모, 회의장의 선정, 참가인원수, 회의형태에 대해 파악하는 것이 중요하다.

1) 예산계획의 수립

예산계획 수립은 행사 전에 기획가가 해야 할 필수업무 중 하나로, 예산을 관리함으로써 주최측의 성과를 창출하고 회의참석자에게 만족감을 부여할 수 있다. 성공적인 예산계획을 세우기 위해 먼저 해야 할 것은 재무목표를 세우는 것이다. 이익을 낼 것인지, 손익분기점만 달성할 것인지, 어려움이 있더라도 손해를 보고 개최하는 데 의의를 둘 것인지, 재무목표를 설정하고 그에 맞는 수입안-지출안을 작성하여 예산을 운용할 수 있도록 해야 한다.

일반적으로 행사관련 주최조직은 기존 자신들이 해오던 관행적인 재무관리 방침이 있다. 그렇지만 이러한 방침이 효율적인 MICE행사를 진행하는데 있어서 꼭 적합한 것은 아니기 때문에 기획 전문가와의 논의를 통해 행사 관련 항목을 하나하나 검증하면서 예산을 계획하는 것이 바람직할 것이다.

일반적으로 개략적인 예산지침은 주최측이 제공하게 되지만, 항목별 세부지침은 회의기획가가 구체화시키게 된다. 만약, 반복적으로 열리는 회의라면 전차 회의에서 집행되었던 예산안을 검토해 봐야 한다. 지난 예산안을 검토하여 참가자의 등록비, 프로그램 집행비, 후원자의 스폰서십 등을 파악할 수 있다면 예산의 수입과 지출을 어느 정도 가늠할 수 있다.

이와는 반대로 처음 열리는 행사라면, 아무런 데이터가 없는 제로베이스 상태에서 예산을 수립해야 하기 때문에 어려움이 있다. 이때에는, 주최측이나 다른 단체에서 비슷한 규모의 행사에 대해 파악하고, 그 행사의 예산안을 살펴서 가능한 모든 지출과 수입 여부를 확인해야 한다.

전체적인 예산안을 기획할 때에는 현재의 예산안뿐만 아니라 직전의 예산안도 같이 표기해야 한다. 예산안은 앞으로의 재정운용을 명확하게 밝혀 놓은 것이지만, 과거와의 비교를 통해 합리적인 재정운용을 가능하게 만들기 위함이기도 하다. 그러므로, 수입과 지출에 있어 각 부분별 내역이 과거와 비교되어 표시되어야 한다.

또한 지출단위가 다를 경우 통일해서 표기한다면, 좀더 쉽게 집행내역을 비교할 수 있다. 통상적으로 과거의 사례를 참고하여 작성하게 되는데, 이런 연유로 예산의 수립부터 지출에 이르기까지 모든 절차가 빠짐없이 기록되어야 한다. 예산서 작성은 먼저 수입과 지출내역을 파악하고 이를 종합해 예산계획을 세우게 된다.

(1) 지출내역의 분석

지출내역은 직접비/간접비, 고정비/변동비로 구분할 수 있다. 직접비는 회의와 직접 관련있는 비용으로 시청각기자재 임대료, 회의장 임대료, 프로모션 비용 등이 포함된다. 간접비는 전체적 운영 및 감가상각과 관련된 비용으로 회의를 사전에 준비하는 공간으로서의 사무실 임대료와 보험료 등에 지출되는 비용이다.

고정비는 참가자의 수에 관계없이 소요되는 비용으로 운영비, 출장비, 인쇄물 제작비, 행사장 임대료 등이 있는 반면, 변동비는 참가자의 수에 따라 같이 변동하는 비용으로 객실료, 만찬비, 등록시 제공되는 자료 및 선물 그리고 제작비 등이 포함된다. 일반적인 고정비와 변동비는 다음과 같다.

표 4-2 고정비와 변동비 항목

고 정 비	변 동 비
운영비, 출장비	객실료
광고 및 브로셔 인쇄물 제작비	연회 및 커피브레이크
행사장 임대료, 전시장 임대료	환대프로그램비
연자료 및 연자 여행경비	전시 장치비
신문, 잡지 광고비와 프로모션 비용	주문제작비
기자재 임차료	전시비
동시통역비 및 번역비	Kit 제작 비용
PCO 용역비	인건비

출처 : 안경모 · 이민재(2006), 『컨벤션경영론 기획 · 운영』, 백산출판사, p.45.

지출안을 계획할 때 가장 중요한 것은 가능성 있는 모든 항목들을 검토하여 반영해야 한다는 것이다. 고정비나 변동비에 해당하는 항목들은 과거자료를 통해 쉽게 파악되지만, 기조연설자 초청경비, 계약해지비용, 각종 수수료, 사전 답사비용, 사후 평가비용, 보험료, 퇴직금, 웹사이트 운영비용 등과 같은 항목들은 지출안을 작성하는 데 있어 놓치기 쉬운 부분이다. 지출안을 최대한 구체화시키는 것이 행사를 진행할 때 예상치 못한 지출을 최소화시킬 수 있고 그에 따르는 위험을 최소화시켜 줄 수 있다.

표 4-3 비용 지출항목의 예

구분	내용
개최지 선정비용	• 개최지 조사 비용 • 제안서 요청서 작성 및 배포 • 출장비, 숙박료, 교통비, 다른 장소 방문 비용
인건비	• 정규직 연봉 및 복리후생비, 임시직 임금 • 출장, 숙박 등 현장경비 • 관리비, 보안경비, 전기료, 시청각 기자재 및 기타 계약
프로모션 비용	• 홍보물품 제작 및 배포 • 전화료 등 통신비, 광고료 • 등록/숙박 확약서
전시, 홍보, 커뮤니케이션, 계약, 임대, 장식, 관리비 등	• 매뉴얼, 리스트, 규정, 차트 등 복사 • 운반료, 전기료, 보관료, 사무실 임대료
인쇄비용	• 등록 및 숙박신청서, 관광, 특별행사 신청서, 식음료 및 특별행사 티켓 • 프로그램 안건 소책자, 특별 유인무로가 안내물, 네임택 커버, 연회 메뉴 및 프로그램 • 등록 패킷에 포함될 주문서 등 양식, 전시 프로그램, 특별 초청장 • 위원회, 이사회, 특별 대상을 위한 자료, 프로시딩과 초록집
프로그램 비용	• 기획 : 위원회회의, 전화, 우편, 복사 등 • 연자료, 연자 여행경비 등 • 시청각 기자재 서비스, 회의실 임대료, 무대제작, 등록데스크 및 필요 기자재 • 장식, 안내표지판, 상장 및 상패, 시상품, 꽃 • 식음료, 전화, 프레스룸, 동시통역 관련 장비

동반자, 어린이프로그램 코디네이터 비용	• 선물, 프로그램, 교통, 보험, 위원회 경비 • 엔터테인먼트, 보모비용, 안내표지
기타비용	• 사무실 집기류. 창고/저장료, 선물, 기념품 • 보험, 세금, 회계, 법률서비스 • 운송료, 셔틀버스, 리무진 등 기타 운송

출처 : PCMA(2006), Professional Development Series, pcma 책자에서 인용된 부분 표로 재구성.

(2) 수입내역 분석

MICE행사에서 주최측의 입장은 항상 예측가능한 수입금액을 확보해 안정적인 재원확보를 꾀하는 것이다. 재원수입은 다양한 분야에서 창출이 가능한데 회의 관련 행사에서 예상되는 수입의 총금액을 산출하기 위해서는 참가자들의 등록비, 전시부스 판매비, 광고수입, 개별행사비용, 자기자본, 기금, 스폰서비용 등 행사진행 내 발생할 수 있는 모든 수입원들을 고려해야 한다.

우선, 일반회의나 학술회의의 가장 주된 수입원은 등록비라고 할 수 있다. 등록비는 전체 행사비용에 따라 결정되며, 포함되는 항목으로는 식음료비, 지상교통비, 기조연설자 초청비, 숙박비 등이 포함되며, 최근에는 일반등록비에 환영만찬, 관광프로그램 등 일부 프로그램을 선택사항으로 책정함으로써 등록비를 정하는 경우도 있다. 일반적으로 전차대회와 동일하거나, 물가상승률을 반영한 금액이 등록비로 책정된다.

만약, 컨벤션행사에 전시회가 동반되는 경우라면 이 또한 주된 수입원이 될 수 있다. 전시회는 부스판매를 포함하여 다양한 항목에서 수익을 창출시키는데 이를 통해 행사경비 일부를 조달할 수도 있고 회의내용을 알차게 가져갈 수 있으며, 참가업체와 참가자 모두에게 만족을 줄 수도 있다. 다만, 주최측 입장에서는 업무가 배가되는 것이고 전시회 개최에 따른 비용부분도 세심하게 주의를 기울여야 할 것이다.

앞서 언급한 수입 이외에도 각종 기금이나 스폰서를 확보하여 재원확충에 기여할 수 있다. 기금과 같은 경우에는 주최측이나 기획사에서 사전에 조성된 기금 규모가 얼마인지를 파악해야 하고, 이중 활용금액은 또 얼마인지 추산해 보아야 한다. 스폰서 확보는 행사 홍보 측면에서도 중요한데, 핵심 스폰서를 확보할 수 있다는 것은 그만큼 관련업종에서 인정받는 행사로 프로모션을 할 수 있다는 것이다. 특허료는 대규모 행사에서 엠블램을 사용하면서 창출할 수 있다.

2) 예산서 작성

MICE 예산서 작성은 여타 업무에 비해 매우 힘든 업무라 할 수 있다. 지출항목은 고정비와 변동비로 나누어져 있는데, 참가자수에 따라 지출액수가 다르기 때문에 수시로 고민해야 하는 부분이다. 수입부분 역시 사전 계획에 따라 재원확보가 가능한지 여부는 업무를 진행해봐야 알 수 있기 때문에 역시 통제하기 힘든 부분이다. 모든 발생 가능한 수출입 비용은 구체적으로 파악되어야 하며 정확해야 한다. 따라서 모든 관련 업체로부터 견적서를 받아 가격을 파악해야 한다. 만약 이런 절차가 이행하기 어려울 경우 직전 대회의 예산서를 기초로 각 부문별 가격을 파악하되 물가상승률을 적용하도록 해야 한다.

MICE행사는 그 특성상 행사개최 전까지 준비시간이 매우 길기 때문에 물가변동에 따른 증액분을 반영하지 못하면 정확한 예산안이라 할 수 없다. 특히, 시설예약 경우에는 규모에 따라 행사 개최시를 기준으로 6개월~1년 전에 이루어진다. 장기간 준비되는 행사일 경우, 현재가격을 기준으로 예산을 파악할 때 준비기간 동안 변동하는 물가를 반영해야만 하는 것이다.

만약, 물가변동분이 반영되지 않은 가격으로 개최시설이나 서비스 업체와 계약을 이행한다면, 상대측에서 계약내용을 이행하지 않거나 제대로된 서비스를 제공하지 않을 위험이 있다. 그러므로 지출예산안을 작성할 때에는 예상되는 지출가격에 물가상승률을 반영해야 한다. 물가상승률은 회의기획가가 주관적으로 판단하는 것이 아니라, 정부나 관공서의 통계자료를 바탕으로 계산해야 한다. 해당 산업과 관련된 조직의 발표나 조사자료도 물가상승률을 파악하는 데 도움이 된다.

모든 수입과 지출안이 반영된 예산안이 완성되면, 총체적인 예산운용을 어떻게 할 것인지 방향을 정해야만 한다. 흔히 이야기하는 흑자재정을 이끌어 갈 것인지, 아니면 필요에 따라 적자재정을 감수하면서 예산을 운영할 것인지를 결정해야 한다. 재정목표가 손익분기점 달성에 있다면 총수입과 총지출이 같아야 하는데, 목표가 손익분기점이 아닌 다른 성과를 지향한다면 수입이나 지출항목을 조정하여 예산을 운영할 수 있다.

(1) 손익분기점 분석

손익분기점은 어느 시점에서 수입이 비용을 넘어설 것인가를 보여주는 자료이다. 손익분기점을 달성하기 위해 참가자 수, 전시업체 수, 스폰서 등을 통해 수입을 증대시킬 수 있으며, 그렇지 못할 경우 추가비용을 등록비에 산정시켜 수입의 증대를 통한 손익분기점의 상회를 꾀할 수 있다. 특히, 회의 관련 예산서에서 손익분기점을 분석하는 것은 목표로 하는 수입분을 확보하기 위해 얼마나 많은 참석자들이 필요한지 파악할 수 있다.

(2) 투자수익률

재정목표의 달성 여부와 별개로, 투자수익률은 회의의 성공을 판단하는데 있어 중요한 척도이다. 투자수익률은 가장 널리 사용되는 경영성과 측정기준 중 하나이다. 투자수익률은 궁극적으로 회사의 경영성과를 계획, 통제 및 평가하는 것을 목적으로 하는데, 최근에는 기업 전체 경영성과의 계획, 내부통제, 자원배분 결정, 이익예측, 채권자 및 투자자에 의한 기업경영성과의 평가 등 여러 가지 목적에서 사용되고 있다.

MICE산업에서도 투자수익률은 행사를 진행하면서 발생하는 예산의 흐름을 통제하고 투자 대비 성과를 평가하기 위한 중요 기준으로 사용된다. 지역산업에 대한 경제적 파급효과는 유발효과로 계산되나, 투자수익률은 행사 자체에 대한 경영성과를 평가할 때 자주 쓰이는 척도이다.

투자수익률(ROI)은 이익과 비용으로 계산할 수 있는데, 투자수익률은 순수익을 비용으로 나눈 값, 즉 비용대비 이익률에 100을 곱하여 수치를 백분율로 나타낸 값을 말한다. 이를 공식으로 나타내면 다음과 같다.

$$투자수익률(\%) = (수익 - 투자비)/투자비 \times 100$$

위 식은 어떤 산업분야이든지 고려하지 않고, 투자수익률을 계산할 때 사용되는 일반적인 공식이다. 투자수익률은 공업, 농업, 무역 등 분야를 막론하고 투자에 대비한 경제적 효과를 계산할 때 사용되며, MICE산업에서도 회의, 행사, 전시회 등 지출의 책임과 투자수익에 대한 요구가 있을 때, ROI를 통해 투자 대비 효과를 평가하는 데 이용되고 있다.

ROI 산출을 수행하기 위해서는 계산에 필요한 수익과 투자비에 영향을 미치는 변수들에 대한 인과관계를 파악해야 하며, 객관적인 수치를 얻기 위해 예산지출과 수익에 대한 사후평가를 진행해야 한다. MICE산업의 특성상, 행사가 끝나고 난 후 수익분석을 하는 것은 단순히 장부상에 드러나는 수익비용 분석뿐만 아니라, 때로는 회의에서 파생되는 무형의 가치를 금전적으로 환산해야 하는 상황이 발생할 수도 있기 때문에 이러한 부분에도 주의를 기울여야 할 것이다.

4 현장운영

1) 현장운영의 의미

현장관리는 주최측이 참가자를 처음 대면하는 업무이고 동시에 행사를 마무리할 때 마지막으로 행사장에서 배웅하는 절차가 따르는 업무이다. 업무절차를 보면 대체적으로 사전회의, 행사진행, 모니터링 그리고 사후회의의 순으로 이루어지는데, 행사기획자는 무대설치부터 등록준비에 이르기까지 행사가 원활히 진행될 수 있도록 사전에 모든 준비를 끝내야 한다.

현장관리에 있어 사전회의는 모든 관련 담당자들이 참석하여 진행해야 하는 필수과정이라 할 수 있다. 행사규모에 관계없이 각 부문별 최종 점검사항을 확인하고, 문제점을 논의하는 자리로 부문의 담당자는 물론 시설담당자, 서비스 매니저, 객실부 직원, 식음료 담당 등 행사기간 내에 서비스를 제공하는 모든 부문에서 참여하도록 해야 한다. 담당자들은 사전회의 이후 변경사항이 있으면 그에 대한 정보를 전달해야 하며, 각자의 부문에서 사무국과 지속적으로 커뮤니케이션을 유지해야 한다.

2) 현장진행의 내용

(1) 등록

회의 개최과정에서 등록과정이 갖는 의미는 매우 클 것이다. 행사에 대한 참가자의 첫인상이라 할 수 있는데, 만약 잘못된 서비스가 제공된다면 회의기간 내내 부정정인 인식을 갖게 될 것이다. 따라서 철저한 준비에 의해 혼잡을 방지할 수 있는 등록시스템 구축이 우선적으로 필요할 것이다.

등록업무를 시작함에 앞서, 기획자는 등록데스크의 설치운영 계획을 우선적으로 수립해야 한다. 이러한 등록업무에는 향후 연관업무가 어떻게 진행이 되는지, 참가자수에 따른 등록요원은 몇 명이 필요한 것인지, 그리고 사전등록자-현장등록자를 어떻게 구별하여 등록서비스를 제공할 것인지를 고려해야 한다. 등록데스크를 책임지는 요원은 등록, 접수, 회계, 키트와 기념품 제공 등의 업무를 맡게 된다. 등록데스크를 설치한 이후 등록절차는 아래 그림과 같다.

그림 4-5 ▶ 등록절차

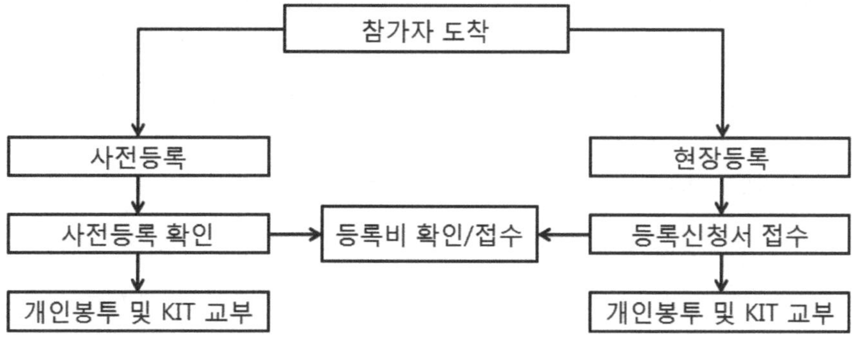

출처 : 안경모 · 이민재(2006), 『컨벤션경영론 기획 · 운영』, 백산출판사, p.245, 재인용.

가. 사전등록

효과적인 등록업무를 진행하기 위해서 먼저 체계적인 등록절차를 마련해야 한다. 행사의 규모와 상관없이 사전등록은 현장등록의 업무를 줄여주어, 행사가 진행되는 동안 등록으로 인한 혼잡성을 줄여준다. 행사의 규모와 상관없이 사전등록은 참석률을 향상시키는 데 도움을 주며, 사전등록으로 인한 등록비는 행사의 현금이 원활하게 흐를 수 있도록 도와준다.

사전등록을 통해 기획자는 참가자들의 특성을 파악할 수 있으며, 이에 적합한 마케팅전략의 수립과 프로그램 구성이 이루어진다. 일반적으로, 사전등록패키지에 다양한 프로그램이 포함된 회의일수록 참석예정자에게 더욱 매력적이다.

① 사전등록 공고

사전등록을 통해 참가자 수를 늘리기 위해서는 관련 조직이나 기존 참가자들에게 우선적으로 홍보를 진행해야 한다. 이를 위해 사전등록 절차를 우편, 전자우편 또는 팩스를 통해 전달하거나 조직의 웹사이트를 통해 공고를 해야 한다. 최근에는 SNS의 활용도가 높아지면서 행사의 페이지를 SNS 상에 만들어 웹사이트와 동시에 홍보를 진행하기도 한다.

다만, 사전등록 기간을 공고함에 있어 주의해야 할 점은 등록기간과 함께 등록비, 환급절차에 대해 밝혀 놓아야 한다는 것이다. 일단, 신청서를 작성해서 제출하고 나면 참가자들은 대개 회의와 관련한 주요 사항을 점검할 만한 자료를 가지고 있지 않다. 따라서 주요 점검사항은 행사의 주요 웹사이트에서 제공하거나 광고 전단지에 기재하는 것이 좋다.

② 등록 확정이후 빠른 회신

참가자의 등록절차가 마무리되면, 주최측은 마무리 시점을 기준으로 가능한 빠른시간 내에 전자우편, 메시지, 우편을 통해 공지를 하게 된다. 참가자들이 등록절차를 마쳤다 하더라도 자신들의 등록비 수납과 절차가 제대로 마무리되었는지, 혜택을 제공받을 수 있는 것인지 의문을 갖게 된다. 그러므로 등록절차의 마무리와 함께 빠른 시간 내에 등록접수가 되었다는 것을 확인하는 회신을 해야 한다.

③ 등록 양식

등록양식은 참가자에 대한 데이터베이스를 효과적으로 형성하는데 중요한 역할을 한다. 참가자들이 쉽게 등록을 끝내기 위해서는 간단명료한 등록양식을 만들어야 한다. 우선순위를 정하여 어떠한 부분이 가장 필요한 정보인지를 판단해야 한다. 기본적으로 다루어지는 정보로는 성명, 직책, 연락처, 등록분야, 참가부분에 따른 비용이 밝혀져야 하며, 이를 기초로 추가적인 부가 질문들이 표시된다. 또한, 양식은 보기에 깨끗하고 읽기 쉬워야 하며, 내용도 단순하고 간결하게 설계해야 한다.

④ 온라인 양식

예전과는 달리, 인터넷이 발달되면서 사전등록 절차가 매우 편리해졌다. 대부분의 협회들은 인터넷을 통해 등록을 하려는 참가자들의 수가 꾸준히 늘고 있다는 것을 인지하고 있다. 만일 한 협회가 사전등록을 제공하는 경우, 인터넷을 포함한 모든 방식의 등록자료는 반드시 단일 데이터베이스로 저장되어야 한다.

나. 현장등록

대부분의 참가자들은 사전등록을 원한다. 사전등록의 경우 등록비가 할인되거나 부가적인 혜택이 제공되기 때문이다. 하지만 행사 주최측의 의도와 달리 100% 사전등록을 하지 못한다. 상당수의 참가자가 사전등록을 하고 있지만, 막상 행사 현장에 가보면 현장등록자수 역시 적지 않음을 알 수 있다. 따라서 회의기획자는 이러한 현장등록을 위한 참가자 대상의 등록업무 준비에 만전을 기해야 한다.

현장등록의 경우 등록용 컴퓨터를 비치하여 업무를 진행하기도 하지만, 등록양식을 비치하여 업무를 진행하게 된다. 예전에는 등록업무를 일일이 문서로 확인하여 업무진행이 번거로웠지만, 오늘날에는 데스크에서 진행되는 업무(신용카드 결제, 회원 확인 등)를 컴퓨터를 사용하여 보다 간편하게 진행할 수 있다.

다. 등록데스크 배치형태

등록은 행사가 시작하고 가장 많은 사람들이 단시간에 몰리는 업무이다. 그렇기 때문에 통행에 문제가 발생하지 않고, 효율성을 고려하여 데스크 배치가 이루어지도록 해야 한다. 일반적으로 등록데스크는 사전등록자, 현장등록자, 키트 배포처, 안내데스크로 나누어 설치되는 경우가 많다.

회의규모에 따라 안내데스크가 별도로 설치되기도 하고, 사전/현장 등록자의 구분이 아닌 국가별 등록데스크를 마련하기도 한다. 또한, 등록데스크에서 등록 후 키트를 바로 교부할 경우 키트를 보관할 장소를 마련해야 하는 등의 세세한 부분에도 신경을 써야 한다. 그리고 주어진 공간에 효율적으로 데스크를 배치하여 동시에 데스크를 방문하는 참가자의 동선을 방해해서는 안된다.

라. 등록비용 수납

현장에 비치된 등록양식에는 참가자들이 어떤 방식으로 결제를 할지 선택할 수 있도록 다양한 방법을 마련하고 표시해두어야 한다. 참가 선택 프로그램과 그에 따른 비용, 결제방식에 대해 별도의 등록확정 양식을 만들어 영수증으로 지급하기도 한다. 현금으로 등록비가 수납될 경우, 현장등록데스크가 많은 사람들이 오가는 번잡한 곳임을 감안했을 때, 등록비가 분실되지 않도록 재무부서 혹은 사무국과의 협조 속에서 주의를 기울여야 한다.

특히, 큰 규모의 행사의 경우 현장등록과 그에 따른 등록비 수납절차는 매우 번잡하기 때문에 전문적인 업체를 고용하거나, 체계적인 업무지침을 마련하여 항상 통제될 수 있도록 해야 한다.

마. 등록 키트 배부

참가자 등록비용의 일부는 행사장에서 사용될 수첩, 펜, 이름표, 프로그램 일정표와 같은 등록 키트 제작에 사용된다. 등록 키트는 제공되는 종류에 따라 프로그램 일정표의 경우 사전에 우편으로 배송되기도 하지만, 대부분 현장에서 즉석으로 배포되는 경우가 더 많다. 등록 키트에는 행사에서 필요한 모든 제반서류와 이름표, 각종 만찬과 이벤트 입장권 등이 반드시 포함되어야 한다.

표 4-4 등록데스크 주요 업무내용

<table>
<tr><th>구 분</th><th>업무내용</th><th>운영방향</th></tr>
<tr><td>사전
준비</td><td>- 등록데스크 설치 및 물품 준비
• LAN, 노트북, 프린터기 등 설치
• 사무용품 및 Kit 배포 세팅
- 등록자료 관리 및 참가자 DB구축
- 조기등록 유도 및 참가자 기본현황 파악
• 기본정보/입출국현황/숙박정보 등
- 등록 가이드라인 결정
- 24시간 내 신속한 문의응답 회신체계 구축</td><td rowspan="4">• 등록자가 집중하는 시간대에는 운영인력 10명 이상 배치하여 빠른 응대 및 처리 가능
• 사무국 및 발주처와 원활한 의사소통과 정보공유가 원칙
• 미소와 친절은 기본</td></tr>
<tr><td>등록
데스크</td><td>- 참가자 DB 및 등록자료 관리
- 참가자 등록 및 회의 Kit 배부
• 명찰/대회자료집/기념품 등
- 국내외 사전등록자 확인 및 접수
- 국내외 현장 등록신청서 접수
- 네임텍 발급 및 분실자 재발급 관리
- 3일차 친선행사 참가자 확인 및 관리
- 등록에 대한 Daily-Report 작성 : 현황 파악</td></tr>
<tr><td>안내
데스크</td><td>- 문의, 요청사항 응대 및 해결
- 전시회장 안내
- 호텔 이용안내 등 각종 문의 응대처리</td></tr>
<tr><td>운영
본부</td><td>- 중요 기자재 및 직원 소지품 보관
- 행사 운영총괄</td></tr>
<tr><td>사후
정리</td><td>- 참가자 리스트 정리 및 등록관계 서류정리
- 등록결과 정리
- 최종보고서 작성</td><td>꼼꼼한 사후정리와
신속한 결과 도출</td></tr>
</table>

표 4-5 등록데스크의 운영흐름도

일 시	구 분	내 용
10.3 09:00 ~ 12:00	준비	등록데스크 설치 물품 준비 및 이동
10.3 12:00 ~ 13:00	설치	등록, 안내데스크 설치 (LAN, 노트북, 프린터기 등 설치)

10.3 13:00 ~ 10. 4 12:00	운영	등록데스크 운영	운영인력 5명 배치
* 10.3 13:00 ~ 16:00 * 10.4 08:00 ~ 09:00		등록데스크 운영) 주요 등록시간	운영인력 10명 배치
10.3 13:00 ~ 10. 5 12:00		안내데스크 운영	운영인력 2명 배치
10.5 10:00~	철거	등록, 안내데스크 철거	

표 4-6 **등록데스크 기자재 및 물품 내역**

구 분	품 목	위 치	수 량
등록·안내대	등록·안내데스크 부스	등록 및 안내대	2부스
	의자		8개
	무선 인터넷		노트북 각 1
	사무용품	메모, 펜, A4 등	10식
X-배너	행사 안내	등록데스크 옆	2개
기자재	노트북	등록 및 안내대	3대
	PC	사무국	1대
	프린터	등록대 및 사무국	2대
배부물	대회 KIT	등록대	600개
행사정보안내	대회 자료집	등록, 사무국	각 600부

(2) 행사장 조성

행사장의 물리적 환경은 참가자들의 집중력과 만족도에 영향을 미칠 뿐만 아니라 전체적인 행사진행의 분위기에도 영향을 미치게 된다. 그러므로 기획자는 참가자들의 편안함을 고려한 효율적인 행사장 사용을 위해 사전에 업체를 방문하여 특징을 파악하고 프로그램의 규모, 시간 등을 충분히 고려하여 행사장을 조성하도록 해야 한다.

기획자가 행사장 조성을 위해 고민해야 하는 항목이 몇가지 있는데, 우선 참가자의 이동경로를 고려한 주요 시설의 배치이다. 혼잡 방지와 더불어 가장 편안하게 행사장을 둘러보고 이동할 수 있는 동선을 구상해야 한다. 이어 회의실과 관련해서는 수용규모와 출입문 위치, 조명 등을 고려한 기획안이 나와야 한다.

장애인을 배려하는 행사장 디자인도 뒤따라야 하는데, 화장실 접근성과 시설 접근성을 제고시켜야 한다. 그 외에 방음시설, 환기, 만찬을 대비한 주방의 위치, 음향시설의 위치 등도 행사장 조성에 있어 고려해야 할 요소이다.

특히, 회의실 배치형태는 회의의 목적에 따라 달라지게 된다. 정보전달의 경우 극장식 또는 강당식 배치가 가능하며, 자연스러운 분위기에서 아이디어 회의를 할 경우 원형 배치를 통해 부드러운 분위기를 조성할 수 있다. 회의장에 꽃을 비롯한 식물을 배치하면서 분위기를 밝게 가져갈 수도 있다.

표 4-7 테이블 배치별 장단점

구 분	장 점	단 점
원탁 또는 반원	공간이 풍부하다. 같은 테이블의 참가자끼리 의사소통이 원활하다. 식음료 세팅이 편하다	전체 회의장의 의사소통이 좋지 않다. 근처 테이블간 소음으로 대화에 방해를 받을 수 있다
정/직사각형	다양한 배열이 가능하다. 작업공간이 좋은 편이다. 작업환경이 좋은 편이다.	작업공간이 충분치 못하다 테이블 가장자리에 추가적인 테이블보가 필요하다.
교실식	발표자가 모든 참가자를 볼 수 있다. 적은 공간에 많은 사람을 수용할 수 있다.	최소의 의사소통만 가능하다. 참가자들은 서로의 등만 보게 된다.
T-squre	소규모 그룹에 적합하다. 의사소통이 매우 좋다.	큰 규모에는 불가능하다. 규모가 커질수록 시야가 확보되기 어렵고 앞줄의 등을 보게 된다.
극장식	읽고 쓰기가 없는 행사라면 큰 규모의 그룹에 적합하다.	규모가 큰 경우엔 각열마다 높이 조절이 필요하다. 쓰는 작업이 불편하다. 의사소통이 제한된다.

출처 : 『Pofessional Meeting Management』, 4th edition, PCMA, 2002, 안경모 · 이민재(2006) 재인용

5 의전 및 공항영접/영송서비스

MICE산업에서의 의전은 정부회의, 기업회의, 협회회의 등 종류를 가리지 않고 적절한 의전관리를 필요로 한다. 가장 의전관리가 중요한 회의는 역시 정부간 회의가 되겠는데, 국가행사, 외교행사, 국가원수의 방문 등 정부 주요 인사의 방문에 따른 영접과 영송은 실수가 용납되지 않는 부분이다. 의전하면 무겁고 특정 계층에게만 적용되는 것이 아닌가 생각되기 쉽지만, 넓은 의미로 보자면 사회구성원이 일반상식적인 수준에서 지켜야 할 예의범절이라고 생각하면 된다.

의전은 각 국가나 도시마다 사고방식과 문화가 다르기 때문에 모든 지역에서 공통으로 지켜야 한다는 통일된 의전은 존재하지 않는다. 그러나 어디에서 행사가 개최되든 주의해야 할 부분은 정치, 종교, 인종, 국가, 성별에 따른 차별을 행해서는 안된다는 것이다.

1) 의전

(1) 출입국 편의제공

의전의 시작은 공항에서 영접대를 설치하는 것으로 시작된다. 공항 관리자와 협의하여 적절한 규모의 환영 현수막을 설치하고, 입국하는 각 나라의 대표와 주요 귀빈을 확인해야 한다. 주최측에서도 VIP를 비롯한 일반 참가자들을 영접하기 위한 요원들을 파견해야 한다.

의전을 제대로 행하기 위해서는 관련 기관과의 긴밀한 협조가 필수적이다. 컨벤션을 비롯한 MICE행사의 경우 국내 참가자들 뿐만 아니라 다양한 국가에서 해외참가자들이 오기 때문에 무엇보다 안전과 보안에 대한 문제를 민감하게 다루어야 하고, 이를 위해서는 관계기관과 협조를 통한 계획의 수립이 필요하다.

입국절차와 관련해서는, 참가자들의 신속한 입국수속을 위해 별도의 심사대를 설치하여 수속절차를 진행할 수 있으며, 비자가 문제시될 경우 이를 위해 참가자를 대신하여 비자를 신청해 주거나, 긴급할 경우 참가자 대신 입국수속을 진행할 수도 있다. 한편, 회의참석차 방문하는 참가자의 수하물을 쉽게 찾기 위해서는 관세청에 협조를 구할 수 있다. 이런 절차를 무시할 경우, 차후에 과징금을 물게 되거나, 반입 자체가 거부당해 행사에 큰 지장을 초래할 수 있다.

행사가 종료된 이후 참가자들이 자국으로 돌아갈 때, 출국과 관련하여 항공일정을 확인하거나 대신 수속을 밟아줄 수 있다. 참가자들이 수하물을 보내야 할 경우 그 과정을 도와줄 수 있고 참가자 대신 통관수속을 밟기도 한다.

(2) 환영 및 안내표지물 설치

MICE행사를 성공적으로 수행하기 위해서는 홍보가 매우 중요하다. 홍보수단으로 가두 설치대, 현수막, 아치형 환영구조물 등이 있으며, 이를 설치하기 위해서는 지역 자치단체와 협의해야 한다.

안내표지판에는 공항영접 표지판을 비롯한 각종 장소안내 표지판이 있다. 공항영접 표지판은 환영 피켓, 영접 및 안내데스크 표지판, 전용 통관대 표지판 등이 있으며, 참가자들이 입국할 때 보다 편리하게 원하는 장소를 찾을 수 있도록 돕는다. 이 밖의 표지판으로는 사무실 표지판, 행사 세션 안내표지판, 주차장 표지판, 방향유도 표지판 등이 있다.

(3) 국제행사 참석자 서열

국제행사의 참석자 서열은 크게 공식서열과 관례상의 서열로 나눌 수 있다. 공식 서열은 왕국의 왕, 귀족, 공무원, 군인, 정부 고위관료 등 신분별 지위에 따라 공식적으로 인정되는 서열로, 국가에 따라 인정되는 기준이 다르다. 한국에서는 명문상 규정은 없으나 행사에 있어 통용되는 묵시적인 기준이 있다. 그러나 국제행사를 치름에 있어서 자국의 기준을 적용할 것이 아니라, 행사참가자의 유형에 따라 탄력적으로 조정할 필요가 있다.

관례상의 서열은 공식적인 지위를 갖고 있지 않은 참가자를 지칭하는 것으로 사회에서 통용되고 있는 의례적인 기준을 따라 정하면 된다. 참가자들이 공식적인 서열이 없을 경우 관례적으로 여자는 남자보다, 연장자는 연소자보다, 외국인은 내국인보다 상위에 둔다. 여자들 간에도 결혼 유무에 따라 서열이 다르게 여겨지게 되는데, 기혼인인 경우 남편의 지위에 따라 서열이 정해지게 된다.

(4) 좌석 배치

좌석배열은 잘못될 경우 문제가 발생할 수 있기 때문에 신중하게 이루어져야 한다. 좌석배열은 참석자의 권위와 인격에 직접적으로 영향을 미치는 것이기 때문에 소홀히 할 수 없다. 좌석을 배정할 경우 국가별로 지정을 하거나 자유로이 앉는 방법이 있는데 보통은 지정석을 활용하는 경우가 많다.

지정석을 이용하는 방법은 대표들의 소속 국명을 표시하여 참석자에게 내용을 고지하는 것이다. 알파벳순으로 하는 것이 무난하나, 추첨을 활용하거나 국가간 정치적 관계를 고려해 주최측에서 좌석을 지정하기도 하며, 주최국의 좌석은 맨 마지막이 된다.

그 외에 행사 주최측과 관련된 인사는 다른 대표들과는 구분하여 별도의 자리를 마련할 필요가 있다. 부부동반 귀빈의 경우 배우자의 자리는 보통 나란히 옆에 배정하는 것이 관례이고, 그 외에 특별초청객과 주요 언론 관계자도 자리를 따로 지정하여 예우를 하는 것이 바람직하다.

2) 공항 영접/영송 서비스

공항 영접/영송은 참가자의 입출국 수속 및 공항과 숙소 사이의 교통편을 제공하여 참가자들이 이동하기 쉽도록 편의를 제공하고, 기타 필요한 서비스를 제공하기 위함이다. 우리나라의 경우 공항을 많이 사용하기 때문에 영접은 공항에서 이루어지며 영송은 본부호텔에서 이루어지고 있다.

VIP의 경우, 일반참가자와는 다른 방식으로 영접서비스가 제공된다. 공항이 붐비는 곳일 경우, 공항측과 협의하여 VIP 룸을 사용하거나, 일반참가자와 다른 동선으로 안내하는 등 개별 서비스를 제공한다. 참가자들은 입국 후 숙소로 이동할 때 주최측에서 마련한 운송수단을 이용하게 된다.

(1) 공항 영접

가. VIP와 일반참가자 서비스

VIP를 대상으로 하는 공항영접은 공항에 설치된 의전실을 확보하여 제공하는 것이 주최측에서는 편리하다. 해외 VIP들을 대상으로 하는 의전실을 사용하려면 국외 장관급 이상 또는 외교부장관의 추천을 받은 인사일 경우 가능하다. 이 경우 공항 의전팀에 VIP 의전 협조요청 공문을 발송하여 의전실과 주차장 사용, 대리입국 수속, CIQ 임시출입증 발급이 가능하다.

CIQ 임시출입증은 VIP를 위해 다양한 업무를 처리하게 되는데, 대표적으로 대리입국수속을 할 수 있다. 이 경우 별도의 전담요원을 지정해 훈련을 시킨 후 VIP가 도착하자마자 전과정을 동행하면서 개별영접 업무에 나서게 된다. 특별한 의전서비스를 받고 있다는 인식을 줄 수 있도록 일반참가자가 이용하는 동선을 피해 전용동선으로 이용할 수 있게끔 해야 한다.

반면, 일반참가자의 경우는 VIP와 같은 서비스를 제공하기에는 한계가 있기 때문에 다른 방식을 활용해야 한다. 개별영접이 사실상 어렵기 때문에 이동 동선 사이사이에 공항 입국과 관련한 정보제공이 따라야 한다. 대표적으로는 입국장에 안내데스크를 설치하는 것이 필수인데, 이를 위해서는 공항측의 협조와 승인을 얻어야 한다. 이를 위해 주최측 명의로 공항측에 협조공문을 보내야 한다.

사용이 승인되면, 공항의 자체적인 운영기준에 따라 설치시간에 따른 비용을 지급하고, 입국장 내에서 사용할 풋말, 입간판 등의 규격제한이 없는지 살펴보아야 한다. 또한, 공항 직원과의 지속적인 커뮤니케이션으로 참가자가 탑승한 항공편에서 문제가 발생했을 때, 즉시 대처할 수 있도록 조치해야 한다.

일반적으로 공항영접에 필요한 시설물은 유도 표시판, 무전기가 있다. 영접요원은 참가자들의 명단, 입출국시간, 셔틀 운송시간표, 현장 사무국 비상연락망을 항시 소지하고 있어야 하며, 공항을 비롯한 각 업무담당자와의 비상연락을 취할 수 있는 시스템을 확보하고 있어야 한다.

항공사를 통해 특정 탑승자가 탑승했는지 확인하는 것은 불가능한 일이므로, 사전에 파악이 가능하다면, 참가자 목록을 작성할 때 참가자의 입출국 시간과 연락처, 숙소 등을 같이 알아두는 것이 좋다.

나. 행사참가자의 여객운송 서비스

MICE산업의 특성상 해외에서 방문하는 참가자의 경우 항공편을 이용하는 경우가 많은데, 여기에는 여객운송 서비스를 제공하는 항공사와 서비스를 제공받는 참가자 모두 뜻하지 않게 곤란한 상황에 직면하는 경우가 종종 발생한다. 특히, 중소규모 도시에서 MICE행사가 개최되는 경우 직항노선 혹은 운항횟수 부족 그리고 운항시간의 제한으로 인해 참가자가 종종 불편을 경험하게 되는 경우가 많다.

국내에서 개최되는 행사 방문자의 여객운송 서비스 형태를 보면 보통 인천국제공항에 도착해 김포공항을 경유하고 난 후 각 지역공항에 도착하는 경우가 많다. 김포공항과 지방도시의 공항은 24시간 운영체제가 아니기 때문에 여객운송 서비스 제공에 많은 제약이 따른다. 더불어 기상악화나 항공사의 내부 사정에 따라 운송 지연 및 결항이 다반사로 발생하는데 이때 참가자 불평처리 및 책임소재 규명 등으로 많은 문제가 발생하게 된다.

일반 개별관광객의 경우에서조차 여객운송 시간이 조금만 바뀌어도 그에 대한 불만을 지속적으로 표현하는데, 하물며 시간관리를 더욱 엄격하게 해야 하는 MICE 참가자 대상의 여객운송 서비스는 더욱 조심스럽고 민감할 수밖에 없다. 여객운송 서비스 제공에 있어 MICE 참가자 대상의 불평사례를 보면 대리예약으로 인한 MICE 참가자의 잘못된 정보입력, 예약이 갑자기 변경되거나 취소되는 사례, 그리고 갑작스런 이용 고객의 추가 등이 대상이 된다.

또한, MICE행사의 특성상 동시간대에 한꺼번에 몰려든 많은 승객들로 인하여 발생하는 불편함도 해당된다. 다국적 참가자를 처리하는 경우 특히 언어문제가 발생할 수 있으며, 문화적 차이로 인해 상호 이해 정도가 다르게 나타날 수도 있다. 문제가 발생하면 항공사측 단독으로는 해결하기는 힘든 경우가 많고, 보통 MICE 주최측이 지정한 여행사 및 기획사와 협력적으로 문제해결을 해야 하는 경우가 많다. 따라서 관련 이해집단과 평소 원활한 소통채널을 구축하고 있어야 한다(정유림 & 홍성화, 2012).

(2) 공항 영송

공항영접은 첫인상의 중요성 때문에 기획자들이 비교적 비중 있게 다루는 반면, 영송은 상대적으로 소홀히 처리하는 경우가 많다. 그러나 재방문객 유치를 위한 장기적인 관점에서 보면 영송서비스도 결코 소홀히 할 대상은 아니다. VIP의 영송서비스의 경우 영접과 마찬가지로 개별적인 서비스가 제공되어야 한다. 출국일정에 따라 VIP의 개별적 차량을 준비하며, 참가자에게는 사전에 영송서비스를 이용하도록 고지하고, 항공일정에 변화는 없는지 확인해야 한다.

6 연사 관리

행사의 목적과 일정 그리고 대략적인 프로그램이 확정되면 회의기획가는 개최되는 회의 성격에 가장 적합한 연사를 섭외해야 한다. 만약, 행사의 개략적인 일정조차 확정되지 않은 상태에서 연사를 섭외할 경우, 목적에 어긋난 연사를 섭외할 수 있기 때문에 참가자의 욕구를 충족시키지 못하게 된다.

1) 연사 섭외

연사를 섭외하는 기준은 여러 가지가 있지만, 가장 중요한 것은 참가자의 이해를 얻을 수 있는 프로그램의 목적에 적합한 연사를 섭외하는 것이다. 기조연설의 경우, 동기유발에 능한 연사를 섭외하는 것이 적절하며, 전문 정보를 제공하기 위한 프로그램의 경우, 해당 분야의 전문가를 섭외하는 것이 적절하다. 한 프로그램을 진행하는데 있어 너무 많은 연사를 배치하는 것도 부적절하다. 특정 프로그램에 지나치게 많은 연사가 배정될 경우, 연사의 발표 내용이 다른 발표자 원고와 중복될 수 있기 때문에 효과적인 운영을 저해하게 된다.

또한, 프로그램의 목적에 따라 적절한 분위기와 객석 배치를 단행해야 한다. 기조연설의 경우 참가자 전체를 대상으로 하기 때문에 대다수의 참가자를 수용할 수 있는 메인 공간에서 열리도록 해야 하며, 세션 프로그램의 경우 참가자가 희망하는 룸에 가서 청취하고, 집중할 수 있도록 소규모의 회의실에서 개최되도록 해야 한다.

최근에 연사들은 프리젠테이션을 이용하여 발표자료를 준비하기도 하나, 그렇지 않고 전통적인 방법을 선호하는 연사들이 존재할 수 있으므로, 회의 기획자들은 연사들의 강연 전에 어떠한 발표형식을 선호하는지 확인하고 이에 대비해야 한다.

전문연사자는 말그대로 전문성을 갖고 청중을 대상으로 매력적인 강의를 할 수 있는 사람을 말한다. 이들 전문연사자는 때로는 업종구별과 관계없이 동기유발과 집중력 유도 등의 청중의 분위기를 좌지우지할 수 있는 정도의 능력을 가지고 있는 강연을 전문직업으로 삼는 사람들을 말한다. 그러나 주의해야 할 것은 전문 연사자가 해당 분야의 전문가는 아니기 때문에, 프로그램에 적합한지 미리 살펴보아야 한다는 것이다.

이를 위해서, 기획자는 해당 연사자에 대한 평판에 대해 적합성 검증을 해야 하는데 몇가지 고려해야 할 사항이 있다. 우선, 참가자의 반응에 대한 검증이 필요하다. 연사가 최근에 참여한 행사의 참가자의 반응을 살펴보는 방안이 있는데 그 행사를 담당했던 회의기획가의 소견서를 받아 참고할 수 있도록 한다.

만약 검증을 위한 실무자와의 접촉이 여의치 않다면 영상자료를 검색할 수 있다. 보통 어느 정도의 지명도를 갖고 있는 연사는 포털사이트 등을 통해 검색을 할 수 있기 때문에 간접적인 검증이 가능하다. 보다 직접적인 평가를 원한다면 연사자와의 대면을 통해 파악할 수 있다. 회의기획가가 아무리 자료를 수집한다 하더라도, 직접 연사자를 만나는 것만큼 객관적으로 판단할 수 있는 방법은 없다. 연사자와의 만남을 통해 행사의 목적, 연사자 초청에 대한 기대감, 금전적인 부분에 대해 설명하고 논의해야 한다.

이러한 과정을 거쳐 연사자가 확정되었을 경우, 프로그램의 주제에 대해서 강연이 가능한지, 강연 주제가 적합한지 등에 대한 의견의 교환과 연사자의 소견 확인이 필요하다. 연사자가 적합한 소견을 갖고 있지 않거나, 프로그램 시간에 맞지 않는 연설 내용을 제시할 경우 다른 연사자를 찾아보는 것이 행사의 진행을 위해서 바람직하며, 이러한 내용은 계약서에 명시되어 있는 것이 좋다. 계약서에는 보통 발표일시, 발표시간, 연사료 및 지급시기를 비롯하여 발표주제, 기자재 요청사항, 필요한 장소 섭외, 리허설 일정 등 기타 지원사항 등이 포함된다.

한편, 비전문 연사자의 경우 전문연사자보다 세심한 관리가 필요하다. 비전문 연사자는 전문 단체의 회원일 수도 있고, 주최측과 관련된 인사일 수도 있으며 유관 단체의 회원일 수도 있다. 또한 전문연사자가 아니기 때문에 분위기에 따른 감정 변화의 폭이 심할 수도 있어 좀더 세심한 관리가 필요하다.

2) 연사관리

연사관리는 기획가에게 있어 중요하면서도 힘든 과정이라 할 수 있다. 회의 성격에 적합하면서 초청비용을 맞추어야 하고 더불어 연사의 세부 일정과 조율해야 하는 과제를 안고 있다. 이 중에서 어느 하나라도 뒤틀리게 되면 연사섭외는 실패하게 되고 다시 원점에서 연사 섭외를 진행해야 하는 것이다. 연사자와 최초 섭외에서부터 사후관리까지의 과정을 살펴보면 다음과 같다.

우선, 최초 섭외과정에서는 행사에 관한 목적과 간략한 개요, 발표와 세션 주제, 해당 주제에 대한 발표 요청과 이유, 장소 및 일시, 발표시간, 세션 종류, 질의응답 여부에 대해 사전에 알려주어야 한다. 또한, 실제 연사로 참가할 경우 연사료 수준과 항공기 좌석유형 그리고 호텔룸 유형, 등록혜택 등 제공가능한 부분에 대해 정보를 제공하고 수용 여부를 파악해야 한다.

행사일정이 가까워지면 연사자가 모든 사항에 대해 동의하는 것이 맞는지 재확인하기 위해 확약서를 보내게 된다. 최종 세부사항 서식을 꼼꼼히 작성하여 상대측에 보내게 되며, 발표에 대한 단체의 기대를 표명하고 이의가 제기되지 않으면 모든 약정 내용이 확정됨을 밝혀야 한다. 행사 관련된 사항이 완전히 정해지기 전에 초청장을 보냈을 경우, 확약서를 보낼 때에는 최초 섭외에서 누락된 사항을 포함시켜야 한다.

그리고 주최측이 연사자의 발표내용을 영상매체로 기록하거나 녹음을 진행할 예정이라면, 연사자와의 협의에 있어 저작권에 대한 논의를 반드시 해야 한다. 기록된 내용을 판매할 목적이 아니더라도, 발표내용에 대한 저작권을 주최조직에 귀속시킨다는 포기조항에 대한 서명이 필요하다. 음성녹음은 연사자에 따라 거부할 수 있으며, 영상매체의 경우 연사자가 자신들의 홍보자료나 근거자료로 활용할 수 있기 때문에 복사본을 요청하기도 한다.

마지막으로 현장 인력을 운영하는 데 여유가 있다면, 연사자들을 담당하는 인원을 별도로 배치하는 것을 고려할 수 있다. 유명 연사의 경우, 영접요원이 공항에서 영접하도록 할 수 있다. 영접요원은 연사자가 편안한 분위기에서 행사를 준비하고, 사무국과 연사자를 연결하는 중간층으로 원활한 프로그램이 진행될 수 있도록 돕는 역할을 하게 된다.

연사자가 행사장을 방문했을 경우 행사장소의 공간적 여유가 된다면, 연사자들을 위한 대기장소를 별도로 마련해두는 것이 좋다. 연사자들이 아무리 경험이 많다 하더라도 일단 행사장에 들어서면 긴장할 수밖에 없는 것이다. 그러므로 연사자들이 긴장을 풀고, 프로그램을 준비할 수 있는 여유의 공간을 마련하여 연사자들이 좀더 편안한 분위기에서 세션을 진행할 수 있도록 돕는 것도 좋은 연사관리의 방안이라 할 수 있다.

7 식 · 음료 기획

식 · 음료 서비스는 고정비용이 아닌 가변비용 항목에 속하기 때문에 예산지출과 관련하여 세심한 주의가 필요하다. 우선 행사 전반적인 프로그램 설계와 예산항목이 맞아야 하고, 행사 참가자가 만족할 수 있을 것인가도 고려해야 한다. 그리고 메뉴선택과 서비스 유형 그리고 식음료 준비측과의 개런티와 관련된 사항 역시 기획자가 사전에 준비해야 할 사항이다.

과거에는 참가자들이 선택할 수 있는 메뉴가 제한적이었으나, 최근에는 행사에 따른 만찬의 품격이 높아짐에 따라 참가자들의 기대도 높아지고 있다. 이에 기획자들은 참가자들의 기대를 충족시킬 수 있는 다양한 메뉴를 선정해야 한다. 식 · 음료 행사의 횟수, 형태, 메뉴가 정해지면 참가자 수를 예상해야 한다. 식 · 음료 행사는 비용이 많이 들어가기 때문에 사전에 정확한 판단을 통해 변동비용의 폭을 최소화시켜야 한다.

이를 위해 사전등록자들에게 만찬 참가 여부를 묻는 것은 물론, 현장등록자에게도 정보를 빠른 시간 내에 수집하여 업체에게 참가자 수를 통보해야 한다. 특히, 만찬 음식을 준비하는 측에 음식제공에 대한 최소한도가 보장되어야 하는데, 일반적으로 개런티는 행사 시작 24~28시간 전에 알려주어야 한다. 아래의 내용은 MICE 행사에서 주로 개최되는 식음료 기획의 내용을 정리하였다.

1) 휴식을 위한 음료서비스

대부분의 회의는 오전과 오후의 중간 휴식시간 동안 음료를 제공한다. 휴식시간에는 음료와 간단한 다과만 제공되는 경우가 많다. 커피, 차, 생수와 같은 기본 음료에서 예산에 따라 추가적으로 과일주스, 탄산음료를 제공할 수 있다. 많은 참가자들은 보통 시간에 관계없이 차가운 음료를 선호한다. 예산에 따라서 아침 식사에 참석하지 못한 사람들을 위해 과일, 빵 등을 오전 휴식시간에 제공한다. 오후 휴식시간에는 요거트, 과일, 쿠키, 프레첼 등이 포함될 수 있다.

2) 리셉션

대부분의 회의는 개회식을 전후해 리셉션을 마련하고 만찬을 제공한다. 개회식 리셉션은 참석자의 혼란을 방지하기 위해 지정된 좌석을 이용하도록 한다. 리셉션 메뉴는 예산의 허용범위에 따라 마른 스낵류, 채소류 위주의 메뉴에서부터 고기, 생선회와 같이 다양한 범위에서 구성될 수 있다. 다만, 예산 범위내 메뉴 구성뿐만 아니라 참가자들의 소비량 역시 고려해야 한다.

참가자들의 특성에 따라 리셉션 메뉴가 선호되는 경우 음식 소비량이 예상외로 많아질 수 있다. 그러므로 적정량이 소비될 수 있도록 통제를 해야 한다. 통제의 방법으로 버틀러 서비스(butler service)를 들 수 있다. 버틀러 서비스는 여러 직원이 음식을 들고 다니면 손님이 선택하여 제공받는 방식으로, 시간 순으로 음식이 제공되기 때문에 뷔페와 달리 음식 소비량을 통제하는 데 효과적이다.

한편, 리셉션의 무대연출 및 장비설치 그리고 인력배치는 사전에 꼼꼼하게 기획이 되어져야 한다. 우선 메인무대 조성은 어떤 형태로 할 것인지 결정한 이후 상황에 맞추어 각종 영상장비와 음향시스템, 현수막, 좌석배치 그리고 조명방식 등을 적합하게 운영해야 한다. 인력배치와 관련해서는 총괄책임자를 지정해야 하고, 주요 업무에 대해서는 사무국직원을 책임자로 하면서 필요한 인원만큼의 현장진행요원을 선발하여 배치한다.

표 4-8 **리셉션 세부 업무**

업무명	인 원	세부업무	담 당
사회자	1	환영리셉션 진행	사무국
사회자 관리	1	사회자 지원 및 요청	사무국 현장진행요원 1인
무대관리	1	무대 및 단상관리, 음향, 영상	사무국 현장진행요원 1인
식장관리	5	VIP 관리, 참서자 좌석 안내 관리, 장내외 동선안내	현장진행요원 5인
촬영	2	회의장 스케치, 전체사진 촬영	사무국
연설물관리	1	연설자료 사전 점검 및 세팅	사무국
역할자 관리	1	환영사, 축사 등 연설자 관리 공연단 관리	사무국
호텔음향	1	음향관리, BGM 등	호텔
호텔조명	1	식장 조명	호텔
호텔직원	1	무대 주요인사 안내	호텔
영상 및 중계	3	제주의 소리	사무국
공연측	1	귤빛합창단	사무국

표 4-9 리셉션의 기자재 및 물품

구 분		용 도	비 고
콘 솔		시스템 컨트롤 및 연출용	중계, 영상, 음향 시스템
좌 석		250석	라운드테이블 30석
무 대	배면	백드롭	환영리셉션용 백드롭
	렉턴(포디움)	사회자용 연설자용 각 1ea	
음 향	스피커	PA 용	
	마이크(무선)	2개	건배사용
영 상	빔 프로젝터	Front 방식 /7,000안시	스크린 2개
시스템	노트북	3개	
기자재	VIP명패	50개	
배너	폼보드	좌석배치도 2개	식장 입구

그림 4-6 ▶ 리셉션 좌석 배치도

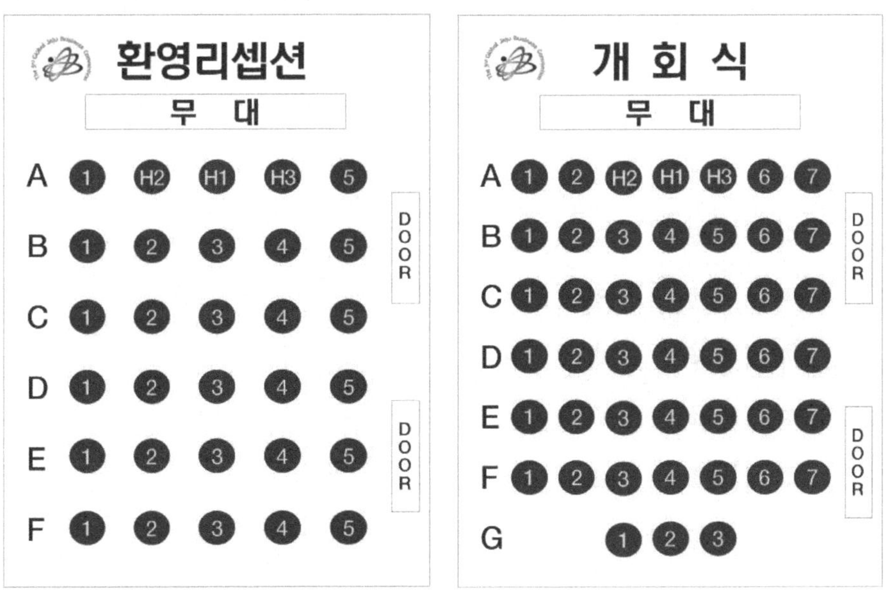

3) 테마파티(Theme Parties)

테마파티는 회의 참석자에게 잊을 수 없는 추억을 부여할 수 있는 만찬기회가 될 것이다. 일반 호텔에서 뷔페형식의 만찬은 아무리 서비스가 좋더라도 시간이 지나면 자연스레 잊혀지지만, 잘 준비된 테마파티는 해당 컨벤션 행사와 더불어 참석자의 추억을 지속시키면서 재방문과 구전효과를 담아내는데 좋은 수단이 될 수 있다.

테마는 어떤 주제로든 자유스럽게 만들 수 있지만, 가능하면 개최도시지역의 문화와 특성을 반영한 주제를 담아내는 것이 바람직하다. 관련 직원에게 과거 어떤 테마파티가 있었는지 사례를 조사하고 만약 기존사례가 없다면 창의적인 사고를 가지고 기획을 해야 한다. 다만, 제약사항으로는 만찬 준비측에서 전문 파티플래너를 보유하지 않아 기획에 어려움을 느낄 수 있다. 그리고 테마파티 준비과정에 과다한 비용이 요구되고 직원의 추가적인 노력을 요구하게 되면 행사 성립에 어려움을 느낄 것이다.

고객을 감동시킬 수 있는 테마파티 상품개발은 아이디어 탐색에서 시작된다. 다만, 핵심 구매고객층은 누구인지 처음부터 표적시장을 명확히 해야하고 수용인력은 몇 명까지 가능한지를 염두에 두어야 한다. 사실 아이디어 도출은 상품화로 가는 첫단계지만 성과창출에 대한 부담감 때문에 매우 까다롭고 결론을 내기 쉽지 않은 과정이다. 그러나 세계적으로 성공적이라는 작품의 내용을 보면 의외로 단순한 아이디어로 시작하고 상품 콘텐츠도 단순한 경우가 많았다.

따라서 아이디어에 너무 얽매이기보다는 단순한 아이디어를 활성화시키는 게 바람직하고, 자원의 활용면에서도 인공조형물에 너무 기대기보다는 비용과 시간절약 차원에서 자연자원을 최대한 활용하는 것이 바람직한 방안이라 여겨진다. 더불어 테마파티 구매자는 다국적으로 구성된 외국인이기 때문에 그들의 정서와 문화를 어떻게 스며들게 할 것인지도 고려의 대상이 된다. 테마파티는 주요 MICE 도시의 관점에서 보았을 때 핵심 인프라 상품으로 자리잡고 있다.

4) 참석자 개런티

참석자수를 추정하고 조정하는 것은 매우 어렵다. 하지만 만찬을 준비하는 입장에서는 최소한의 보장된 참가인원 수를 빨리 통보해 줄 것을 요구하게 된다. 이때 기획자가 매니저에게 알려준 최소 보장된 참가인원수는 예상 밖으로 참가자가 적어도 이에 맞추어 음식이 준비되므로 비용을 지급해야 할 의무를 갖게 된다.

정확한 참가자수를 예측하기 위해서는 사전참가등록자의 수와 과거 참가자수를 살펴보아야 한다. 기록들의 통계치에 현장등록자들이 포함될 수 있도록 약간의 여유분을 두어 업체 측에 통보해야 한다. 또한, 차후 비용을 정산하기 위해서는 식사에 참여한 사람에 대해 정확히 파악하는 것이 중요하다. 이를 위해 식사 만찬장 입구에서 티켓을 회수하는 방법이 사용되기도 한다. 티켓은 몇 사람이 식 · 음료를 제공받았는가에 대한 증빙자료로써 차후 정산에서 중요한 근거자료가 된다.

5) 식음료 행사장 서비스 제공

높은 수준의 서비스를 제공하기 위해 한 직원이 담당해야 할 테이블 수와 참가자의 수를 조정하는 것도 역시 중요하다. 이는 표준서비스 비율에 의해 결정된다. 표준서비스 비율이란, 한 사람의 직원이 효과적으로 서비스를 제공할 수 있는 범위를 말하는 것으로 테이블의 형태와, 서비스되는 음식의 종류에 따라 다르게 설정된다.

또한, 동선에 따른 서비스 제공시간을 파악하기 위해 프로그램 배정시간, 공연프로그램의 여부, 연설시간, 서비스 제공시간 등 서비스가 제공되어야 하는 시점에 진행되는 행사일정은 어떻게 되는지, 테이블은 어떻게 배치될 것인지, 어떤 음식이 제공될 것인지 미리 파악해 두어야 한다.

저녁 만찬의 경우, 주최 조직의 간부나 지역 유명인사가 참여하여 환영사를 하거나, 조직의 기념행사가 겸해지기도 한다. 이때에는 참가자들의 집중을 요하게 되므로 직원들은 서비스 제공을 잠시 멈추고 행사장 뒤쪽이나 밖에서 잠시 대기할 수 있어야 한다.

음식이 모두 제공되어 마무리시점에 접어든다 하더라도, 추가적인 서비스를 요청하는 고객이 있을 수 있기 때문에 최소한의 인원은 남아 있도록 해야 한다. 또한, 고객들에게 직접 식음료를 제공하는 직원들일 경우, 참가자들이 음식에 관해 갑자기 질문해 오면 답할 수 있도록 제공되는 음식에 대한 정보를 알고 있어야 한다.

8 현장진행인력의 개념

MICE산업은 대표적인 서비스산업으로 인력의 질적 수준이 타 산업과 비교해 생산성 향상에 큰 영향을 미치는데도 불구하고 수요자의 요구사항과 공급 인력간의 불일치 현상의 발생으로 원활한 인적자원의 수급이 이루어지지 못하고 있다. 수요자 측면에서는 행사 때마다 매번 현장진행인력들을 고용하기 위해 반복적인 시간과 비용이 들고 있는 상황이다.

컨벤션기획업체에서는 새로운 현장진행인력을 모집하기 위해 모집공고, 인터뷰, 교육, 현장 배치 등 반복적인 상황이 계속 발생하고 있다. 또한 현장진행인력들은 행사기간 동안 컨벤션 참가자와 대면하는 서비스 접점으로서의 중요한 역할을 수행함에도 불구하고 한시적 고용으로 인해 지속적인 교육이나 관리가 체계적으로 이루어지지 못하는 문제점이 있다.

또한, 이러한 현장진행인력의 개념에 대해서도 혼란을 가져오고 있는데 컨벤션 행사에서 활동하는 현장진행인력에 대해 일반적인 자원봉사자의 개념을 적용하기는 어렵다. 왜냐하면, 컨벤션 현장진행인력은 자원봉사의 가장 큰 특성 중 하나인 '무보수성'이라는 특성에서 큰 차이가 있기 때문이다. 컨벤션 자원봉사자와 관련성을 가지는 관광분야 자원봉사와 이벤트산업 분야 자원봉사에 대한 개념 역시 혼란스럽기는 마찬가지다.

황윤정(2000)은 관광자원봉사를 금전적 보상을 기대하지 않으면서 자유의지와 흥미를 가지고 관광지와 지역사회에서 일시적 또는 상시적으로 관광객과 시민들에게 자신의 서비스 시간, 기술, 경험을 제공함으로써 공동체 회복과 자아실현을 완성해가는 개인이나 조직의 활동으로 정의하였다. 김영중(2005)은 관광이벤트 자원봉사의 개념을 일반적인 자원봉사의 개념과 공공부문의 자원봉사를 관광이벤트라는 특성을 혼합하여 정의하였다.

관광이벤트 자원봉사는 정부 · 지방자치단체 · 민간단체 등에서 상시 또는 일시적으로 이루어지는 관광이벤트에서 금전적 보수를 바라지 않고 자발적으로 참여하여 관광객과 지역사회 공동체에 자신이 가지고 있는 기술, 서비스, 시간 등을 제공함으로써 성취감, 만족감을 느끼면서 자아실현의 욕구를 충족시키는 개인 또는 단체의 활동이라고 정의하였다.

컨벤션 자원봉사자에 대한 정의는 한시적으로 고용된 컨벤션 진행요원의 개념을 포함하기 때문에 그 개념이 모호하고 혼동의 소지가 있다. 컨벤션 분야에서 활동하는 임시 유급 진행인력과 자원봉사자 간의 업무의 구분 및 역할이 모호하여 현장에서 용어가 혼용되어 사용되고 있으며, 컨벤션 자원봉사자가 대부분 무보수로 활동하는 경우보다 교통비와 같은 실비를 제공받는 경우가 많아 혼동이 있다.

이러한 이유로 현장진행인력의 상당수를 자원봉사자로서 활용함으로써 컨벤션 분야의 현장진행인력을 자원봉사자로 간주하는 분위기가 팽배했던 것이다. 하지만 일반적인 행사 자원봉사자와 컨벤션분야의 현장진행인력은 그 성격이 다르다는 것은 조금만 고민하면 알 수 있는 것이고, 컨벤션 현장진행인력에 대한 인식개선이 요구된다고 하겠다.

표 4-10 컨벤션 자원봉사자와 컨벤션 현장진행인력의 개념 비교

구 분	컨벤션 자원봉사자	컨벤션 현장진행인력
소 속	국제회의 주최측 또는 PCO	국제회의 주최측 또는 PCO
성 격	자발적/의무적	자발적/의무적/고용관계
보 수	무보수 / 유보수	유보수
역 할	지역주민으로서의 대표성, 컨벤션 행사 진행 역할, 컨벤션 이미지에 영향	컨벤션 행사 진행 역할, 컨벤션 이미지에 영향
분 야	컨벤션 행사에서 지역 안내 및 행사 안내등 의 업무 수행	컨벤션 분야에서 등록, 회의진행보조, 통역, 사무국 보조 등 비교적 전문성이 더욱 요구됨

기 간	회의기간 동안 한시적	회의기간 동안 한시적
대 상	외국어 구사능력을 갖춘 지역주민	외국어 등 컨벤션 현장운영 실무능력을 갖춘 사람

더불어 컨벤션 현장진행인력의 만족을 이끌어 내는 중요 변수 중의 하나는 보상이라는 사실도 꾸준히 주장되어지고 있다. 자원봉사에서 보상은 실제 활용분야와 연구에서 중요한 영역으로 고려되고 있다. 자원봉사에서 보상은 '자원봉사활동의 가치를 받아들이고 승인하기 위해 제공되는 유무형의 것'이기 때문이다. 자원봉사자의 공헌에 대한 적극적인 보상은 지역사회에서 자원봉사의 가치가 수호되고 자원봉사활동이 높이 평가되며 궁극적으로 자원봉사의 가치가 증진된다고 주장하고 있다(이강현 · 정진경, 2006).

표 4-11 **자원봉사 보상의 종류**

현금	준 현금성 신용	현물	기회	사회적 인정	정서적 보상
• 교통비 지급 • 식비 지급 • 봉사활동 재료비	• 상품권 • 할인쿠폰 • 주차권	• 기념품 • 기타	• 국내외 여행사 참여기회 • 파티 참석기회 • 교육훈련 참석기회 • 새로운 업무나 직위 부여	• 표창 • 승진취업시 가산점 • 인증서 • 언론매체 홍보	• 감사편지 • 언어적 비언어적 감사표시 • 생일파티

자료 : 우정자(2012). 『자원봉사 인정과 보상이 청소년의 지역 사회자본에 미치는 영향』. 보건사회연구, 32(2), p.340.

사실, 현장 진행인력의 업무는 행사 전반에 걸쳐 광범위하게 펼쳐져 있어 업무의 범위를 어디까지 정해야 하는지는 제한이 없다. 메인행사장에서 시작해서 의전, 무대관리, 좌석배치, 등록과 안내, 관광안내, 주차정리 등의 업무가 포함된다. 아직은 업무가 능숙하지 않으므로 보통 현장진행인력은 사무국직원과 함께 배치되어 업무를 진행하는 경우가 많다. 아래 표는 사무국지원과 현장진행인력 간의 업무배치를 받은 특정행사의 예시가 되겠다.

표 4-12 현장진행인력과 사무국 직원의 역할배치 사례

구 분	구성	인원	배치	비고
영접(의전)	총관리	1	사무국 직원	
	담당	1	사무국 직원	
역할자관리	총관리 보조	1 1	사무국 직원/현장진행요원	
발표물관리	관리 보조	1 1	사무국직원 현장진행요원	
메인행사장 총관리	총관리	1	사무국직원	
메인행사장 세팅	관리 보조	6 6	사무국직원 현장진행요원	
무대관리	관리 보조	1 1	사무국직원 현장진행요원	
좌석배치 관리 행사장 보조	관리 보조	6 6	사무국직원 현장진행요원	
등록 · 안내 총관리	총관리	1	사무국직원	
사전등록자담당	담당 보조	3 3	사무국직원 현장진행요원	
책자배부, KIT 담당	담당	2 2	사무국직원 현장진행요원	
현장등록	담당	1	현장진행요원	
안내	담당	1	현장진행요원	2층 전체
회장님 전담 수행	담당	1	사무국직원	
VIP접대실	담당	1	호텔직원	
상공인아고라 운영	세팅 담당 운영 보조	1 1 1	사무국직원 사무국직원 현장진행요원	
구매상담회	운영	1 1	사무국직원 현장진행요원	통역 3명

MICE체험 프로그램 총운영	담당 보조	2 1	사무국직원 현장진행요원	
융복합 제주MICE산업 세미나	총관리 보조	2 1	사무국직원 현장진행요원	
제주글로벌마켓 전시 (경품관리)	운영 보조	2 1	사무국직원 현장진행요원	업체담당
창조산업포럼	담당 보조	2 1	사무국직원 현장진행요원	
IP 페스티벌	총관리 운영	3 1	사무국직원 현장진행요원	
시상식	수상자 관리 상장 관리 운영 보조	1 1 2 2	사무국직원 사무국직원 사무국직원 보조	총무부
사무국	운영 보조	1 1	사무국직원 현장진행요원	중앙행사관리
네트워크 라운지(8층)	운영 보조	1 1	사무국직원 현장진행요원	음료제공 등
커피브레이크/시음회	관리 보조	1 1	사무국직원 현장진행요원	음료대담당
LINC 사업단	관리 보조	2 1	사무국직원 현장진행요원	
올레길 / 탑동광장(점심)	총 관리 안내/동행	3 3 2	사무국직원 사무국직원 현장진행요원	
거문오름 / 탑동광정(점심)	총 관리 안내/동행	3 3 2	사무국직원 사무국직원 현장진행요원	
마무리	뒷정리	5 5	사무국직원 현장진행요원	
보도자료, 출사	관리	1	사무국직원	

*시간별 프로그램 운영에 따라 탄력적으로 인력배치

9 동시통역 관리

참가자들이 단일 국가가 아닌 여러 나라에서 오는 경우, 행사진행에서 어떤 언어를 공식언어로 선정할지도 고려해야 한다. 국제회의일 경우, 개최지 언어와 영어를 공식언어로 채택하게 되며, 특정국가에서 많은 수가 참여할 경우, 그 국가의 언어도 공식 언어로 채택하게 된다.

공식언어가 지정되어 있다 하더라도, 참가자들은 언어상의 문제로 인해 프로그램을 이해하지 못하거나 제대로 참여하지 못하는 문제가 발생한다. 때문에, 회의기획가는 참가자들의 특성을 파악하여 원활한 프로그램 진행을 위해 동시통역이 필요한지 확인해야 한다. 회의의 목적 중 하나가 상호 네트워크 형성에 초점을 두거나 다수의 국가로부터 참가자들이 온다면 개최지나 단체의 특성, 지리적 위치와는 관계없이 행사진행에서 동시통역이 필요하게 된다.

여러 MICE 개최시설들은 이런 참가자들에게 편리함을 제공하기 위해 최첨단 동시통역 설비, 서비스를 지원하고 있다. 만일 업체에서 동시통역 서비스를 제공하지 못한다면 지역 정부기관이나 컨벤션뷰로 등을 통해 서비스를 제공받거나 지역 내 업체를 통해 직접 서비스 계약을 체결하여 통역서비스를 제공할 수 있다. 동시통역은 행사진행에서 기본적으로 제공되기도 하지만, 많은 언어를 제공해 비용이 문제가 될 때에는 참가자들이 등록비를 계산할 때 옵션으로 선택할 수 있도록 항목을 만들어 비용을 충당하기도 한다.

통역서비스는 한 명의 통역관이 모든 프로그램을 소화하는 것이 아니라 최소 2~3명의 통역관이 한 프로그램을 전담하여 순환하는 방식으로 서비스를 제공한다. 연사자의 대본이 있는 경우, 통역관이 사전에 준비할 수 있기 때문에 스트레스가 덜 하지만, 동시통역은 연사자들의 발언을 듣는 즉시 통역하여 참가자들이 놓치는 내용이 없도록 하고, 즉각적인 상황도 통역을 해야 하기 때문에 프로그램을 진행하는 동안 상당한 스트레스를 받는다. 이로 인해 대부분의 동시통역사는 20분 동안 업무를 진행하면 다음 20분간은 다른 사람이 대신 통역을 시행하고, 자신은 휴식을 취하는 방향으로 업무를 진행한다.

통역 서비스로 인해 참가자들의 의사소통의 질이 결정되기 때문에, 통역 역시 다른 서비스와 마찬가지로 고도의 전문성을 요한다. 동시통역사는 해당 프로그램에 대한 해박한 지식을 갖고 있어야 하며, 기획자들은 공신력 있는 기관에 의해 검증된 사람을 구해야 한다.

앞서 언급한 바와 같이, 사전에 연사자들이 발표할 내용을 동시통역사가 볼 수 있다면 보다 수월한 서비스 제공이 가능하다. 기조연설과 같이 공식 연설일 경우, 연사자들은 즉흥적인 발언보다 원고를 중심으로 연설을 하기 때문에, 프로그램과 연설의 성격에 따라 동시통역사를 위한 원고를 요청할 수 있다. 발표 원고는 번역을 위한 충분한 시간적 여유를 두고 미리 전달해서 발표 당일에는 동시통역사가 듣는 것을 통역하기보다 발표자료를 읽을 수 있도록 해야 한다.

모든 발표자들이 연설시간 전에 원고를 제대로 제출하고, 그것에서 벗어나지 않는다면 동시통역사의 수를 줄일 수 있을 것이다. 이와 반대로 질의응답이나 패널토의의 경우에는 원고보다 발표자간 즉흥적인 대화가 오고가기 때문에 각 한마디마다 통역에 의존해야 한다.

높은 수준의 전문적인 통역서비스를 제공하기 위해서는, 관련 분야에 대한 전문적인 지식을 갖고 있는 동시통역사를 물색해야 한다. 하지만, 언어측면에서의 전문성과 관련분야에 대한 전문성을 동시에 지니는 동시통역사를 찾기란 매우 어려운 일이다. 그러므로 회의기획가는 동시통역사를 고용할 때, 어느 것을 희생해야 할지 결정해야 한다.

국제적인 조직의 경우 자신들의 행사를 지원하는 전문 통역사를 보유하고 있지만, 그렇지 못할 경우 행사 프로그램을 진행함에 있어 필요한 사전지식이나 전문용어, 프로그램의 중요 내용을 미리 정리하여 동시통역사에게 전달해야 한다. 혹은, 사전에 조직에서 사용하는 특수 용어에 관한 해설집을 제작하여 두는 것도 전문적인 통역서비스를 제공하기 위한 전략이 될 수 있다.

⑩ 컨벤션

1) 컨벤션기획가의 유형

컨벤션기획가는 회의 사전기획에서부터 회의진행 그리고 사후서비스 및 평가에 이르기까지 회의와 관련된 모든 사안을 기획하고 관리하는 업무를 가지고 있다. 이러한 컨벤션기획가의 유형분류는 다양하게 시도될 수 있지만, 보편적으로 회의 성격에 따라 협회회의 기획가, 기업회의 기획가, 독립회의 기획가, 정부회의 기획가 그리고 여행사 등으로 분류를 시도하고 있다.

우선 협회회의 기획가는 협회에 소속되어 정기총회, 이사회 등의 협회관련 각종 회의를 기획하고 회원들에게 관련된 서비스를 제공하게 된다. 협회는 보통 비영리 기관이고 조직을 운영하는 자금확보에 어려움을 겪게 되는데, 대부분 회원의 회비와 정기총회 등록비 등에 의존하게 된다. 이로 인해 정기총회시 최대한 많은 수의 회원을 참석시키는 게 중요한 역할이 되는데 홍보활동이 중요한 이슈로 부각되게 된다.

기업회의 기획가는 기업에 고용되어 기업과 관련된 행사를 기획하고 집행하며 평가하는 역할을 가지고 있다. 기업에서 발생하는 주요 회의는 주주총회, 신입사원 연수회, 최고경영진 회의, 인센티브 투어, 지점장 회의, 그리고 바이어 미팅 등 다양한 종류가 있다. 기업회의 기획가는 앞서 협회회의 기획가와는 달리 참석자 독려를 위한 홍보활동을 펼칠 필요는 없지만, 기업회의 기획가는 참석자의 동기부여와 팀워크 그리고 회의성과 도출을 극대화시켜야 한다는 책임을 가지고 있다.

독립회의 기획가는 회의기획 전반에 걸쳐 전문지식을 갖춘 사업자로서 특정 단체에 소속되지 않고 협회 및 기업체 등과 계약을 맺고 회의기획을 대행해 주는 역할을 갖는다. 독립회의 기획가는 회의 관련 다양한 단체와 이미 네트워크를 구성해 놓았기 때문에 저비용 고효율의 회의진행이 가능하고 위기관리 대처능력이 뛰어나다. 때로는 의뢰 단체 내부 회의기획자와 공동으로 업무를 진행할 때도 있는데 이때 갈등이 아닌 협력관계를 구축하는 것이 중요하다.

정부회의 기획가는 정부부처에서 발행하는 회의를 기획하는 사람이다. 정부회의는 공무원 출장여비가 사전에 정해져 있어 여타회의와 비교해 예산운용에 있어 상당한 제약을 받는다. 따라서 한정된 예산을 가지고 효율적인 회의 성과를 창출할 수 있는 능력이 있어야 하고, 특히 의전과 관련된 부분에 있어서는 세심한 주의를 기울여야 한다.

여행사 역시 최근에 관광상품 뿐만 아니라 영역을 확장해서 회의기획까지 업무의 영역을 확장하는 경우가 많다. 여행사는 특히 회의 이외의 관광이나 이벤트 기획에 유리한 입장을 가지고 있기 때문에 가족과 배우자가 동행하는 행사에 강점을 보이고 있다. 더불어 여행사에서 법인관련 업무를 담당하는 직원의 경우 최근 급증하고 있는 인센티브 투어 단체관련 행사를 기획할 수 있는 매출확대에 좋은 기회가 되고 있다.

2) 컨벤션기획사(PCO)의 역할과 자질

(1) PCO(Professional Convention Organizer)의 역할

PCO는 참가자를 위한 구체적인 행사일정을 수립해야 하며 환영 리셉션, 휴식시 커피브레이크 타임, 오찬, 환송연을 포함하여 관광프로그램, 동반자 프로그램 등의 진행범위와 일정, 장소에 대해 기획을 대행해 주는 역할을 가지고 있다. 최근 국내외적으로 PCO 창업이 급증하면서 시장경쟁이 치열해지고 있는데, 고객을 지속적으로 확보하기 위해서는 회의관련 업체와 탄탄한 네트워크를 구축하고 있고 양질의 콘텐츠를 생산해 낼 수 있는 능력이 있어야 한다.

사실 얼마전까지만 하더라도 회의기획은 전문부서에 의뢰하기보다는 부서 내 담당 업무로 여겨졌으나, 회의가 점차 대형화되고 참가자들의 편의를 도모하게 됨에 따라 전문적인 기획가인 PCO의 활동반경이 넓어지게 된 것이다. 회의기획가는 주최측과의 협의 후, 목적에 맞는 장소선정부터 교통, 식사, 숙박과 같은 모든 편의시설 준비에 책임을 진다. 가용예산의 범위 내에서 시설들을 확보하며, 참가자 수를 증가시키기 위해 홍보를 하기도 하고, 교통편, 부차적인 여행프로그램, 식사 등에 대해 업체측과 협의하게 된다.

PCO의 역할은 크게 회의 전, 회의 중, 회의 후로 구분할 수 있다. 회의 전 활동으로는 주최측과의 협의 하에 회의의 목적 결정, 목적에 적합한 지역과 장소의 결정, 예산결정과 홍보, 참가자들의 등록절차 마련과 회의와 관련된 시설과 전문 서비스를 제공하기 위한 서비스업체의 선정이 있다.

회의중에는 등록업무 진행과 객실배정계획, 비상상황을 대비한 절차 마련, 행사장의 시설 및 장비점검, 관광 프로그램의 점검 및 운영, 인력의 운용, 케이터링 서비스의 점검 등을 들 수 있다. 회의 후 활동으로는 참가자들을 대상으로 피드백을 받고 감사의 편지를 보내며, 결과보고서를 작성하고 주최측으로부터의 평가를 진행하게 된다.

PCO는 회의 전부터 회의가 끝나고 나서까지 전반적인 업무를 담당하고 관리해야 하기 때문에 혼자서 진행할 수 없으며, 지역업체나 개최시설과 긴밀한 협력관계를 유지해야 한다. 지역업체를 통해 통번역, 장비대여업과 같은 전문서비스 제공업체에 관한 정보를 제공받을 수 있으며, 개최시설의 경우 회의진행 중 발생하는 여러 가지 문제의 해결에 대한 도움을 제공할 수 있다.

(2) PCO의 자질

컨벤션기획가는 다양한 문화와 국적을 가진 참가자를 상대해야 하기 때문에 일반 직종보다는 더 까다롭고 엄격한 업무자질을 요구받는다. 주요 사안으로는 협상기술, 외국어 실력, 창의적 사고, 국제적 서비스 마인드, 대인관계 그리고 위기관리 능력 등이 해당된다.

협상기술과 관련 컨벤션기획자는 행사를 준비하는 과정에 수많은 이해집단 관계자와 만나 의사결정을 제한된 시간에 이루어내야 한다. 대부분 이러한 미팅은 예산이 수반되는 사안이기 때문에 치열한 정보와 기싸움이 펼쳐진다. 협상에서 우위를 점하기 위해서는 컨벤션시장과 관련된 최신 정보를 확보할 수 있어야 하고, 의뢰인을 대변해 행사예산을 절감할 수 있는 방안을 찾을 수 있어야 한다.

외국어 실력은 외국인 의뢰인 및 이해집단 그리고 참가자가 있기 때문에 업무 진행상 자연스런 대화능력은 필수적으로 여겨진다. 창의력도 중요한 요소가 되는데, 대부분의 참가자는 이미 회의와 관련된 많은 경험을 갖고 있는 사람들이다.

이들에게 단순하고 반복되는 패턴의 콘텐츠를 제공하면 만족을 이끌어 내기 어려울 것이다.

컨벤션업무는 관광종사자와 마찬가지로 사람과 대면하여 서비스를 제공하는 업이기 때문에 서비스 마인드는 필수이고, 나아가 문화와 사고방식이 다른 국제적 참가자를 대상으로 서비스를 제공해야 하기 때문에 더 많은 노력이 필요하게 된다. 대인관계 구축도 같은 맥락에서 이해될 수 있는데, 평소에 국내외 사람과 단체에 대한 네트워크 구축이 어느 정도 탄탄하게 이루어졌는가가 컨벤션기획가 자질에 대한 판단근거가 되기도 한다.

3) 컨벤션기획사(PCO)와 호텔기업 간 파트너십 구축

호텔기업 입장에서도 컨벤션의 개최는 비수기 타개책의 한 방편일 뿐만 아니라, 객실판매에 따른 수입증가와 사전예약으로 인한 객실판매예측, 회의참석자의 재방문 등 호텔수익 개선에 있어서 중요한 역할을 한다(Weber, 2001). Astroff와 Abbey(1998)의 연구에 의하면, 미국 주요 호텔의 매출액에서 회의관련 부문이 70%의 비중을 차지하고 있으며, 이 중 컨벤션 관련 매출의 기여도는 약 15~20%인 것으로 나타나고 있다.

또한 컨벤션 개최장소를 보더라도 한국에서 개최된 컨벤션 중 호텔에서 개최된 비율이 54.3%인 것(한국관광공사, 1998)으로 나타나 호텔은 컨벤션 참석자를 위하여 단순히 숙박시설의 제공이라는 수동적 역할에서 벗어나 컨벤션과 관련한 시설 및 서비스, 객실 제공자라는 주체적 역할을 수행하기도 한다(하종명, 2000).

하지만 대부분의 호텔기업들은 컨벤션기획사(Professional Convention Organizer)를 공동의 목적을 추구하는 파트너로 인식하기보다는 단순한 주문수령자(order taker)로 간주하여 호텔수익 창출을 확대할 수 있는 기회를 무산시키고 있다(Dubé & Renaghan, 2000). 따라서 컨벤션을 유치하고 기획, 창출하는 컨벤션기획사와의 협력적 관계 및 긍정적 파트너십 구축은 호텔에 있어 중요한 문제로 대두된다.

사실, 최근 컨벤션시설 공급의 과잉이 우려되는 환경에서 관련 기업간 협력적 파트너십 구축은 변화하는 경영환경에서 경쟁우위를 확보할 수 있고 수익을 창출할 수 있는 주요 도구이지만(노형봉, 2011), 관광분야에 있어서 파트너십은 주로 관과 민간차원에서만 고민이 이루어지고 있어(조광익, 1997; 고상덕, 2002; Augustin & Knowles, 2000; Araujo & Bramwell, 2002) 컨벤션 업계에서 관련 민간기업간 파트너십 구축에 대해 적극적으로 고민해야 할 것이다.

파트너십(partnership)이란 기업의 전략이라는 측면에서 볼 때 전략적 제휴(strategic alliance), 협력(collaboration), 연합(linkage) 등과 같은 여러 가지 용어와 혼용되지만(노형봉, 2001), 보통 협력이나 전략적 제휴에 관한 연구에서 파트너십이 다루어지고 있다.

일반적으로 파트너십은 목표를 공유하는 조직들 간의 협력적 관계(Sinamohan, 2001)를 의미하는데, 다시 말하면, 기업이 단독으로 활동하지 않고 파트너와 함께 자원을 공유하여 공동의 목적을 달성하기 위한 수단으로 자신은 가치사슬상 경쟁우위가 있는 특정 부문에 전문화하고, 다른 부문은 자신보다 효율적으로 수행할 수 있는 기업에게 위임하는 전략적 의미를 갖는다(송우용, 1996).

이와 같은 파트너십이 주목받는 이유는 제품수명주기의 단축, 경쟁우위 평준화, 속도경쟁의 중요성, 국제화와 개방화에 따른 글로벌 경쟁시대를 맞이하여 더 이상 기업 단독으로 경쟁우위를 지속적으로 유지해 나갈 수 없는 경쟁환경의 조성에 따른 것이라 볼 수 있다(권영철, 2001). 즉 파트너십은 한정된 자원을 분할하는 제로섬(zero-sum) 게임이 아니라 상호협력에서 발생하는 시너지효과에 기초해 파트너 양측 모두 상호 윈윈(win-win: 같이 이기는)하기 위한 기업전략의 측면에서 조명되고 있다(노형봉, 2001).

이러한 파트너십의 성과에 영향을 미치는 요인을 보면, 일반적으로 신뢰(trust)와 몰입(commitment)이 파트너십 구축에 핵심요인으로 작용한다(Morgan & Hunt, 1994; Brown & Shoemaker, 1998). 신뢰란 확신이 드는 상대방에 기꺼이 의존하려는 것이라고 정의되고 있다(Moorman, Zaltman, & Despanded, 1993).

상호 예측가능하고 책임 있는 행동을 추구하는 신뢰는 미래의 보상을 확실하게 요구하는 파트너십 관계에 있어 중요하며, 관련기업간 장기적인 관계와 몰입에 중요한 요소로 고려되며, 몰입은 안정적이고 장기적인 관계를 개발하고 유지하고자 하는 당사자들의 의도를 지칭하는 태도로서 시간에 따른 지속성 및 일관성과 함께 미래에 가치 있는 관계를 유지하고자 하는 의도와 관계된다(Brown, et al., 1998).

파트너십은 파트너와의 협력을 통하여 실질적인 가치를 창출해야 하는 사업이기 때문에, 파트너십 관계에 있는 기업은 타기업과의 협력관계 구축에 적합한 강하고도 가치 있는 그 무엇인가를 보유해야 한다. 이와 같이 관계기업 간의 강점과 약점의 상호보완적 관계가 상호의존도와 직결되므로 기업간 신뢰와 몰입에 영향을 미치게 된다(Lorange & Roos, 1992).

커뮤니케이션 또한 기업간 관계에 있어서 파트너와의 관계에서 신뢰를 형성하는데 일조하는데, 기업간 주요 정보에 대한 시의적절한 공유를 가능하게 하여 관계기업 간의 오해와 잘못된 기대를 사전에 방지해 상호 유대감을 높이고, 나아가서는 상호작용과 이해를 촉진시켜 기업간 관계 몰입과 결속을 증진시키는 주요 요인으로 작용한다(Mohr & Nevin, 1990; Moorman, et al., 1993).

이 외에도 파트너 모두에게 전략적 혜택을 통한 상호이익이 실현되야 함을 의미하는 전략적 적합성 요인(John, Cullen, Sakano, & Takenouchi, 1997)과 기업간 관계구축과 관련해, 양측 입장이 공평하게 대변되어야만 성공을 거둘 수 있으며, 어느 한 측 입장만 고려될 경우 양측간 갈등을 발생시켜 신뢰에 있어 문제를 야기시킨다는 공평성 요인이 있다.

그리고 불확실성이 높고 변화의 속도가 빠른 환경에서 관계기업간 협력관계를 지속시키기 위해서는 예측하지 못한 돌발적 상황변화에 대해 관계기업간 탄력적인 공동대응을 지속시키고자 하는 의지를 융통성 또는 유연성이라 정의한다(Heide & John, 1992).

관광지는 그 자체가 총체적 상품이기(Middleton, 1993) 때문에 강한 복합성을 갖고 있어(Travis, 1989), 상품의 유한적 생명력 유지를 위해서는 관련조직들 간의 협력(collaboration)에 근거한 관광개발이 매유 중요하다(오상훈, 1996). 이와 같이 관광부문에서의 파트너십은 관광개발에 있어 특히 중요성이 부각되어 왔고(Gunn, 1994; Selin & Chavez, 1995; Augustin, et al,. 2000; Araujo et al., 2002), 이러한 관광지에서의 다양한 협력형태 중에서 관광 파트너십은 주로 공공부문과 민간부문 간의 협력에서 강조된다(Augustin, et al,. 2000).

즉 관광 파트너십은 단순히 마케팅이나 사업경영방식과 같은 경영적 측면이 강조되는 기업간 협력을 통한 파트너십보다는 관광개발이란 측면에서 지방자치단체와 지역주민 그리고 관광기업 등 3개 주체의 혼합체인 혼합섹터의 한 유형(차미숙, 1994)으로 보는 포괄적인 개념이 우세하였던 것이다.

하지만, 관광은 매우 복잡하고 다면적인 현상이기 때문에, 관광 파트너십은 관광관련 공공조직과 민간조직 뿐만 아니라 개인이나 단체, 지역주민 등 광범위한 집단을 대상으로 하고 협력의 수준과 정도, 참여조직의 성격에 따라 다양한 유형이 상존할 수 있다(Selin et al., 1995).

컨벤션과 관련한 관민 파트너십의 대표적인 사례는 컨벤션기획사와 CVB(convetion and visitor bureaus)와의 관계를 들 수 있다. Oppermann과 Chon(1997)에 따르면 각종 협회와 개최지역 그리고 회의참석자는 컨벤션관광의 주요 이해관계자(major players)라 할 수 있는데, 컨벤션기획사의 회의장소 선택에 있어 CVB는 개최지의 중요한 요소로 작용한다(Weber, 2001).

다시 말해, 대부분의 CVB는 DMO(destination marketing organization)의 성격을 갖는데(Morrison, Bruen, & Anderson, 1998), 회의와 방문객들에게 해당 관광지의 이미지를 포지셔닝시키는 것을 주요한 목적으로 설립되어 회의참석자들의 다양한 관광활동까지도 그 업무를 포괄하는 조직이다(Gartrell, 1994).

이들 CVB와 컨벤션기획사와의 관계를 보면 컨벤션기획사를 팸투어의 형태로 초대해 해당 관광지와 관광상품에 대한 다양한 정보를 제공하기도 하고, 회의 성격이 특별할 경우 신뢰할 수 있는 서비스공급자를 컨벤션기획사에 추천하기도 한다.

또한, 컨벤션 참석을 위한 촉진활동, 숙소지원활동, 현장등록과 각종 정보제공 등과 같은 업무의 원활화를 위해 인적자원의 지원과 같은 서비스를 컨벤션기획사에 제공하기도 하고, 다양한 회의가 자신들의 소속된 지역에 유치될 수 있도록 컨벤션기획사와의 협력관계 구축을 주요한 임무로 하고 있다(Polinka, 1996).

컨벤션기획사와 호텔기업 간 다양한 이해관계를 중심으로 분석하자면 컨벤션개최와 관련한 관련 기업간 파트너십은 고객의 유치나 홍보비용의 절감과 같이 협력적 마케팅과 같은 비교적 느슨한 형태의 업무제휴 형태를 보이게 된다. Rutheford와 Umbreit(1993)는 컨벤션기획사와 호텔종사원들 간의 상호작용을 개선시키고 성공적인 회의개최를 위해서는 커뮤니케이션과 조직, 집행, 관계개발, 주도권, 위기관리가 이들 간의 상호작용에 있어 중요한 차원으로 작용한다고 언급하고 있다.

이와 같은 부문에서의 문제점을 해결하기 위한 해법으로 조직전략, 집행전략, 전문가집단 활용과 같은 세 가지 전략을 강조하고 있으며, 회의의 성공은 판매와 컨벤션, 케이터링 그리고 프론트 오피스와 같은 호텔부문 종사원들의 복합적 노력의 결과로 인식하고, 이 중에서도 컨벤션기획사와의 상호작용에 있어 컨벤션 세일즈 매니저의 역할을 특히 강조하고 있다.

Dubé와 Renaghan(2000)은 호텔기업의 입장에서 평소에 컨벤션기획사가 다양한 편익을 얻을 수 있도록 도와줌으로써 컨벤션이 개최될 때 회의개최 지정 숙박업소로 선택받기 위한 주요 속성을 전체적인 관점과 기능적인 관점으로 구분하였다. 이를 위해 123명의 컨벤션기획사를 표본으로 선정하여 분석하였는데, 그 결과 컨벤션기획사에게 다양한 편익을 부여하면서 동시에 자사 호텔의 브랜드이미지 강화가 필요하다고 언급하고 있다.

한편, Weber(2001)는 회의 개최시 컨벤션기획사가 숙박장소로서 특정 호텔만을 반복 지정하는 원인을 로열티(loyalty)의 측면에서 개최전 단계, 진행 중 단계, 사후 단계로 구분하여 조사하였다. 그 결과 컨벤션기획사는 이전의 호텔측과의 업무경험을 바탕으로 신뢰성 있는 서비스제공, 숙련된 인적자원 등과 같은 요소 때문에 숙박시설로서 호텔을 지정할 때 독립호텔보다는 체인호텔을 선호하고 있다고 밝혔다.

그리고 외부적 환경요인보다는 종사원 서비스와 같은 호텔내부 시스템에 대한 만족도, 호텔에 대한 전반적인 신뢰, 호텔측과의 높은 관계몰입, 예기치 않은 상황에서의 기민하고도 융통성 있는 대응 창출 등이 호텔에 대한 로얄티 제고에 기여하고 있음을 입증했다.

Chapter 05

MICE 유치 전략

05 MICE 유치 전략

C · H · A · P · T · E · R

1 유치조건 검토

도시의 MICE산업 인프라가 아무리 뛰어나다 하더라도 행사를 유치하지 않으면 아무런 의미가 없을 것이다. 유치를 위한 전세계의 잠재시장은 매우 크지만, 각 도시와의 경쟁 또한 매우 치열하기 때문에 치밀한 유치전략을 갖고 있지 않으면 희망하는 행사를 유치하기가 결코 쉽지 않다. 특정 행사에 대한 유치과정의 시작은 관련 이해집단의 합의가 전제되어야 하고, 국제환경을 분석했을 때 과연 유치 성공가능성은 얼마나 되는지 전문가를 통한 분석이 뒤따라야 한다.

제반 조건을 종합분석한 결과 유치에 대한 성공가능성과 타당성이 있다면 본격적으로 유치경쟁에 뛰어들게 될 것이다. 행사 유치 신청은 국내 조직을 통해 국제본부에 신청을 하거나 직접 국제본부에 신청하는 두 가지 경로가 있다. 개최 희망을 밝히는 의향서를 보내게 되는데, 의향서는 개최 시 제공할 수 있는 인센티브 내용, 지역의 개최 인프라와 열의, 지역 자원이 갖고 있는 매력성 등이 포함된다.

행사 유치를 신청하는 것은 단순히 관련 단체만의 문제는 아니고, 행사유치를 희망하는 도시와 국가가 함께 나서서 의향을 보여줘야 하는 사안이다. 나아가 지역의 컨벤션뷰로와 PCO 등과도 연계된 유치전략을 세워야 한다. 특히, PCO는 진행과정에서 유치제안서 작성과 세부전략에 관련된 고도의 전문분야를 담당하게 되므로 매우 중요한 역할을 맡게 된다. 행사 유치제안에 뛰어들기 위해서 통상적으로 검토해야 할 몇가지 조건이 있다.

우선, 주최국가의 정치, 경제, 사회적 안정성과 해당 분야에 대한 국제적 인지도, 전문가들의 활동 내역, 국제적 위상 등이 행사를 유치하는데 적합한지 살펴보아야 한다. 큰 문제가 없다고 판단되면 행사개최에 따른 인프라를 검토해야 하는데,

과거 개최 현황분석을 통해 참가자 규모에 따른 항공, 숙박, 회의장, 지상교통 그리고 각종 이벤트 프로그램의 수용력을 점검해야 한다.

이어 예산규모를 따져봐야 하는데 전차대회를 중심으로 예상되는 소요예산 전체 규모를 도출해야 한다. 이어 예상되는 수입규모와 지출규모를 따져보아야 한다. 그리고 재원조달은 구체적으로 어떻게 해결할 것인지 방안이 나와야 하는데, 개최도시와 관련 업종 기업으로부터 지원금의 확보는 가능한지, 수익을 창출할 수 있는 프로그램은 있는지를 봐야 하고 기금과 후원금을 받을 수 있는지도 따져봐야 한다. 개최시기도 성수기와 비수기를 놓고 어느 시즌이 바람직한지 선택해야 한다.

2 유치위원회 업무

유치조건을 검토한 결과 긍정적인 결론도출이 나왔다면 실제 유치전선에 뛰어들 핵심관계자들을 포함하는 유치위원회를 구성해야 한다. 유치위원회는 단체를 대표하는 유치위원장과 관련 단체인 학회나 협회의 간부회원, PCO, 컨벤션뷰로와 지자체 담당 공무원 등으로 구성된다. 위원장은 전체 조직을 이끌어나가는 리더의 역할을 해야 하는데, 국제사회에서 어느 정도 영향력을 갖고 있는 사람을 선정하는 것이 좋다.

PCO와 컨벤션뷰로는 서로 협력하여 유치제안서 작성에 핵심적인 역할을 담당하게 된다. 보통 T/F 팀을 꾸리게 되는데 행사유치의 논리적 타당성, 재무구조 분석, 유치전략 수립, 경쟁도시 분석, 개최도시의 수용태세 분석 그리고 프레젠테이션 작성 및 발표준비 등의 업무를 수행해야 한다. 사실 PCO는 민간조직이기 때문에 업무에 대한 의무감이 있는 것은 아니지만 행사 유치가 성공했을 때 행사 대행사로 선정될 가능성이 높다는 점에 동기부여가 된다.

한편, 유치제안서에는 논리적 근거와 함께 행사유치를 위한 영역별 구체적인 제안내용이 담겨야 한다. 참가자를 대상으로 숙박에 대한 혜택, 항공편 이용편의 및 할인금액 여부, 수익금 확보방안, 후원금과 기금의 확보방안, 개최도시의 협력사항 등의 제시를 통해 개최타당성과 열의를 제시할 수 있어야 한다. 특히, 경쟁도시에 대한 SWOT분석을 통해 개최후보 도시의 장단점을 비교할 수 있어야 한다.

경쟁도시와는 행사 전문가 확보정도, 시설인프라, 개최지 매력성, 회의인프라, 유사행사 개최 여부, 관련 기관과의 협력관계 구축, 그리고 다양한 인센티브 지원사항을 비교하여 분석해야 한다. 이를 통해 유리한 사항은 부각을 시키고 약점으로 판단되면 적극적인 개선책을 제시할 수 있어야 한다. 그 외에 범죄와 테러와 관련된 안정성, 물가안정, 경제상황, 환율의 안정성, 지역주민의 환대 여부 등도 살펴보아야 할 대상이다.

3 유치활동의 전개

유치과정에서 경쟁도시가 없으면 비교적 수월하게 유치에 성공할 수 있지만, 경쟁도시가 복수 이상이 되면 치열한 유치전이 전개될 것이다. 보통 행사개최를 결정하는 방식은 유치가능지역을 압축한 후 표결을 통해서 결정하게 된다. 따라서 표결에 참여하는 위원에 대한 대응을 어떻게 할 것인가에 대한 계획이 나와야 하고, 이들을 설득할 수 있는 방안을 다각도로 모색해야 한다.

보통 유치심사과정은 서류평가 외에 현장실사가 이루어지는데, 현장실사는 주로 표결권을 갖고 있는 위원을 대상으로 하기 때문에 철저한 준비가 필요하다. 질문사항에 빠짐없이 대답할 수 있는 준비가 되어 있어야 하고, 너무 과장된 내용을 제시하다가는 오히려 역효과를 볼 수도 있기 때문에 사실에 기초한 실사를 준비하는 것이 좋다. 오류가 지적되었을 때에는 계속 부인하기보다는 사실로 인정하고 빠른 시간 안에 개선하겠다는 태도를 보여줘야 한다. 실사 프로그램에는 행사개최에 따른 인프라와 프로그램을 준비해야 하고 더불어 지역이 갖는 다양한 매력성을 적극적으로 부각시켜야 한다.

유치위원회 활동으로 인해 개최에 성공하게 되면 유치위원회는 조직위원회로 개편되며 실무를 담당할 사무국이 설치된다. 대규모 행사의 경우 업무가 많기 때문에 조직위원회와 사무국의 인력만 가지고는 해결할 수가 없다. 보통 이 경우 입찰

과정을 거쳐 가장 능력이 뛰어나다고 판단되는 PCO에게 업무의 전부 혹은 일부를 위탁할 수 있다. 사무국과 PCO의 원활한 업무협조를 위해 PCO 사무실 안에 사무국을 설치하는 경우도 있다.

4 조직위원회와 사무국의 역할

조직위원회가 구성되면 사무국과 더불어 행사개최를 위한 세부계획을 세우게 된다. 우선 세부적으로 업무를 담당할 분과위원회를 조직해야 하는데, 국제기구와 관련된 행사일 경우 의사결정을 하는데 있어서 독단적으로 하지 않고 중요한 업무는 국제기구 본부와 서로 협의하여 처리하게 된다. 그러나 때로는 양측의 의견이 엇갈려 갈등에 빠져드는 경우도 있는데, 이에 대비하기 위해 양측을 중재할 수 있는 기구나 인사를 확보하고 있어야 한다.

보통 국제기구 본부는 프로그램의 편성, 참가자격 결정, 핵심 연사결정과 관련해 의견제시를 하는 경우가 많고 개최지의 조직위원회는 회의 개최를 위한 시설 확보, 전문인력 확보, 현지운영대행사 확보, 그리고 이벤트와 관광 등의 프로그램 제작의 역할을 담당하게 된다.

사무국은 회의준비기간 중 국제기구 본부 및 조직위원회와의 소통을 담당하는 역할을 맡게 되는데, 예상되는 업무량에 따라 구성원을 차츰 늘려나가는 것이 바람직하다. 처음에는 소규모 인원으로 시작하였다가 행사가 임박할 경우 추가적으로 인력을 투입하게 되며, 업무량이 폭주하게 되면 사무국 직원 산하에 현장진행인력을 선발하여 업무에 지장이 없도록 해야 한다.

사무국의 역할은 행사의 종류에 따라 다를 수 있지만 큰 틀에서 보면 유사한 측면이 많다. 우선 행사의 성격과 취지를 정확히 파악하여 직원들에게 숙지시켜야 한다. 각각의 행사는 자체적으로 독특한 성격이 있는데, 기획과정에 있어 이러한 성격과 콘셉트를 항상 중심에 두고 업무를 진행해야 한다. 개최지의 정치상황과 경제상황도 염두에 두어야 할 사항이다.

개최일자 결정은 대개 전차대회의 시기를 파악하여 비슷하게 따라가는 경향이 있지만, 현지 기후와 관광성수기 상황을 분석하여 다른 대안을 내놓을 수도 있다. 중요한 것은 참가자를 최대한 많이 확보할 수 있는 시기를 선택하는 것이다. 사무국의 또다른 중요 역할은 재원확보와 관련된 사안이다. 일반적으로 주최측의 재정지원에 의해서 재원이 조달되는 경우가 많으나, 스폰서 확보와 기금확보를 효율적으로 할 수 있는 방안도 고려해야 한다.

등록비 산정의 핵심 기준은 전차대회 등록비와 예상참가인원이 된다. 많은 참가자 확보를 위한 편의제공 차원에서 등록비 자체에 숙박과 식비를 포함시키는 경우도 있고 때로는 환영리셉션이나 만찬 참가비를 별도의 선택사항으로 두기도 한다. 중요한 것은 등록비 책정이 잠재 참가자에게 수용가능한 수준이 되어야 한다는 것이다.

Chapter 06

국내외 주요 전시컨벤션센터

06 국내외 주요 전시컨벤션센터

C · H · A · P · T · E · R

'굴뚝없는 고부가가치 산업'이라는 평가를 받으며 경쟁적으로 시설확충을 시도해온 국내 주요 전시컨벤션센터는 MICE산업 성장을 끌어 올리는 견인차 역할을 했다는 평가를 받아 왔다. 그러나 그 이면에는 시설의 공급과잉과 가동률 저하라는 덫에 걸려 경영에 어려움을 겪고 있는 것 역시 사실이다. 치열한 국내외 MICE시장에서 살아남으려면 경영혁신과 행사 유치를 위한 전략적 선택이 중요한 시점이 되었다.

이미 전국에 1만㎡ 이상의 공간을 확보한 전시컨벤션센터가 11곳을 넘는 상황인데, 최근에 대구 엑스코와 일산 킨텍스 그리고 부산 벡스코는 대대적인 시설확장을 마무리지었고, 송도 컨벤시아는 시설확장 계획에 있으며, 울산과 경주 그리고 경남 김해시도 전시컨벤션센터 건립을 추진하고 있다. 전시컨벤션센터가 도시에 설립됨으로 인해 지역 MICE산업 발전에 기폭제 역할을 하는 것은 맞지만, 세계경제 침체로 인해 MICE산업도 성장률이 둔화되는 상황도 감안해야 한다는 지적이 이어지고 있다.

해외 주요 전시장은 최근 국제경쟁력을 갖춘 브랜드 전시회와 컨벤션을 개발하고 육성하고 있으며, 지역의 특화산업과 사회, 문화에 적합한 전시컨벤션을 개발하여 국제화, 전문화를 시도하고 있다. 이를 위해 대규모 전시회 개최를 통한 도시관광과 연계 전략 그리고 상호 시너지효과를 창출하는 메커니즘 형성에 주력하고 있다.

국내 전시컨벤션센터도 기존 회의시장에만 집중하는 인식에서 탈피해 타산업과의 융복합 전략 혹은 주변시설과의 연계를 통한 복합적 운영관리방안이 필요하다. 다행히 국내에서도 전시컨벤션센터를 중심으로 복합단지를 형성하여 다목적으로 활용될 수 있도록 추진되고 있다. 특히, 센터 주변에 관광자원 및 테마파크와 같은 엔터테인먼트 기능을 겸비하고 숙박, 쇼핑 등의 부가활동이 가능하도록 구상되고 있다.

표 6-1 국내컨벤션센터의 현황

(단위 : 억원, ㎡)

구 분	개장연도	운영기관	부지면적	전시면적
COEX (서울 삼성동)	1988. 9 2000. 5	(주)COEX	106,612	36,007
SETEC (서울학여울)	1999. 5	서울산업통상 진흥원	39,086	7,948
KINTEX (경기도 고양시)	2005. 4	(주)KINTEX	237,790	108,483
송도 컨벤시아 (인천)	2008. 11	인천도시공사	102,166	8,416
EXCO (대구 산격동)	2001. 4	(주)EXCO	20,862	22,159
BEXCO (부산 해운대)	2001. 9	(주)BEXCO	134,608	46,520
Icc JEJU (제주)	2002.11	㈜제주 전시컨벤션센터	54,876	2,586
KDJ Center (광주)	2005. 9	(지방공사) KDJ Center	53,301	9,072
CECO (창원)	2205. 9	경남도/창원시 (COEX 위탁)	41,588	7,827
DCC (대전)	2008. 4	대전마케팅공사	53,476	6,720

출처 : 각 센터 홈페이지 기초 저자 재구성

1 국내 전시컨벤션센터

(1) 코엑스(COEX)

1988년 9월에 개관한 코엑스는 "고품격 전시컨벤션 전문 Organizer 명품 코엑스 실현"의 경영이념 아래 Global Coex/Smart Coex/Green Coex를 위한 3대 경영전략을 수립 및 실천하고 있다. Global Coex를 실현하기 위해 다양한 해외기관과의 네트워크 구축. 전담부서 신설을 통해 국제화를 추진하고 있으며, Smart Coex 구축을 위하여 코엑스 전 구역 Wi-Fi Free Zone 설치, My Coex 고도화 및 Cyber 전시회 오픈 등 다양한 실천과제를 행하고 있다.

또한, Green Coex를 위하여 세계적 친환경 인증프로그램인 'Earth Check Silber' 인증(호주 EC3 Global 주관)을 아시아에서 최초로 획득하였다. 특히, 2010년 서울 G20 정상회의를 성공적으로 개최하면서 더욱 빠른 성장세를 보여주고 있고 이후 코엑스의 내방객은 연간 4천만명 이상으로 분석되고 있다.

시설관리 측면에서도 BEMS(빌딩 에너지 관리시스템: Building Energy Management System)을 개발 적용하여 시설관리의 선진화를 추구하고, 언제 어디서든 접속하여 업무수행 및 정보공유를 할 수 있도록 하였다. 또한, 사전 에너지 시뮬레이션 기능을 통해 에너지 비용 절감이 가능하도록 하였으며, 관련기술을 다른 컨벤션센터 시설에 보급 및 컨설팅 하고 있다.

코엑스의 시설현황을 보면 서울에서 가장 핵심적인 컨벤션시설로 106,612㎡의 땅에 지상 5층, 지하 5층 규모로 이루어져 있다. 극장식으로 좌석을 개조하였을 때 최대 7000명이 수용가능하며, 회의실수는 53개실(컨벤션 포함), 호텔 3개동(1461개), 주차시설 4000대를 비롯한 쇼핑가가 구축되어 있기 때문에 관광객들에게 한번에 편의를 제공할 수 있다는 장점을 갖고 있다.

그림 6-1 ● 코엑스 경영 이념

경영이념	고품격 전시 · 컨벤션 전문 Organizer로서 名品Coex를 실현		
3대 경영전략	Global Coex 아시아의 전시 · 국제회의 중심지로의 Coex 위상 강화	Smart Coex 세계적으로 Smart化가 가장 진전된 전시 · 컨벤션센터로 육성	Green Coex 무역센터를 미래, 첨단, 도심형 녹색단지로 조성
8대 주요 실천과제	■ 대형 국제회의 유치 강화 및 전시회 국제화 ■ 전시회 운영 패러다임 전환 ■ 고객중심의 현장 서비스 혁신	■ 온라인 전시장 구축 ■ 성과중심의 조직체계 및 문화 정착 ■ Mobile Service 고도화 및 확대	■ GT(녹색기술)와 IT를 융합한 친환경 시스템 구축 ■ 친환경 경영 선도 및 모범단지 조성

출처 : Green Coex Report(2011)

표 6-2 코엑스 시설 현황

회의 및 부대시설	전시 시설	운영방식
• 대지 : 106,612㎡ • 건축규모 - 지상 5층, 지하 5층 - 연면적 : 447,370㎡ • 회의시설 (총면적 : 18,404㎡, 컨벤션 포함) - 대회의실 : 극장식 7,000명 (전시홀 겸용) - 회의실수 : 53개실(컨벤션 포함) • 주요 부대시설 - 사무시설 : 2개동 - 호텔 : 3개동(1,461개) - 주차시설 : 4,000대 - 각종 편의시설	• 총면적 : 36,027㎡ - 태평양홀 : 10,368㎡ (4개 분할 가능) - 대서양홀 : 10,368㎡ (3개 분할 가능) - 인도양홀 : 8,010㎡ (2개 분할 가능) - 컨벤션홀 : 7,281㎡ (회의실 사용 가능)	• 건립 : 한국무역협회 • 부지 : 한국무역협회 • 운영 : (주)코엑스 (한국무역협회 출자) • 1988 : 구관개관 • 1996 : 확장추진 • 2000 : 확장개관 • 2004 : ISO9007인증

출처 : http://www.coex.co.kr

(2) 벡스코(BEXCO)

벡스코는 114,556.40㎡에 지상 5층 지하 4층의 규모로 건축되었으며 최대 11개의 홀을 전시공간으로 활용할 수 있다. 2011년에는 제2전시공간을 확장하여 베트남, 태국 등 미개척된 전시시장이라 할 수 있는 동남아시아의 전시회 유치에 초점을 맞추고 있으며 국내에서 킨텍스 다음으로 넓은 전시장을 소유하고 있다.

표 6-3 벡스코 시설 현황

회의 및 부대시설	전시 시설	운영방식
• 대지 : 114,556.40㎡ • 건축규모 - 지상 5층, 지하 4층 - 연면적 : 87,294㎡ • 회의시설(총면적 4,962㎡) - 대회의실 : 2,400명(극장식) - 회의실 수 : 37개실 • 주요 부대시설 - 사무시설 : 1개동 - 주차시설 : 701대 - 각종 편의시설	• 총면적:26,508㎡ - 1홀 : 8,836㎡ - 2홀 : 8,836㎡ (2개 분할 가능) - 3홀 : 8,836㎡ (2개 분할 가능) - 다목적홀 : 1,877㎡ (4개실)(분할사용가능) - Glass Hall : 4,859㎡ - 옥외전시장 : 13,323㎡	• 건립 : 벡스코(BEXCO) • 부지 : 부산시 무상제공 • 운영 : 벡스코(BEXCO) • 1998.10 : 착공 • 2001.05 : 준공 • 2001.09 : 개관

출처 : http://www.bexco.co.kr

BEXCO 전문전시장은 실내 및 야외전시장으로 이루어진 26,508m2 규모를 보여주고 있다. 이동식 칸막이를 통해 홀을 분할하여 사용할 수 있으며, 전시회뿐만 아니라 대규모 회의, 공연, 이벤트, 스포츠 행사장으로도 활용되고 있다. 실내전시장은 축구장의 3배 크기인데 약 1800여 부스가 설치가능하며, 바닥하중은 최대 5톤으로, 높이가 22.5m이다. 고객의 요구에 따라 다양한 규모의 전시공간의 설치가 가능하다.

벡스코의 경영전략은 경쟁력있는 전시컨벤션센터로 발돋움하고 부산 관광산업의 발전 및 지역경제 활성화에 기여하기 위해 품질경영시스템을 도입하고 있다. ISO 9001요건에 맞는 품질경영체제를 유지, 확립하여 고객들에게 최상의 전시컨벤션 서비스를 제공하기 위해 노력하고 있으며, 지속적인 서비스 점검과 시설점검, 서비스 개선활동을 위한 교육프로그램을 운영하고 있다.

(3) 엑스코(EXCO)

엑스코는 대구광역시의 출자로 1997년 5월 착공되어 2000년 12월 완공되었다. 2011년 대구 엑스코(EXCO)는 컨벤션복합단지 추진에 의해 시설확장 필요성이 대두됨에 따라, 확장공사가 이루어졌다. 특히, 시설을 확장함에 있어 그린 컨벤션센터 개념을 도입하여 친환경 건물을 지향하였다.

표 6-4 엑스코 시설 현황

회의 및 부대시설	전시 시설	운영방식
• 대지 : 30,472㎡ • 건축규모 - 지상 5층, 지하 4층 - 연면적 : 87,294㎡ • 회의시설 (총면적 : 5,930㎡) - 대회의실 : 4,200명(극장식) - 회의실 수 : 24개실 (지하 1층~지상 5층)	• 총면적 : 23,000㎡ - 1층 : 3,872㎡ (2개 분할 가능) - 3층 : 3,872㎡ (2개 분할 가능) - 5층 : 3,872㎡ (2개 분할 가능)	• 건립 : 대구광역시 • 부지 : 대구광역시 • 운양 : EXCO (대구광역시 출자) • 1997.05 : 착공 • 2000.12 : 완공 • 2001.04 : 개관

• 주요 부대시설 - 옥외전시장 - 연회시설 : 지하 1층 (7개실 분할, 1,223㎡) - 주차시설 : 777대 - 각종 편의시설		

출처 : http://www.exco.co.kr

기존 엑스코 건물에는 단일 건물로는 최대인 222kw급의 대규모 태양광 발전 설비가 도입되어 국제그린에너지엑스포 등 지역 내 친환경 건물의 중심으로 활용되고 있으며, 지역 주민과 관광객들이 최신 친환경기술을 접할 수 있는 장으로 활용되고 있다.

또한 확장된 전시공간은 인공에너지를 쓰지 않고 자연 에너지를 통해 전시회를 개최할 수 있도록 설계되었다. 자연채광기술을 이용해, 빛을 전시장 바닥까지 내려올 수 있도록 한 집광채광시스템이 설치되어 연간 5천만원 이상의 전기료 절감이 가능하도록 설계되었으며, 지열을 통한 냉난방설비로 사무실의 냉난방을 공급하고 있다.

그림 6-2 ▶ EXCO 친환경 기자재 설치 현황

자료 : 엑스코 홈페이지 http://www.exco.co.kr/kor/exco/green.html

(4) 킨텍스(KINTEX)

킨텍스는 대한무역투자진흥공사(KOTRA)와 경기도 그리고 고양시가 공동출자해 설립한 국내 최대 전시장이다. 국내 전시 · 컨벤션 산업의 국제화를 위해 2003년 5월 착공했으며, 2005년 4월 29일 개관하였다. 공식명칭은 '한국국제전시장(주)'이나, 2006년 12월 '주식회사 킨텍스'로 명칭을 변경하였다.

개장 2년 만에 국내 최대 규모 전시회인 서울모터쇼, 한국전자전, 한국기계산업대전, 서울국제공작기계전, 서울국제식품산업대전 등을 개최하였으며, 국내외 일류기업들의 무역 마케팅 장으로써의 면모를 높이고 있다. 일반 전시장들이 개장 후 가동률 50%를 달성하는 데 5년 이상 소요되었는데 반해, 개장 2년 8개월 만에 전시장 가동률 53%를 기록하는 등 놀라운 성장속도를 보인 바 있다.

표 6-5 킨텍스 시설현황

회의 및 부대시설	전시 시설	운영방식
• 대지 : 333,580㎡ • 건축규모 - 지상 3층 - 연면적 : 274,381㎡	• 총면적 : 53,541㎡ - 1, 5홀 : 10,611㎡ - 2, 3, 4홀 : 10,773㎡	• 건립 : 경기도 고양시, KOTRA • 운영 : KINTEX • 1999.04 : 계획확정

• 회의시설 (총면적 : 6,301㎡) - 대회의실 : 2,000명(극장식) - 회의실수 : 20개실 • 부대시설 - 주차시설 : 1,800대 (인근공용주차장 : 5,000대) - 각종 편의시설	• 야외전시장 8,295㎡(총3개홀)	• 2003.04 : 착공 • 2005.04.01. : 개관 [2단계건립 계획] • 2008.12 : 착공 • 2011.09 : 개관

출처 : http://www.kintex.com

킨텍스는 수익모델 다각화를 위한 사업전략팀의 신설로 미래사업 기획체제 구축의 발판을 마련했으며, 기존 부대 · 식음시설 관리업무의 부대사업팀을 강화시켜 상설전시장 유치 등 다양한 사업으로 확대하였다. 또한 성과와 보상이 연계되는 경쟁체제로 전환하기 위해 성과 중심의 연봉제 도입에 노사가 합의했으며. 연차에 따라 승진하던 자연승급제를 폐지하고 승급심사 기준을 강화하였다.

표 6-6 킨텍스 연도별 운영 성과

구분		2005년	2006년	2007년	2008년	2009년	2010년	2011년
전시홀 행사 개최건수	전시회	39건	50건	48건	46건	51건	62건	61건
	기 타	20건	42건	41건	44건	37건	41건	63건
	합 계	59건	92건	89건	90건	88건	103건	124건
회의실 행사 개최건수		215건	365건	376건	398건	333건	430건	442건
가동률		50%	51%	53%	51%	54%	58.5%	50.8%
참관객(외국인)		351만명 (5만명)	317만명 (4만명)	375만명 (8.6만명)	240만명 (4.7만명)	361만명 (8만명)	280만명 (2.8만명)	397만명 (3.6만명)

출처 : Global MICE Insight, vol.9, 한국컨벤션전시산업연구원

(5) 창원컨벤션센터(CECO)

창원컨벤션센터는 창원시에서 설립하였으며, 2001년 건립계획을 수립하였고 그에 따라 2002년 착공하였다. 2005년 완공되었으며, 현재 COEX 내 사업단으로 위탁운영되고 있다. 2008년 람사르당사국총회 개최를 비롯한 국내외 학회와 경남지역 전시회를 꾸준히 개최하고 있으며, 전문전시장은 7,827㎡로, 목적에 따른 분할 사용이 가능하다. 특히 빛의 광장을 비롯한 각종 편의시설로 회의뿐만 아니라 참가자들의 편의를 제공하고자 노력하고 있다.

표 6-7 창원컨벤션센터 시설현황

회의 및 부대시설	전시 시설	운영방식
• 건축규모 - 지상 6층 - 연면적 : 59,920㎡ • 회의시설 (총면적 : 2,946㎡) - 대회의실;2,000명(극장식) - 회의실수 : 12개실 • 주요 부대시설 - 지원 및 사무시설 - 주차시설 : 728대 - 빛의 광장 등 각종 편의시설	• 총면적 : 10,627㎡ - 전문전시장 : 7,827㎡ (분할 사용 가능) - 옥외전시장 : 2,800㎡	• 건립 : 경상남도, 창원시 • 운영 : (주)코엑스 (위탁운영) • 2001 : 계획확정 • 2002.12 : 착공 • 2005.09.09. : 개관 • 2008.08 : 컨벤션홀 완공 • 2008.06 : CECO연계시설 (호텔, 쇼핑 & 엔터테인먼트 시설 등)완공

출처 : http://www.ceco.co.kr

2 국외 전시컨벤션센터

(1) 싱가포르 컨벤션전시센터/Marina Bay Sands

싱가포르 컨벤션전시센터는 2010년에 건립이 되었고 규모는 전시장이 12,000 ㎡, 컨벤션홀 250개이며 극장식 행사시 12,000명 수용이 가능한 시설을 가지고 있다. 시설의 특징은 컨벤션과 박물관 그리고 카지노가 복합된 종합리조트 성격을 가지고 있다.

건립주체는 홍콩 선택그룹 자회사인 Suntec City Development로 토지는 싱가포르 정부에서 제공하였으나, 관리 및 운영에 대해서는 선택사에 전적으로 책임을 맡기고 정부는 관여를 하지 않고 있다.

특히 컨벤션센터를 회의용 장소로만 인식하는 것이 아니라 다목적으로 이용할 수 있도록 설계하였으며, SICE(Suntec International Convention & Exhibition Center)는 복합 문화시설의 기능을 가지고 12,000명을 한꺼번에 수용할 수 있도록 대회 의자를 기둥 없는 극장식으로 설계하였다.

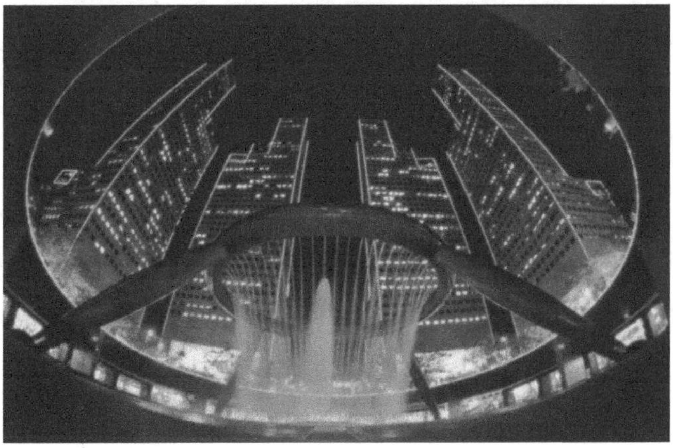

주변 지역에 극장, 백화점 등 상업시설과 함께 도심 내에 위치하여 컨벤션 지구 내에서 업무와 관광, 위락을 겸한 컨벤션 참가가 가능하며 'More Than Meeting Space'라는 프로젝트를 실시하여 행사가 개최되지 않는 시기에도 시설을 활용할 수

있도록 하였고 영화 상영뿐만 아니라 재즈, 클래식 등을 공연하는 장소로 활용하여 지역문화 발전을 위한 노력을 기울이고 있다.

(2) 프랑스 파리노르빌뺑뜨(Paris Nord Villepinte)

파리노르빌뺑트는 1982년 12월 70,000㎡로 첫 운영을 시작하였으며 지속적인 확장을 통해 현재 세계 8위의 대형 전시장으로 성장하였다. 파리노르빌뺑뜨는 파리 주요 10개 전시시설을 하나의 단일 브랜드로 통합한 운영기관인 비파리(VIPARIS)에 속해 있으며, 비파리에 의해 운영되고 있다. 규모는 242,000㎡이고 9개의 전시장을 소유하고 있으며, 옥외전시장은 42개 회의장 오디토리움은 3개를 보유하고 있다.

전시장 건물이 서로 연결되어 하나의 건물군을 형성하고 있으며, 현재에는 초기의 6배 규모에 달하고 있다. Paris Nord Villepinte는 개별 전시장을 통한 대규모 전시장을 이루기 위하여 중장기 정책에 의거, 지속적으로 시설 확장을 추진하였으며, 넓은 야외전시장은 항공관련 전문전시장으로 특화되어 있는 것이 특징이다.

Chapter 07

인센티브 투어

07 인센티브 투어

C · H · A · P · T · E · R

1 인센티브 투어의 정의

Incentive란 용어는 '조정하다', '격려하다'라는 뜻을 지닌 라틴어 Incentivum에서 유래된 용어이다. 즉 보다 높은 생산량, 판매량 또는 실적을 달성하기 위해 종사자들에게 동기부여의 수단으로 활용되는 혜택들을 말한다. 예를 들어 항공사가 고객의 총 마일리지에 따라 무료 티켓을 제공하거나, 물건을 구매하였을 때 사은품 증정, 포인트 적립에 따른 상품 제공 등이 일상생활에서 접할 수 있는 인센티브에 해당한다.

인센티브 투어란 고객에게 제공되는 인센티브의 형태가 일반 재화가 아닌 '여행'으로 나타나는 것을 말한다. 물건이나 돈처럼 소비로 인해 없어지는 것이 아니라 영원히 기억될 수 있으며 여행자의 가족에게도 기업의 긍정적인 이미지를 형성할 수 있는 장점을 갖고 있으며 참여하는 여행자들에게 최고의 경험을 제공하기 위해 가장 화려하고 치밀하게 준비되어야 한다.

인센티브 투어는 포상관광, 포상여행, 보상여행, 보상관광, 인센티브 관광 등 여러 가지로 다양하게 쓰이며, 영어로도 Incentive Tour, Incentive Trip, Incentive Travel 등으로 불리며 통일된 이름은 갖고 있지 않다. 이로 인해 단체별로 '포상'에 중점을 두거나 사원들의 '동기부여'에 초점을 맞추는 등, 다양한 해석이 이루어지고 있다.

인센티브 투어에 대해 확립된 정의는 없으나, 일반적으로 학자와 전문가들은 회사 또는 기업이 주최하여 직원, 비즈니스 관련 협력자들을 대상으로 시행하며 과거에 달성한 성과나 목표에 대한 포상, 보상적 차원이 강조되거나 동기부여의 차원에서 시행된다고 보고 있다.

관련 협회 및 관광의 측면에서 인센티브 투어는 휴식과 즐거움을 제공한다는 점에 좀더 초점이 맞추어져 있으며 기업의 경영수단임을 밝히고 있다. 이는 인센티브 투어가 관광업 내에 큰 시장으로 성장하고 있음을 반영하는 것이라 할 수 있다.

표 7-1 관련협회 및 기관의 인센티브 투어 정의

관련협회 및 기관	정 의
SITE (Society of Incentive Travel Executives) (1974년 공식 정의 채택)	뛰어난 목표를 달성한 직원에게 여행포상을 줌으로써, 직원들이 목표를 달성할 수 있도록 돕는 근대적 경영기법
SITE (Society of Incentive Travel Executives) (1990)	조직의 목표를 달성하기 위하여 업무실적이 높은 직원들을 인정해주거나 동기부여를 위해 특별한 여행 경험을 활용하는 전세계적인 경영수단
IRF (Incentive Research Foundation), (2006)	생산성을 제고하고 기타 사업목적을 달성하기 위한 수단으로 수행실적에 따라서 차별을 두어 시행하는 여행
IAPCO (IAPCE에서 발간된 용어사전 「Meeing Industry Terminology」)	참가자의 과거 성과를 보상하기 위하여 참가자에게 제공되는 프로그램 일부로서의 미팅 이벤트
Travel Industry Dictionary	뛰어난 업무성과를 달성한 직원에게 주는 포상으로서의 여행
Incentive Magazine (1996)	조직 목표를 지원하기 위한 수단으로 높은 성과를 달성한 직원들을 인식시키고 동기부여를 하기 위하여 특이한 여행경험을 활용하는 글로벌 경영수단

출처 : 한국관광공사(2011), 인센티브 투어 육성전략 수립 연구

인센티브 투어를 목적지 입장에서 조명했을 때 만약 리조트의 성격을 갖는 장소라면 도시의 복잡함을 피할 수 있어 기업 인센티브 투어에 최상의 장소가 될 수 있다(신재기, 2003). 따라서 대도시가 아닌 관광자원이 많은 중소규모 도시에서는 치열한 시장에서 살아남기 위한 방편의 하나로 기업 인센티브 투어시장에 역량을 집중하는 것도 경제활성화에 도움이 될 수 있을 것이다.

이를 위한 표적시장의 선정은 기존의 지리학적 연구(Pike, 2001)를 참조하여 근거리 혹은 원거리 전략을 별도로 세우고 가능하면 배후에 대규모 도시를 갖고 있는 것이 바람직할 것이다. 인센티브 투어 단체유치 경쟁에서 비교우위를 점하기 위해서는 기업 인센티브 투어 참가자들의 경험에 대한 평가와 그들의 행동에 대한 이해가 선행되어야 할 것이다(PCMA, 2003; Severt, et al, 2006).

그러나 현재의 인센티브 투어 업계는 각종 행사의 성격, 주최자, 그리고 참가자 등에 관한 데이터베이스 구축이 빈약한 실정이고(김정은, 2004; 대외경제정책연구원, 2004) 이는 기업 인센티브 투어시장에서 최대 고민으로 부각되고 있다.

한편, 인센티브 투어의 시장범위를 어디까지 정해야 하는 것인가를 두고도 논란이 되고 있다. 흔히 이야기하는 비즈니스 투어 시장의 성격 규정에 따라 그 범위가 확연하게 차이가 나게 되는 것이다. WTO(1992)에 따르면, 비즈니스 투어는 비즈니스를 목적으로 일상 거주지를 떠나 여행하는 사람들의 일련의 활동이라 규정짓고 있다.

이는 당일 여행이든 숙박을 하는 여행이든 '일상적인 환경'을 벗어나 있는 주요 이유가 비즈니스 과정에서 발생하는 모든 활동을 일컫는다. 다만, 직장으로서의 통근 및 지역 내에서의 일상적인 근무로 인해 발생하는 여행은 배제하고 있다(Wootton & Stevens, 1995).

Lawson(2000)은 비즈니스 투어를 콘퍼런스와 회의, 전시 및 무역박람회, 인센티브 투어, 기업 이벤트, 야외 이벤트, 비즈니스 여행 등으로 분류하고 있고, 연차총회, 주주총회, 세일즈 콘퍼런스, 프레젠테이션, 상품 품평회 및 각종 교육관련 활동도 포함시키고 있다. 또한, Wootton과 Stevens(1995)는 비즈니스 투어를 비즈니스 여행(business travel), 인센티브 회의 및 콘퍼런스로 분류하고 있는데, 비즈니스 투어 시장의 정확한 규모를 가늠하기는 어렵지만 시장은 점점 더 확대되면서 잠재력이 커지고 있다고 언급하고 있다.

이어 비즈니스 투어는 관광산업뿐만 아니라 관련 산업에 많은 추가 수익을 발생시키고 있고, 연간 빠른 성장률을 보이면서 경쟁력 있는 산업으로 발전하고 있다(Westwood et al, 2000)고 인식되고 있다. 이러한 비즈니스 투어는 다음과 같은 특징을 가지고 있다. 첫째, 관광산업 부문에서 질적인 면과 소득에 있어서 가장 상위에 위치해 있다(Davidson, 2003). 둘째, 여름과 겨울에도 높은 수요를 보이며 비수기 관광 시즌을 보완해 주는 역할을 한다.

셋째, 도시의 재생산을 유도하고 일자리 창출을 활성화하며 다른 경제부문이나 레저관광에 비해 자연재해 및 경제 침체의 영향을 덜 받는다. 넷째, 비즈니스 관광객들이 '대사(ambassadors)' 역할을 하는 순기능을 한다. 다섯째, 비즈니스 관광객의 대부분은 레저 관광객으로서 가족과 함께 재방문한다는 특성을 갖고 있다(Davidson, 2003). 마지막으로 일반 관광에 비해 환경파괴는 덜하면서 더 높은 부가가치를 발생시킨다는 평가를 받고 있다.

기업 인센티브 투어는 비즈니스 투어의 한 형태로 분류된다는 주장도 있는데(Lawson, 2000; Wootton & Stevenss, 1995), 다양한 종류의 기업회의 중 기업 인센티브 투어가 가장 많은 비율을 차지하고 있고 동시에 참가자의 비용지출도 가장 많은 것으로 나타났다(www.tourmedis.co.kr). 그러나 이러한 기업 인센티브 투어는 기존 회의시장과 영역구분에 있어서 중복되는 모습을 보이는 경우도 있어 구체적인 시장규모나 통계치를 구하는 데 어려운 측면도 있다.

2 인센티브 투어의 개요 및 발달과정

기업 인센티브 투어는 일반적으로 자동차, 컴퓨터, 금융서비스 등 영업마진율이 높은 제품이나 산업군(群)에서 많이 실시되고 있다. 기업 인센티브 투어 시장규모를 판단할 수 있는 자료를 구하는 것은 쉽지 않은데, 이는 호텔과 같은 숙박시설에서 기업 인센티브 투어의 예약을 별도로 구분하지 않는 경우가 많기 때문이다. 다만 기업 인센티브 투어 참가자의 경우 대부분 특급 호텔에 그 이용이 집중되어 특급 호텔 점유율의 5~10%를 점유하는 정도로 추정되고 있다.

초기 기업 인센티브 투어는 기업체의 우수 직원 인센티브 투어가 주를 이루었고 우수 직원의 재충전을 위한 성격이 강하였지만, 최근에는 단순 포상형태에서 벗어나 해외박람회 참관, 직원연수, 산업시찰 등 특수목적성이 부과되는 형태를 보여주고 있다. 다시 말해 기업 인센티브 투어가 MICE와 비즈니스 여행을 통칭하는 개념으로 확대된다고 볼 수 있는 것이다. 기업 인센티브 프로그램을 살펴보면 자유시간과 옵션을 중시하고, 맞춤형 인센티브 투어가 급부상하고 있으며(Juergens, 2004), 체험 프로그램이 특히 선호되고 있다는 것을 알 수 있다(Meetingsnet.com, 2003).

기존의 기업 인센티브 투어 상품 관련 평가를 위한 주요 속성을 보면 회의장의 규모, 시청각 장비, 조명, 기후, 가격 등이 도출되었으며 접근성, 편리성, 다양성, 안전확보, 회의장소에서의 서비스 제공수준 등도 중요한 요건(Hinkin & Tracey, 2003)으로 도출되었다. 또한 기업 인센티브 투어 목적지 및 관광정보의 제공수준도 주요 속성으로 고려되고 있다(Davidson, 2003).

앞서 언급하였듯이 기업 인센티브 투어에서는 체험 프로그램이 특히 선호되고 있음을 밝혔는데, 주요 체험 속성으로는 골프 등의 스포츠, 테마파티, 박물관 체험, 쇼핑, 아웃도어 레크리에이션 등이 제시되었다(Dellaert et al., 1998). 또한, Bair(2006)는 경치관람과 해변에서의 체험활동이 기업 인센티브 투어 중 가장 선호되는 요소로 언급하였고, 스파와 마사지, 와인 시음 체험, 지역주민과의 교류, 골프 활동도 인센티브 투어에 있어 중요 속성으로 제시되었다.

한편, 인센티브 투어의 발달과정을 시기적으로 구분해보면 기업체에서 현재와 같은 인센티브 투어 프로그램을 실시한 시기는 미국에서 찾을 수 있다. 1906년 미국 데이톤(Dayton)에 위치한 '내셔널캐시레지스터 회사(National Cash Register Company)'는 인센티브 투어를 통한 사원의 동기부여를 진작시킨 최초의 기업으로 70명의 판매원에게 다이아몬드로 장식된 핀과 무료 여행을 포상으로 제공하였다.

세계 경제공황기인 1930～1940년대는 인센티브 투어가 제약을 받은 시기로 나타나고 있다. 인센티브 투어가 기업에서 전 비용을 부담한다는 것을 생각했을 때, 경제적 여건과 인센티브 투어의 증감이 상호 영향을 주고받음을 알 수 있다. 이후 제2차 세계대전 중이던 1943년에는 전시경제의 일환으로 인센티브라는 용어가 사용되었으며, 이후 미국지역에서 '인센티브'의 용어 사용이 보편화되었다고 할 수 있다.

인센티브 투어가 본격적으로 활성화되기 시작한 것은 항공산업이 발달하게 된 1950년대부터라고 할 수 있으며, 1960~70년대에는 교통수단의 발달로 장거리 여행이 가능해지면서 투어상품이 다양해졌다. 이와 함께 본격적인 인센티브 투어의 활성화는 1970년대부터 이루어졌다고 할 수 있다.

1980년대에는 인센티브 투어 참가자들의 수가 확대되었는데 관련예산 배정이 늘어나고 높은 재방문율의 특징을 나타내며 인센티브 투어가 가장 호황을 맞게 되었다. 이 시기에 홍콩, 싱가포르, 태국과 같은 아시아 지역들이 스타 관광지로 부각되면서 인센티브 투어 프로그램을 개발하기 위한 정부 차원의 노력이 이루어졌다.

3 인센티브 투어의 효과

인센티브 투어는 기존의 인센티브와는 색다른 방식으로 기업내 새로운 경영수단으로 활용될 수 있으며, 투어를 통한 효과는 상여금지급을 포함한 다른 혜택보다 효과가 높은 것으로 나타나고 있다. 최고의 경험을 제공하는 인센티브 투어는, 참가자들에게 동기를 부여하고 기업에 대한 충성심을 증가시킴으로써 판매의 증가, 생산성 향상, 시장점유율 증가, 이직률 감소, 품질향상, 사기진작, 팀워크 강화, 작업습관 개선, 안전성 보장, 그리고 결근 감소 등의 긍정적인 효과를 가져올 수 있다.

일반적으로 인센티브 투어는 참여사원 뿐만 아니라 배우자나 가족들이 함께하는 여행이기 때문에 그들의 요구를 충족시킬 수 있는 매력적인 목적지를 선정하기 위한 기업내 의사결정자들의 관심이 증대되고 있다. 인센티브 투어는 규모가 일반단체관광에 비해 월등히 크고 소비지출도 많기 때문에 각 국가에서도 이들을 유치하기 위한 마케팅과 프로그램 구성에 지속적인 노력을 기울이고 있다.

4 인센티브 투어의 종류

1) 순수 인센티브 투어

순수 인센티브 투어(pure incentive tour)는 오직 즐거움을 위한 여행을 말한다. 기업 내에서 목표를 달성하였거나 큰 기여도가 있던 자에게 휴가개념의 여행 프로그램을 제공하는 것으로, 이 경우 기간 내에 사업에 관련된 회의나 판매활동, 세미나 등 공식적인 일정은 계획되지 않는다.

순수 인센티브 투어의 가장 큰 목적은 사원의 동기부여에 있다. 동남아, 호주, 유럽 등 매력적인 장소로 여행을 제공함으로써 사원들이 업무로부터의 스트레스를 해소하고 복귀하였을 때 더욱 즐거운 마음으로 업무에 집중할 수 있도록 동기를 부여해 생산성을 높이는 데 있다.

2) 판매 인센티브 투어

판매 인센티브 투어(Sales incentive tour)는 순수 인센티브 투어와는 달리 여행기간 내에 업무가 이루어지는 형태를 말한다. 투어기간 내에 할당된 업무의 목표달성을 목적으로 두며, 신상품 소개, 현지답사 및 공장 견학 등 업무성격이 강한 일정이 집중적으로 배정된다. 그러나 최근의 추세는 업무비중을 줄이고 투어 비중을 점차 확대하면서 인센티브 투어가 갖는 장점을 극대화하고자 노력하고 있다.

5 인센티브 투어 상품의 특성

인센티브 투어는 기업쪽에서 프로그램 진행을 위한 모든 경비를 부담한다는 점에서 기업의 경제적 상황, 금리 변화, 매출증진 등과 같은 경제현황에 매우 민감한 반응을 보이게 된다. 예를 들어 과거 SARS나 AI와 같은 전염병이 발생하거나 9·11 테러와 같이 위험요인이 증가하는 경우 혹은 유럽발 경제위기와 같이 시장을 불안정하게 하는 요인들이 발생할 때 많은 기업들은 계획하고 있던 인센티브 투어를 취소하거나 대폭 축소시켰다.

미국의 경우 경제위기가 발생했을 때 GM(General Motors), AIG(America International Group) 등 대형 다국적 기업들이 계획에 있었던 인센티브 투어 프로그램을 대부분 중단시켰으며, 미국 내 인센티브 투어와 관련된 업종 역시 심각한 타격을 받았다. 만약 인센티브 투어를 취소하지 않고 진행하더라도 비용부담이 많은 원거리 투어보다는 단거리 투어에 집중하는 모습을 보이게 된다. 이에 따라 투어 유치 전략도 과거와 달리 근거리에 위치한 기업체 인센티브 투어 시장을 공략하는 모습이 점차 늘고 있다.

인센티브 투어가 일반관광 패키지상품과 다른 점은 투어 참가자로 하여금 업무에 대한 동기부여를 극대화하고 직원 간 팀워크 구축을 이루어야 한다는 분명한 목적이 있다는 것이다. 다시 말해 투어 이후 회사로 복귀했을 때 기업에 대한 충성도가 강화되고 소속부서에서 업무성과가 확대되어야 한다는 것이다. 따라서 인센티브 투어를 기획하는 입장에서는 기업요구에 따른 맞춤형 콘텐츠가 제공되어야 한다는 부담감을 가질 수밖에 없다.

그림 7-1 ▶ 인센티브 투어의 특징

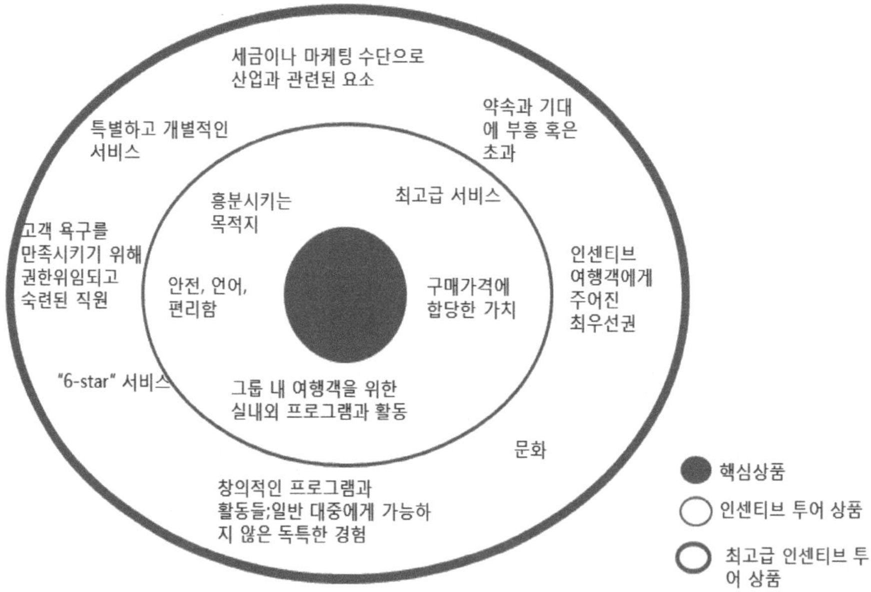

자료 : 한현정 · 윤세목(2010), 인센티브 투어 활성화를 위한 마케팅 전략에 관한 연구–제주도를 중심으로, 재인용

⑥ 인센티브 투어 유치를 위한 홍보마케팅 전략

인센티브 투어 단체를 유치하기 위한 핵심적인 전략은 인센티브 투어 실행여부를 결정하는 의사결정자를 어떻게 공략할 것인가 하는 점이다. 보통 마케팅 담당자를 보면 실제적 최종 수요자라 할 수 있는 기업을 직접 공략하지 않고 현지 중간유통을 담당하는 에이전시를 상대하는 경우가 많다. 그러나 중간판매자 대상의 마케팅은 비용대비 효율성도 떨어지고 유치 성공확률도 높지 않다.

기업체 의사결정자 대상의 직접적인 판촉을 펼치려 해도 문제는 잠재수요에 대한 정보가 너무 부족하다는 것이다. 기업체 대표의사가 의사결정을 하는 것인지, 아니면 관련부서 담당 임원이 결정을 하는 것인지 등에 대한 정보파악이 우선되어야 한다. 그리고 해당 기업체의 인센티브 투어 실행 목표와 동기부여 제시방안, 예산규모, 여행패턴, 여행 현지에서 선호하는 프로그램 그리고 최근 5년간 인센티브 투어 목적지 등에 관한 정보를 얻을 수 있으면 행사유치에 커다란 도움이 될 수 있다.

그러나 이러한 핵심정보는 민간기업 차원에서 확보하기 어려운 측면이 있어 한국관광공사나 지역 컨벤션뷰로 등 공적기관의 성격을 갖는 기관이 함께 노력을 해주어야 한다. 다른 MICE행사도 마찬가지지만 인센티브 투어는 특히 비용대비 수익성이 높은 사업이라 초기에 과감한 투자가 뒤따라야 한다. 일단 잠재고객이라 할 수 있는 기업과 마케팅 과정에서 네트워크 관계를 쌓을 수 있다면 당장 차기연도에 행사를 초빙하지 못하더라도 가까운 미래에 행사를 유치할 가능성이 크다.

한편, 행사유치를 위해서는 고품질의 서비스를 제공할 수 있어야 하는데 이를 간과하는 경우가 많다. 예를 들면 출입국 절차에 있어 일반 여행객과 같은 패턴으로 서비스를 제공하면 많은 대기시간이 소요되어 여행 초기부터 불편함을 끼칠 수 있다. 따라서 인센티브 투어 단체에 대해서는 출입국 간소화 서비스를 제공할 수 있는 방안을 모색해야 한다.

인센티브 투어 단체는 기업체 직원에 대한 단체행사의 성격을 가지기 때문에 개별여행객과는 달리 불법체류 등의 문제가 발생하는 경우는 거의 없다. 따라서 일반관광객에 비해 비자 발급에 좀더 융통성을 부여할 필요가 있고, 필요하면 개별 비자 발급이 아닌 기업차원에서 일괄비자 발급을 진행하는 등의 정책이 필요하다. 특히, 대규모 행사를 진행하는 경우 항공좌석과 숙박블럭을 확보하는데 애로사항을 느끼고 있으므로 이에 대한 관련 업체들의 협력체제 구축이 필요하다.

또한, 여행목적지에서는 일반관광객이 체험을 뛰어넘어 특화된 프로그램을 제공할 수 있어야 한다. 인센티브 투어의 목적은 성과가 뛰어난 직원에 대한 보상의 성격도 있지만, 행사를 통해 기업의 매출을 확대시키고 애사심을 높이며 동기부여를 강화시키고자 하는 특성도 있다. 특히, 행사의 주체가 기업이라는 특성상 산업시찰과 관련된 프로그램이 포함되어야 한다. 대부분의 의사결정자는 자신의 기업과 유사한 기업체를 방문하는 견학 프로그램을 원하기 때문이다. 더불어 테마파티와 팀빌딩 그리고 이벤트 행사와 관련된 매력적인 상품을 제공할 수 있다면 인센티브 투어 단체 유치가 더욱 수월할 것이다.

Chapter 08

전시회

08 전시회

C·H·A·P·T·E·R

1 전시회의 특성

1) 전시회의 유래

전시회는 Trade fair, Trade show, exhibition, exposition 등 다양한 단어로 사용되고 있다. 여기서 Fair는 휴일을 뜻하는 라틴어에서 유래한 것으로 종교적 휴일에 발생하는 사람들의 모임이 차후 물물교환을 위해 모이게 되면서 이를 일컫는 말로 사용되었으며, exhibition은 '본다'라는 의미의 라틴어에서 유래한 것으로 18세기 이후 유럽에서 발생한 한시적인 시장을 가리키는 말로 사용되었다.

단어의 어원을 통해 살펴보았을 때, 전시회는 물물교환의 목적아래 사람들이 모이는 장소라고 정의할 수 있고, 업체와 전시회의 판매 효율성을 비교해 보았을 때, 업체가 직접 고객에게 물건을 판매하는 것보다 전시회가 더 효과적인 마케팅 수단임을 밝히고 있다.

최근, 독일을 중심으로 유럽지역에서 사용되는 '메세(messe)'라는 용어 역시 종교적인 의미에서 사용되기 시작한 용어로 종교적 목적으로 물물교환을 이루다가 최근 전문화된 물물교환 장소를 지칭하는 전시회를 의미하게 되었다고 볼 수 있다. 이에 따라 전시회 및 전시회장, 전시산업을 지칭하는 용어로 메세라는 용어를 사용하는 경우가 점차 늘어나고 있다.

전시회를 나타내는 여러 단어들을 종합하면, 전시회란 사전에 주최측에 의해 설정된 주제와 목표에 따라 일정기간 동안 한 장소에서 기업이 참관객을 대상으로 제품 및 서비스를 진열해 놓고 상담을 벌이거나 판매를 위한 홍보활동을 위해 기획된 행사라고 할 수 있다.

2) 전시회의 유형 분류

(1) 참관객 특성 차이에 의한 분류

미국 전시산업연구센터(CEIR)는 전시회의 분류를 전시 참관객의 유형에 따라 3가지로 분류를 시도하고 있다. 분류에 따르면 산업전시회는 산업제품을 취급하고, 참관객이 바이어에 제한시키는 기업을 대상으로 열리는 전시회라 할 수 있으며, 이와 반대로 대중전시회의 경우 참관객들이 일반대중이라는 점에서 차이를 보이고 있다.

표 8-1 참관객의 특성에 따른 전시회 분류

분류 / 특성	산업전시회 (Trade Show)	대중전시회 (Public Shows/ Consumer Shows)	혼합전시회 (Combined or Mixed Show)
제품유형 (Product Type)	산업제품(기계류 등)	소비재(생활용품 등)	Trade Show와 Public Show의 혼합형태
참가기업 (Exhibitor)	제조업체, 유통업체	소매업자(Retail outlets) 및 직접 바이어와 접촉하려는 제조업자	제조업체, 유통업체
참관객 (Visitor)	바이어(End-user)	일반대중(General Public)	바이어, 일반대중
입장제한	바이어 및 초청장 소지자만 입장가능	입장제한 거의 없음	방문객 유형(바이어/일반대중)에 따라 참관일자에 차등 둠.
점유율	미국 전시회의 51%	미국 전시회의 14%	미국 전시회의 35%

출처 : 박의서 외 공저(2010), 『MICE산업론』, 학현사, 287p

산업전시회는 전문전시회라고도 불리며 일반인이 아닌 기업체를 대상으로 하는 Business-to-Business(B2B) 성격을 가지고 있고 바이어를 대상으로 세일즈 및 마케팅활동을 펼치는 전시회를 말한다. 참가업체는 전형적으로 관련 산업에 종사하고 있는 상품 또는 서비스 제조업자, 유통업자들이며 참관객의 경우 최종 사용자의 특징을 갖는다.

특정분야의 산업을 대상으로 개최된다는 특징으로 인해 전시회 참가자격, 비즈니스 자격 또는 사전등록은 해당 산업에 종사하는 사람들로 한정된다. 시장의 종류에 따라 3~4일 정도 개최되며 매년 혹은 격년에 한 번씩 개최된다. 산업전시회의 경우 일반적으로 종사자들을 위한 콘퍼런스나 최신 정보를 다루는 세미나를 동반하게 된다.

대중전시회는 산업전시회와는 달리 일반대중(소비자)에게 개방되는 전시회로 Business-to-Consumer(B2C)를 지향하는 전시회라 할 수 있다. 전시회에 참여하는 기업들은 전문적인 산업체라기보다 일반적인 소비재 생산기업들이 참여하게 되므로 가구, 인테리어, 관광, 컴퓨터, 가전 등 다양한 분야가 존재하고 있다. 대중전시회는 소비자상품 마케팅에서 중요한 역할을 한다. 많은 기업들이 대중전시회를 새로운 상품을 출시하기 전에 시험해 보는 자리이자 적극적인 홍보의 기회로 활용하고 있다.

참가에 제한을 두는 산업전시회와는 달리 대중전시회의 경우 일반대중(General Public)을 상대로 하기 때문에 전시회 출입에 제한을 두지 않고 등록비 또한 요구하지 않지만, 전시회의 운영재원을 마련하기 위한 입장료는 받는 경우가 있다. 국내의 경우 건강박람회, 결혼상품전시회, 건축박람회 등을 예로 들 수 있으며, 실제로 전문바이어들이 초청되어 방문하기도 하지만, 1차적으로 대중전시회는 일반소비자들을 대상으로 한 마케팅을 주로 하는 전시회라 할 수 있다.

혼합전시회는 앞서 살펴본 대중전시회와 산업전시회가 혼합된 전시회 형태를 지칭한다. 참관객은 바이어와 일반대중을 모두 대상으로 하지만, 참관일에 차이를 두고 특정날짜만 바이어에게 개방하며 이외에는 일반 대중에도 개방하는 형태를 띠고 있다. 국내전시회의 경우, 운영 및 재정적인 문제로 인해 혼합전시회 형태를 선호하는 경우가 많다.

(2) 전시회 인증제도

전시회 인증제도는 전시회 전시주최사업자가 제출한 보고서를 제3의 기관이 표준화된 기준에 따라 검증하여, 요건이 충족될 경우 인증서를 발급하고, 인증마크를 부여해 참가업체와 참관객이 신뢰를 가질 수 있도록 하는 제도이다. 전시회에 대한 객관적이고 믿을 수 있는 정보를 제공함으로써, 전시회를 활용하려는 사람들에게 공인된 근거를 제공하고, 유사 전시회들이 범람하는 전시환경에서 경쟁력을 갖추기 위한 방안으로 인증제도가 활성화되고 있다.

현재 활용되고 있는 인증제도는 국제전시연맹(UFI: Union of International Fair)에서 운영하는 국제인증제도와 산업통상자원부의 위탁을 받아 한국전시산업진흥회에서 운영하고 있는 국내인증제도로 나누어 볼 수 있다.

전시회와 관련하여 가장 큰 영향력을 행사하는 국제전시연맹(Union of International Fair)은 까다로운 기준을 통해 전시회를 검증하는 인증제도를 운영하고 있으며, 인증 여부를 기준으로 인증전시회와 비인증전시회로 구분하기도 한다. UFI는 협회의 조약에 인증기준을 밝혀두고 있으며, 인증을 받기 위한 기준은 다음과 같다.

- 전시회는 지역전시회가 아닌 국제전시회여야 한다.
- 총 전시 참여업체 중 적어도 10% 이상이 해외 참여업체여야 한다.
- 총 방문객 수 중 해외방문객이 5% 이상을 차지하고 있어야 한다.
- 전시회가 개최될 시설의 규모, 국내외 참가업체의 수, 참관객의 수는 UFI가 권고하고 있는 방법에 따라 계산되어야 한다.
- 인증을 지원할 당시 과거 2회 이상 국제규모로 개최한 연혁을 갖고 있어야 한다.
- 전시회를 개최할 때에 적절한 기자재의 공급과 참가업체들이 요구하는 서비스를 제공할 수 있어야 한다. 또한, 국내외 참가자들을 위해 등록양식과 광고매체, 카탈로그 등을 준비해야 하고, 개최지역의 언어뿐만 아니라 영어 등의 외국어 서비스가 가능해야 한다.
- 전시회는 3주를 넘겨서는 안 되며, 확정적인 일정과 기간을 갖고 있어야 한다.

출처 : UFI Internal Rules, June, 2012

위와 같은 기준들을 충족하여 전시회 인증을 받고자 할 때, UFI 위원회에 신청을 하면, 감독관이 해당 지역과 행사를 살펴본 후 인증절차를 진행하게 된다. 다만, UFI는 위 기준을 적용함에 있어 지정학적인 요인이나 자연적인 요인들로 인해 기준

준수가 어려울 경우에는 예외를 허용한다고 규정에 밝히고 있다.

한편, 국내인증을 담당하는 한국전시산업진흥회는 산업통상자원부로부터 인증제도 운영업무를 위탁받아, 국내 전시회를 대상으로 전시인증제도를 운영하고 있다. 국내에서 유사전시회가 난립함에 따라 참가업체와 참관객 수가 감소하고, 경쟁력이 약해지면서 이런 상황을 타개하고 전시회 참가업체 및 참관객에 대한 신뢰성 있는 서비스를 제공하고자 2005년부터 인증제도가 도입되었다.

인증종류로는 인증전시회와 국제인증전시회 두 가지로 분류되어 있으며, 인증을 받고자 하는 업체가 신청을 하게 되면 요건 집계기준에 따른 충족 여부에 따라 해당 부분의 마크를 부여하게 된다. 한국전시산업진흥회가 밝힌 인증절차와 종류는 〈그림 8-1〉과 같다.

그림 8-1 ▶ 인증절차

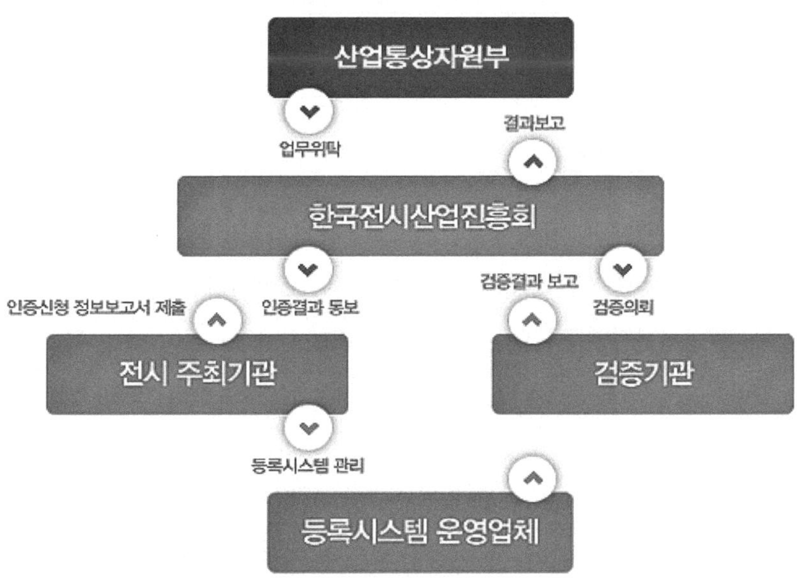

출처 : http://www.gep.or.kr/jsp/internal/display_confirm_sys.jsp

인증절차의 과정은 전시주최측으로부터 인증신청이 들어오는 것에서 시작된다. 그러면 산업통상자원부로부터 인증업무 위탁을 받은 한국전시산업진흥회가 주최측이 신청한 전시회의 데이터를 검증기관에 의뢰하여, 인증심사위원회를 개최하게 되고 그 결과에 따라 인증을 확정하게 된다.

국내 전시인증은 크게 인증전시회와 국제인증전시회로 나눌 수 있으며, 인증전시회는 데이터의 객관성만을 기준으로 하고 국제인증전시회는 데이터의 공신력과 함께 전시회 개최실적, 전시면적, 참가업체, 그리고 참관객 수에 대한 요건을 충족시켜야 한다.

표 8-2 인증 종류

인증전시회(①)	① 전시회 정보 검증(data audit) 후 부여
국제인증전시회(①+②)	② 요건 충족 - 필요조건 : 2회 이상 개최실적(3회부터 가능) 총 전시면적 5,000㎡ 이상, 참가업체 80개 이상, 참관객 5,000명 이상 - 충분조건 : 해외 참가업체 수 15% 이상, 참관객 수 5% 이상 중 1개 이상 충족

3) 전시회의 구성요소

전시회는 크게 참관객, 참가업체, 주최자, 전시시설업체 그리고 협력업체 등으로 구성되어 있고, 이들 주체를 지원하기 위해 도시마다 컨벤션뷰로(Convention Bureau)를 비롯한 전담기구들이 형성되어 있다.

(1) 참관객

참관객은 전시회를 방문하는 고객을 말한다. 참관객들의 방문목적과 의도에 따라 일반참관객, 방문객, 바이어 등 다양하게 구분이 된다. 이들은 전시회에 참여함으로써 신제품을 관람하거나 정보의 습득, 업체와의 미팅, 현황 파악 등 다양한 목적을 성취하고자 하며, 전시회의 최종 소비자라고 할 수 있다.

전시회를 방문하는 참관객들은 전시 중인 상품을 구매함에 있어 실질적인 권리를 갖고 있느냐에 따라 전문적인 참관객과 일반참관객으로 구분할 수 있다. 성공적인 전시회의 개최를 위해서는 전시회가 타깃으로 삼고 있는 표적시장 참관객의 규모와 질적 수준에 큰 영향을 받게 된다. 구매력이 높고 질적 수준이 높은 참관객을 유치할수록 이를 기준으로 더 많은 참가업체들이 전시회에 참여할 의향을 비추기 때문이다. 그러므로 기획자는 우수한 참관객 유치를 위해 각별한 노력을 하게 된다.

(2) 참가업체

업체들에게 전시회는 자신들의 상품을 판매하고 마케팅을 행할 수 있는 수단 중 하나이다. 또한 자사 상품에 대한 시장조사 및 반응조사를 비롯하여 시장의 동향분석, 정보수집, 경쟁상품에 대한 정보수집 및 분석을 시행할 수 있는 기회이기도 하다. 바이어들을 포함한 참관객의 입장에서, 참가업체의 양적 규모와 질적수준은 전시회를 방문하는 기준으로 작용하게 된다.

리스트에 나와있는 참가업체들이 산업을 대표하는 기업인지, 평가는 어떤지 등 기업의 수준과 대표성에 따라 많은 참관객을 유인할 수 있게 된다. 특히 산업군의 핵심 기업이라 할 수 있는 대표기업, 이른바 앵커부스(Anchor exhibitor)의 참가 유치는 다른 업체들의 참가를 유도할 뿐만 아니라 많은 참관객들을 유인하기 때문에 전시회 성공여부에 있어 중요하다 할 수 있다.

최근, 전시회 참가에 따른 기업부담비용이 늘어나면서 기업들은 참가목표에 적합한 전시회를 선정하고자 하고 있으며, 예산 대비 투자회수율(ROI)을 높이려는 다양한 관심을 기울이고 있다.

(3) 주최자

주최자는 상업적 전시회를 기획하고 조직·운영하는 기업들을 말한다. 이들은 전시회 개발과 운영을 담당하고 관리하는 주체로 전시회 기획, 운영, 홍보, 유치, 사후관리 등 전시회 개최 및 진행에 있어 모든 과정을 책임진다. 주최자가 기업이 아니라 공공부문이거나 협회일 경우 내부적으로 전시회 전문인력이 부족하기 때문에 전시기획자(PEO: Professional Ehixibition Organizer)나 전시회 운영업체(show management company)에게 위탁운영을 하거나 컨설팅을 받기도 한다.

전시회 주최자의 성격은 매우 다양하게 구성되는데 정부기관, 전시센터, 민간 전시회 기획업체, 협회 및 단체, 언론 및 방송사 등 각 분야에 망라되어 있다. 이 외에도 개별기업이나 대사관 등 특정주제를 갖고 소규모의 전시회를 개최하는 사례도 있다.

(4) 협력업체

협력업체란 전시회의 부스 설계를 비롯해 전시회 기간 내에 필요한 기자재의 설치 및 필요 서비스를 제공하여 물리적인 환경을 조성하는 업체들을 말한다. 크게 전반적인 서비스를 제공하는 종합협력업체(GSC: General Service Contractor)와 특정 서비스를 제공하는 전문협력업체(Specialized Service Contractor)로 분류할 수 있다. 종합협력업체는 전시회와 관련된 모든 서비스를 제공하므로, 전시회 참가업무의 수행을 용이하게 해주며, 전문협력업체의 경우 차별화된 서비스를 제공한다는 장점이 있다.

(5) 전시장 소유주체

전시장 소유주체란 전시회가 개최되는 물리적인 공간과 그에 따른 부대시설을 운영하는 주체를 의미한다. 흔히 이야기하는 전시컨벤션센터가 여기에 해당되는데, 대부분의 전시장은 규모가 크기 때문에 개인이 운영하는 것보다 국가에서 사회간접자본시설(SOC)의 일종으로 개발하여 운영하고 있다.

전시산업이 발전한 국가나 도시의 사례를 보면 전시산업을 전략산업으로 육성하면서 정부의 세금수입 증대는 물론 고용창출효과, 관광활성화와 같은 부가가치적인 효과를 누리고 있다. 이러한 이유로 세계 주요 도시는 전시컨벤션센터를 사회인프라 개념에서 접근하여 운영하고 있는 실정이다.

2 전시회의 기능

전시회는 오래전부터 시장개척에 어려움을 겪고 있는 기업들에게 좋은 세일즈 기회로 작용해왔다. 기업들은 전시회에 참여함으로써 많은 비용과 시간을 들이지 않고도 바이어들과 사업적 미팅, 실질적인 거래를 성사시켜 왔다. 이로 인해 무역거래시 발생하는 거래비용과 위험성을 획기적으로 낮출 수 있었으며, 해당 시장의 동향을 쉽게 파악할 수 있었다. 이를 비롯한 전시회의 기능은 다음과 같다.

1) 세일즈 공간으로서의 전시회

오래전부터 전시회는 국내외를 불문하고 판매를 성사시키거나 구매욕구를 촉진시킬 수 있는 시장으로서의 역할을 수행해 왔다. 전시회 참가를 통해 많은 양의 현장주문을 확보할 수 있었고 이는 참가비용을 회수하고도 많은 이익을 갖게 해주었다. 전시회가 주목을 받게 된 큰 이유는 기업이 지금과 같이 양질의 고객과 커뮤니케이션을 진행할 수단이 빈약했기 때문이다.

기업은 판매, 홍보, 마케팅, 바이어와의 미팅을 위해 바이어가 있는 지역까지 이동을 해야 했으며 이는 많은 비용과 시간을 소비하게 했다. 따라서 해외시장을 개척하기 위해서 기업들은 상당한 거래비용을 지급해야 했다. 또한 정보기술이 발전하지 않아 경쟁기업의 상품에 대한 정보수집이나 분석, 시장의 동향 파악이 매우 어려운 실정이었다. 이러한 상황에서 손쉽게 정보를 교류하고 상품을 홍보할 수 있는 장소에 대한 필요성이 제기되었고 전시회가 주목을 받게 되었다.

기업들은 기존의 바이어와 일대일로 미팅을 갖는 것보다 전시회에 참여함으로써 손쉽게 다수의 사업체 의사결정자와 만남을 갖거나 판촉 경로를 확보할 수 있었고 동시에 시장의 동향을 분석하며 고객들에게 자사 상품에 대한 반응을 파악할 수 있었다. 오늘날에는 정보망이 상대적으로 부족한 중소기업들이 전시회에 참여함으로써 판매경로를 확보하는데 성과를 창출하고 있다.

2) 통합적 마케팅믹스 전략의 활용 공간

통합적 마케팅전략은 시장조사, 상품개발, 디자인, 포장, 광고, 유통, 판매촉진, 관리 등 여러 부서에서 각각 행해지던 마케팅활동을 통합적으로 계획하여 실행하는 것을 말하며, 오늘날 상당수 기업들은 통합적 마케팅 경영방식을 전시회 참가를 통해 해결하고 있다. 이에 따라 전시회는 단발적인 참여행사가 아닌 지속적이며 반복적으로 활용해야 하는 마케팅수단으로 인식되어지고 있다.

3 전시주최자의 운영전략

1) 시장변화에의 대응

오늘날 전시산업을 둘러싼 경쟁환경은 갈수록 치열해지고 있고 유사중복 전시회 개최가 반복됨에 따라 수익성은 점점 더 악화되고 있는 실정이다. 이러한 상황에서 전시주최기업이 지속가능하게 살아남으려면 시장을 연구하고 자체 경영혁신을 시도해야 한다.

국내외 전시회 성공사례를 분석해보면 몇가지 공통점이 발견되는데 우선 전시회 입지조건의 중요성이다. 전시개최자는 전시컨벤션센터 등 전시회가 개최될 장소의 항공기 접근성과 지상교통 접근성에 대해 우선순위를 가지고 고민해야 한다. 이어 전시회 개최 업종과 관련된 유사 산업시설이 개최장소 주변에 얼마나 산재해 있는지 파악해야 한다. 전자산업과 관련된 전시회라면 개최도시 주변에 세계적인 전자제품 제조회사가 위치해 있어야 하고 관련된 하청회사가 다수 존재해야 한다.

또한 전시주최자의 콘셉트 도출능력과 행사개최 노하우가 성패에 중요한 변수로 작용한다. 콘셉트 도출은 얼마나 시장을 정확히 읽어 그에 적합한 콘셉트를 도출해 낼 수 있는가 하는 문제이고, 개최 노하우는 참여업체와 바이어 그리고 참관객의 정확한 욕구를 정확히 읽어 그에 대응하는 서비스를 제공할 수 있는가 하는 과제이다.

더불어 최근처럼 시장경쟁이 치열한 상황에서 블루오션 아이템을 발굴하고 실제 전시회 개최로 이어질 수 있는 능력이 있는가 하는 점이다. 블루오션 아이템은 고정불변이 아니고 시장상황에 따라 요동치는 경우가 많다. 세계 경제위기나 호황이 갑자기 찾아오면 업종별로 위기와 기회가 혼재하는데 이러한 시장상황을 정확히 읽어 내는 전략이 필요하다.

또한 최신 마케팅 트렌드를 전시회 개최에 접목시키려는 노력이 필요하고 웹사이트도 저비용으로 참여업체와 바이어를 이끌 수 있는 훌륭한 수단이 될 수 있다. 홈페이지에 참여업체 정보를 충실히 담아 지속적으로 고객에게 제공하는 서비스는 언제나 힘을 발휘하고 있고, 특히 사전에 온라인으로 바이어와 참여업체간 미팅 스케줄을 성공적으로 잡아 줄 수 있는 능력이 필요하다.

성공 전시회의 또다른 여건은 홍보활동의 중요성이다. 어려울수록 홍보활동에 더 많은 비중을 할애하는 것이 중요한데 경제가 위축되는 시점에 모두들 홍보활동에 비용절감을 꾀하고 움츠려 들 때 오히려 공격적으로 홍보활동을 강화해서 성공적인 전시회 개최에 성공한 사례도 많이 볼 수 있다.

마지막으로 고객 맞춤형 전시회 아이템 개발이 필요하다는 것이다. 시장은 항상 변한다고 언급했는데, 표적시장을 적절하게 선정하기 위해서는 시장조사와 더불어 인구통계학적으로 가장 유효한 집단이 무엇인지 분석해내야 하고, 이러한 집단 특성에 맞는 전시회 개최로 연결되야 하는 것이다. 아래의 고양국제꽃박람회는 가족을 표적으로 한 맞춤형 행사라 할 수 있다.

관람객 맞춤프로그램 주효
가족단위 방문객 체험공간 마련

'고양국제꽃박람회'는 국내 화훼산업의 발전과 화훼농가의 수출입 판로개척, 우리 꽃 소비촉진을 위해 지난 1991년 처음 개최됐다.

한국고양꽃전시회는 2010년 작년기준 국내 17만 1116명과 해외 1만 494명 등 총 18만 1610명이 참가하는 등 작년 열린 국내 전시회 중 해외관람객이 가장 많이 찾은 전시회로 유명하다. 이런 여세를 몰아 올해는 전체 관람객이 26만 3000명이 관람해 그 성장세가 해외 유명 전시회 못지않다는 평이다.

꽃박람회가 관람객들에게 많은 사랑을 받고 있는 이유를 묻자 전시관계자는 전시회를 찾은 다양한 관람객을 위한 '맞춤형 프로그램'이라고 답했다.

먼저 5000종이 넘는 5000만 송이의 다양한 꽃들로 꾸며진 전시회는 25개의 테마별로 주제에 맞게 각각 아름다운 정원을 선보이며 관람객으로부터 탄성을 자아내도록 했다.

여기다 부대행사도 특별하다. 100회가 넘는 예술공연과 가족이 함께 할 수 있는 다양한 체험프로그램으로 가족단위 관람객에게 다양한 볼거리와 체험의 시간을 제공한다.

또한 전시회를 찾은 관람객을 위해 시장보다 저렴한 가격에 꽃을 구매할 수 있도록 화훼판매장을 운영해 전시회를 찾은 부부 및 연인들에게 소중한 마음을 표현할 수 있도록 배려했다.

해외 바이어 초청도 전시회 성공에 한 몫 한다. 주최측은 영세한 국내 화훼농가의 수출판로 개척에 도움을 주기 위해 러시아, 일본, 중국 등 해외 바이어를 초청해 행사 첫날 국내 농가와 바이어를 연결해 주는 수출상담회를 개최한다. 이를 통해 국내 화훼농가의 수출 물꼬를 터주고 바이어 역시 저렴하면서 다양한 한국산 꽃을 구매할 수 있도록 비즈니스 무대를 연출했다.

이처럼 가족, 연인, 화훼농가, 바이어 등 참가한 다양한 관람객을 위해 맞춤형 이벤트를 연출한 것이 관람객에게 많은 어필을 한 것 같다는 게 관계자의 설명이다. 또한 더 많은 국가에서 참가할 수 있도록 새로운 이벤트 발굴을 통해 고양꽃박람회가 명실공이 국제적인 전시회로 발돋움할 수 있도록 힘쓰고 싶다고 덧붙였다".

(주간무역, 2011년 5월 20일자 기사)

2) 참여업체에 전시공간 할당

참여업체에 전시공간을 할당하는 것은 전시주최자에게 매우 중요한 의사결정과정이다. 왜냐하면 누구나가 참관객의 눈에 띄는 장소와 홍보효과가 높을 것 같은 위치에 부스를 설치하고픈 욕구가 있기 때문이다. 전시공간을 할당하는 데에는 여러 가지 방법이 있는데, 주의할 것은 공간할당 기준을 한 번 선택하면 다음 해에 참가하는 업체들은 그 기준을 염두에 두어 참가를 준비하기 때문에 여간해선 바꾸기가 어렵다는 것이다.

첫째, 가장 단순하면서도 공정성을 가져올 수 있는 방법은 선착순 방식이다. 이 방식은 전시참여 신청서의 영수증이나 우편소인 순서에 따라 처리된다. 여러 지원서가 같은 날에 도착할 때, 전시관리자는 단독부스 요청 전에 복합부스요청에 공간을 우선 할당하거나 회원의 요청을 먼저 처리하는 것과 같이 다른 기준을 사용할 수 있다.

둘째, 전시관리자는 우선권 지정 시스템을 사용하여 전시회에 해마다 참가하는 업체에 대하여 사용공간과 비례하는 가산점을 부여한다. 대신 전시공간을 우선으로 할당받기 위해 참가업체가 지원서를 제출해야 하는 마감기한이 있을 수 있다. 참가업체들은 점수에 의해 순위가 매겨지고, 그에 따라 공간을 할당받는다. 마감 후에 전시관리자는 선착순으로 공간을 할당한다.

업체 간 갈등을 막고, 가장 설득력있게 적용되는 기준은 전시회의 참가횟수를 기준으로 삼는 것이다. 해당 전시회에 업체가 몇 번 참석했는지 빈도를 기준으로 점수를 준다면, 참여업체 규모에 상관없이 좋은 공간을 받을 수 있을 것이며 여기에서 탈락된 신청업체도 불만을 제기하지 못할 것이다.

셋째, 사전판매 시스템이다. 전시관리자는 전시가 진행되는 동안 차년도 전시회를 위한 공간배정을 미리 할당할 수 있다. 이러한 시스템을 활용하면 주최측은 내년도 참가자를 미리 확보하여 안정적인 수입을 보장받을 수 있고, 업체측에서는 원하는 자리를 미리 선점하여 준비할 수 있다는 이점을 갖고 있다. 또한, 사전 판매의 경우 기존 부스 판매가격보다 할인된 가격으로 제공되기 때문에, 업체의 지속적인 전시회 참여가 결정된 상태라면 사전 판매기간에 등록하는 것이 훨씬 효과적이다.

3) 예산관리

전시기획가가 전시운영에 필요한 비용을 산정했다면 그에 따른 수입과 지출금액은 어느 정도인지 분석해야 한다. 전시회 개최는 시장환경에 따라 성패가 좌우되는 경우가 많고, 전시회 개최결정과 실제 행사가 열리기까지 준비기간이 길기 때문에 중간에 어떤 돌발상황이 발생할지 모른다. 따라서 불확실성에 대처할 수 있는 위기관리 능력이 필요하고 항상 예비비를 적정수준 확보할 수 있어야 한다.

예산의 수입과 지출에 가장 큰 영향을 미치는 요소가 전시공간의 확보이다. 너무 좁아서도 안되고 필요이상으로 공간을 확보하면 예산낭비의 요인이 될 수 있다. 따라서 필요한 전시공간이 얼마나 되는지 체계적인 분석을 통해 결정해야 한다. 더불어 공간임대 비용이 적절한지도 판단해야 하는데 다른 전시회 개최 상황과 비교하여 분석할 수 있다.

일반적으로 전시공간은 부스의 숫자나 공간의 면적을 기준으로 산정된다. 부스 판매를 통한 기대수익을 산정할 때, 부스가격이 참가자에게 일괄적으로 적용되는 것은 아니며, 참여업체가 특별회원이나 협력업체일 경우 제공해야 하는 할인 혜택도 염두에 두고 결정을 해야 한다.

전시회 개최 시 수입항목에 영향을 미치는 또다른 중요요소는 개최도시 스폰서의 확보이다. 지역 내 관련 기업에게 전시회 개최의 타당성과 개최효과 등을 설명하고 전시회 개최로 인한 지역기업 혜택 등을 설명하여 후원을 요청할 수 있다. 스폰서 계약을 통해 전시 주최측은 필요한 예산을 충당할 수 있고, 지역기업은 전시회 기간 홍보를 할 수 있는 기회를 얻을 수 있다. 따라서 중요한 것은 스폰을 통한 주최자와 지역기업이 얼마나 윈-윈 할 수 있는지 여부가 될 것이다.

전시회 예산기획 사례

전문 전시회 예산편성 예시

기준

- 개최지 : 국내 A 전시컨벤션센터
- 임대기간 : 7일 기준 (장치 2일, 개최 4일, 철거 1일)
- 국제 전시회 기준

1. 수입항목

(단위 : 원)

분류	내용	금액
가. 전시회 수입	1) 부스 판매료	330,000,000
	가) 조립	1,800,000×100부스=180,000,000
	나)독립	1,500,000×100부스=150,000,000
	2) 입장료	2,000×5,000명=10,000,000
	3) 디렉토리 광고료	1000,000×5page=5,000,000
나. 정부보조금	전시산업진흥회 또는 지방자치단체	50,000,000
수입 계		395,000,000

2. 지출

(단위 : 원)

분류	내용	금액
가. 전시장 임대료	1) 임대료	1,200원/㎡×7일×4,400=36,960,000
	2) 관리비	200원/㎡×7일×4,400=6,160,000
	소계	43,120,000

나. 전시장치비	1) 조립부스 설치비	300,000원/부스×100부스=30,000,000
	2) 통로 카펫	4000원/㎡×2200s/m=8,800,000
	3) 전시장치물 (아치, 현황판, 매표소, 내부배너 등)	2,000,000×5개소=10,000,000
	소계	48,800,000
다. 광고선전비	1) 일간지광고비 (매경/한경)	5,000,000×2회=10,000,000
	2) 지역일간지	2,500,000×2회=5,000,000
	3) TV SPOT광고	10,000,000
	4) 전문지 광고(국내외)	15,000,000
	5) 거리 입간판 (배너, 육교현판)	10,000,000
	소계	50,000,000
라. 도서인쇄비	1) 브로슈어 제작비	@2000×3000매=6,000,000
	2) 포스터 제작비	@500×3000매=1,500,000
	3) 디렉토리 제작비	@2000×2000부=4,000,000
	4) 기타 인쇄비(초청장, 신청서, 메뉴얼)	4,500,000
	소계	16,000,000
마. 지급수수료	1) Agent 수수료 • 부스판매료의 20% • Agent유치비율 50%	총 부스 판매수익×20%×50% =33,000,000
	2) 경비원/도우미 고용	@50,000원×20명×7일=7,000,000
	3) 등록시스템 운영	10,000,000
	4) 기타 지급수수료	5,000,000
	소계	55,000,000
바. 해외바이어 초청비	1) 숙박료(2박 3일)	@200,000×50명×2박=20,000,000
사. 일반 운영비	1) 통신비	월1,000,000×12월=12,000,000
	2) 회의비	30,000×10인×10회=3,000,000
	3) 업무추진비	월1,000,000×12월=12,000,000

	4) 기타 운영비	월500,000×12월=6,000,000
	소계	33,000,000
아. 부대행사비	개막식, 리셉션, 설명회 등	@5,000,000×5회=25,000,000
자. 직원 인건비		@2,500,000×12월×2명=60,000,000
지출 계		**350,920,000**

4 기업체의 전시회 선정

1) 선정기준

기업이 전시회에 참여함으로써 판매 및 마케팅 활동을 진행하기로 결정하였으면, 어떤 전시회가 있는지 우선 파악하고 이후 기업의 경영전략에 가장 부합하는 전시회 참여를 결정하면 된다. 전시산업의 폭발적인 양적 팽창으로 오늘날 수많은 종류의 전시회가 존재하고 있는데, 이들 중 기업 자신에게 가장 적합한 전시회 참여를 선정하는 것은 쉬운 일은 아닐 것이다.

선정에 필요한 주요 요소를 보면 개최장소, 산업분야와 전시회 종류의 일치 여부, 참여비용 등이 있는데, 단순히 이러한 기준뿐만이 아니라 기업의 참가목표에 적합한 유망 전시회이어야 하고, 나아가 기업의 인지도를 제고하며 판매증진이라는 목적도 달성할 수 있는 전시회를 선정해야 한다. 일반적으로 전시회를 선정하기 위해 고려하는 사항은 다음과 같다[2].

- 참가목표와의 적합성
- 전시회의 명성/평판
- 전시회 운영에 대한 평판
- 부스 임차비용과 운영비용

2) V. Kijweski, E. Yoon and Young G(1993). –김용관(2007), 『기업과 전시회마케팅』, 백산출판사, p.131, 재인용.

- 전시회 예상 방문객의 양적 규모와 질적 수준
- 예상되는 세일즈 리드의 양적 규모와 질적수준
- 다른 참가업체들의 리스트
- 시기와 장소

2) 선정과정에서 고려해야 할 요소

(1) 마케팅전략과 참가목표에 대한 이해

먼저 기업은 자사의 전시회 참가목표에 대한 이해와 함께 산업의 동향과 추세, 자사의 제품 또는 서비스의 특성, 주요 표적시장 및 자사의 전체적인 마케팅전략과 목표 등을 포함한 기본적인 사항에 대해 정확한 이해를 해야 한다. 특히 참가목표에 대한 이해는 전시회 선정에 큰 영향을 미치기 때문에 정확하게 이루어질 수 있도록 해야 한다.

이를 위해서 먼저 표적시장의 고객을 이해하기 위한 정보수집이 이루어져야 한다. 자사의 전시회 참가목표와 전시회의 성격이 잘 부합되는지 여부를 파악하기 위해서는 고객의 특성에 대해 파악해야 하는데, 이러한 평가작업을 위해 업계 전문지, 각종 동향 보고서, 협회 간행물, 인터넷 등을 통해 잠재고객에 대한 정보를 수집해야 한다.

기업 내부조직이 세분화되어 있을 경우 부서간 협력을 통해 다차원적인 방법으로 정보수집이 선행되어야 하며, 마케팅 담당자를 포함한 전사간 커뮤니케이션을 통해 마케팅전략과 목표달성을 위해 경영진들이 전시회에 대해 갖고 있는 기대와 관점 역시 파악해야 한다. 수집된 정보는 프로파일 작성을 통해 체계화시켜 놓을 수 있도록 하며, 차후 이 프로파일은 전시회뿐만 아니라 장기적으로 기업의 마케팅 활동을 위해 쓰일 수 있도록 하는 것이 바람직하다.

(2) 전시회에 대한 고객 인식조사

표적시장에 대한 이해를 통해 잠재적인 고객들의 명단이 작성되었으면, 이들을 대상으로 과거 참석했던 전시회와 그에 대한 평가와 관심도 등을 알아볼 수 있도록 해야 한다. 전 고객을 대상으로 인식조사를 시행하는 것은 시간과 비용측면에서 부담스럽기 때문에 표본을 추출하여 조사를 시행하게 되는데, 이 표본은 표적시장을 대표할 수 있도록 선정해야 한다.

방문객인 바이어들의 입장을 파악하는 것 역시 매우 중요한데, 과거 가장 만족스럽고 인상깊었던 전시회에 대한 기억을 추려내어 조합을 하게 되면 바이어들이 진정으로 원하는 전시회 운영방향에 대해 알아낼 수 있다. 또한 사전조사를 통해 미처 파악하지 못했던 신규 전시회의 강점과 약점에 대한 정보 습득도 가능하다.

고객 인식을 분석하는 방법은 다양하게 존재하나, 보편적으로 우편조사, 인터넷 조사, 업계 전문지 구독률 등을 통해 가능하다. 그리고 보다 중요한 것은 정보 자체에 대한 고객의 직접적인 반응인데, 분석을 위해서는 고객 심층 인터뷰나 업계 전문가 인터뷰가 필요할 수도 있다.

(3) 전시회 목록 작성

표적시장에 대한 분석과 고객의 인식조사 후에는 기업이 참여할 수 있는 전시회에 대한 목록을 작성하고 그 전시회에 대한 분석이 필요하다. 오늘날 수많은 전시회와 유사전시회로 인해 개최건수가 급증하여 정보를 수집하는데 어려움이 있을 수 있으나, 업계 전문지, 인터넷, 관련 협회의 웹사이트를 통해 자신의 기업이 속한 분야의 전시회를 파악할 수 있도록 해야 하며, 여러 뉴스기사를 통해 개최 내역, 전시회별 참가자 특성, 성과 등을 분석해 놓을 수 있도록 한다.

(4) 주최자와의 접촉

전시회에 대한 분석이 끝나면 전시회 주최측과 접촉하여 참가자에 대한 정보와 차후 프로모션 방향에 대한 정보를 수집해야 한다. 기업의 참가목표의 기본전제는 질적 수준이 높고 구매력이 있는 참관객을 얼마나 많이 끌어들이느냐가 관건이 되는데, 이를 위한 핵심정보는 인구통계적 특성부터 지리적 분포, 관심도, 구매영향력, 구매예산 등이 포함된다.

그러나 입장을 바꾸어 주최측 입장에서는 기업이 원하는 핵심정보를 함부로 넘겨줄 수만도 없다. 정보가 고객을 통해 시장으로 흘러들어가면 경쟁전시회에 정보가 새나가는 상황이 되기 때문이다. 따라서 고객 확보와 정보 보안 사이에서 고민하는 주최측을 대상으로 기업측은 얼마나 효율적으로 정보를 확보하는가에 대한 고민이 있어야 한다.

그리고 기업은 주최측에 전시회 프로모션 전략에 대해 자료를 요청할 수 있다. 프로모션의 방향과 수단 그리고 표적시장 선정 등을 기업경영전략과 비교분석하여 전시회 참가비용 대비 성과를 어느 정도 창출할 수 있겠는가를 대략적으로 파악할 수 있어야 한다.

전시회 개최지역이 너무 멀어 접근성이 양호한지 확인해야 하고, 전시회 개최지역이 기업에서 설정한 주요 시장공략 지역인지도 더불어 고민해야 한다. 또한 국내에서 국제전시회가 개최된다 하더라도 참관객 중 대다수가 국내 참관객일 것이며 해외 참관객은 소수 바이어에 그칠 가능성이 크다. 그러므로 사전 조사를 통해 해외 바이어들의 영향력을 분석하여 매출상담에 실질적인 도움을 받을 수 있는지도 확인해야 한다.

5 전시회 참여기업 예산편성

많은 국내기업들이 전시회에 참가하면서 적절한 예산편성에 대응하지 못하면서 비용대비 성과창출에 어려움을 겪는 경우가 많다. 예산은 프로젝트를 수행하는데 있어 로드맵 역할을 하기 때문에 전시담당자들이 신경을 써야 할 부분이라 할 수 있다. 그러나 기업측 예산관련 담당자는 보통 최고의 전문가가 아니기 때문에 예산편성 업무시에 전시회 개최측 전문가의 자문을 받는 것이 좋다.

대부분 참여기업의 전시회 예산배정은 마케팅활동을 어떻게 수행해 나갈 것인가에 주의를 기울이는 경우가 많은데, 전문기획자는 한단계 더 나아가 마케팅활동을 통한 투자회수율 확대에 집중하는 전략적 설계를 한다. 따라서 기업담당자는 전시회가 끝나고 난 후 자신들의 참여성과를 파악하기 위해 투자회수율과 관련된 성과분석을 수행하는 것이 바람직하다.

1) 전시회 참가에 따른 지출 항목

전시회에 참가해 본 경험이 있는 기업은 과거 참가했던 전시회에서 집행한 내역을 바탕으로 필요에 따라 항목별로 예산을 증감하는 것이 보편적인 행태이다. 그러나 시장환경이 빠르게 변화하고 기업경영전략도 수시로 변하기 때문에 이러한 상황을 반영한 예산책정이 가장 바람직하다고 볼 수 있다. 전시회에 처음 참가하는 기업의 경우는 전문 컨설턴트의 자문을 받는 것이 필수적인데, 예산수립과정에서 어느 항목의 비용을 늘리고 줄였는지에 따라 행사기간 내에 기업의 활동방향과 범위가 정해진다.

2) 지출관련 주요 항목

(1) 부스 공간 임대

예산수립에서 가장 먼저 다루어져야 할 부분은 임대하려는 부스 공간면적을 산출하는 것이다. 처음 참가하는 기업은 대부분 기본 부스규모로 참가하는 경우가 많다. 필요 면적을 산출하기 위해서는 부스 담당직원과 방문객 수를 예측하고 여기에 비품 점유공간을 합산하면 필요한 전체 부스 면적을 구할 수 있다.

혹은 경쟁업체나 다른 주요 기업들의 부스 임대면적이 변수로 작용할 수도 있다. 부스가 클수록 화려하고 참관객들의 시선을 끌게 되는 장점이 있으므로 기업이 새로운 시장진출을 모색하기 위해 전시회에 참가하는 것이라면 다른 항목에서의 예산을 줄이고 부스 임대면적을 늘리는 것도 하나의 방법이 될 것이다. 반면 경쟁업체를 의식해 필요이상의 과다한 부스를 빌리려는 '전시효과'에 기대고자 할 경우 오히려 역효과를 낳을 수도 있다.

(2) 부스 인테리어 및 전시비용

부스는 전시회에서 회사를 나타내는 상징이기도 하지만, 무엇보다 중요한 것은 자사의 표적시장에 해당하는 참관객들을 많이 유인하기 위함이다. 그러므로 부스는 참관객들의 관심을 유도할 수 있도록 마케팅 관점에서 디자인되어야 한다. 부스 설치는 보통 세 가지 유형으로 분리된다.

첫째, 독립 부스는 전시회에 참가하여 기업을 홍보하거나 강인한 인상을 남기기 위해 선택하는 사안으로 기업에 적합한 맞춤형 부스를 설치할 수 있다. 기업이 소비자에게 전달하고자 하는 콘텐츠를 효율적으로 소통할 수 있고 참관객들의 이목을 끌 수 있는 장점이 있지만, 설치비용이 기본부스에 비해 비싸다는 흠을 가지고 있다.

둘째, 기본부스 예산이 제한되어 있을 때 혹은 전시회 참가성과에 대한 확신이 서지 않아 비용절감을 염두에 두고 있을 때 선택하는 경우가 많다. 물론 부스 근무직원의 역량에 따라 전시회 참가성과가 다르게 나올 수가 있지만, 참관객 입장에서 보면 기본부스와 독립부스를 대하는 인식이 차이가 나는 것은 어쩔 수 없을 것이다. 기본부스는 설치와 해체 등이 간편하다는 장점을 가지고 있지만, 디자인이 단조로워 참관객의 눈길을 어떻게 확보할 것인가가 관건이 될 것이다.

그래픽 제작 역시 참여기업이 신경을 써야 할 부분이다. 부스선택시에 이미 그래픽을 어떻게 전개할 것인가를 동시에 고민해야 하는데, 가능하면 최근의 트랜드를 반영하는 것이 바람직하고 기존에 사용되었던 작품을 다시 사용할 수도 있지만, 기업이미지 쇄신과 신규고객 창출을 위해서는 다소 비용을 감수하더라도 전시회 참가 때마다 새로운 그래픽 제작을 시도하는 것이 바람직하다.

(3) 부스 근무직원 선발 및 교육비용

기업입장에서 부스에 근무할 직원을 차출할 때에는 기업의 경영전략과 마케팅 활동에 대한 이해가 가장 뛰어난 직원을 선발해야 한다. 그래야만 파워바이어나 참관객을 대상으로 기업의 상품판촉을 효율적으로 행할 수 있기 때문이다. 그러나 보통은 전시회 참가에 대한 인식이 부족하여 경험이 많지 않은 직원을 부스 근무자로 선정하는 경우도 적지 않다.

전시회 참가는 앞서도 언급했지만 정해진 시간과 공간에서 가장 효율적으로 다수의 바이어를 상담할 수 있고, 참관객 분석을 통해 표적시장에 대한 이해를 얻을 수 있는 절호의 기회인 것이다. 만약 파워바이어가 특정 부스를 방문해 상담을 하는데 경험도 없어 보이고 의사결정에 관여도 하지 못하는 위치에 있는 직원이라고 인식된다면 상담과정에 성의를 보이지 않을 것이다.

따라서 기업입장에서 최선의 선택은 역량이 뛰어난 직원을 선발하는 것이지만, 전시회기간 동안 핵심인재가 회사를 비우게 되면 이 또한 기업입장에서 손실을 가져올 수도 있다. 따라서 현실적 여건이 따라주지 않는다면 다소 역량이 떨어지는 직원일지라도 교육과 관련된 비용지출을 과감하게 집행하여 효과적으로 교육활동이 이루어지도록 해야 한다. 기존 사례를 보더라도 교육을 받고 부스에 참여하는 직원과 그렇지 않은 직원 간에는 성과창출에 유의한 차이를 보였다는 내용이 제시되고 있다.

(4) 마케팅 및 사후관리 비용

기업입장에서 전시회 참여관련 가장 많은 비용지출이 이루어지는 부분이 마케팅활동과 관련된 부분이다. 마케팅비용은 전시회 기간뿐만 아니라 행사 이전에도 집행이 이루어져야 한다. 성과창출을 극대화하기 위해서는 사전에 파워바이어와 미팅 일정을 잡아야 하고 기업홍보를 위한 각종 내용물을 온라인과 오프라인을 통해 전달할 수 있어야 한다.

그러나 대부분의 경우 사전프로모션의 중요성을 간과하여 예산배정을 충분히 하지 않는 경우가 많은데, 이는 행사기간 아무리 열심히 판촉활동을 펼친다 하더라도 한계에 직면하게 될 것이다. 행사가 끝난 이후 사후관리도 고객과의 관계정립에 중요한 영향을 끼치게 되는데, 고객과의 미팅에 대한 소회와 지속적인 관계유지를 원하는 내용을 담은 감사편지는 좋은 판촉수단이 될 것이다.

왜냐하면, 전시회 상담의 효과는 보통 바로 나타나는 것이 아니라 중장기적으로 나타나는 경우가 많고 차기 행사에서 해당 바이어를 다시 만나게 되는 경우 상당히 친밀한 관계로 발전할 가능성이 크다.

6 전시회 프로모션

1) 전시회 프로모션의 의의

전시회 개최를 준비하는 주최측 입장에서 보았을 때 성공적인 전시회 개최는 양질의 참여업체와 파워바이어 그리고 열성적인 참관객을 유치하는 것이라 할 수 있다. 이처럼 전시회 핵심 주체들을 성공적으로 끌어들여 멍석을 깔아줄 수 있다면 세일즈 성과는 각 주체가 자연스럽게 달성할 수 있을 것이다. 그러나 최근 유사 전시회 개최가 늘어나고 시장경쟁이 치열해지면서 성과창출이 더욱 어려워지고 있는 실정이다.

따라서 핵심 주체들을 성공적으로 유치하려면 사전마케팅에서 시작하여 현장마케팅과 사후관리 마케팅까지 전시회 개최를 둘러싼 전 과정에 프로모션 활동이 진행되어져야 한다. 자신이 개최하는 전시회에 참여를 희망하는 주체는 분명히 경쟁 전시회에서도 초청을 원하는 대상이다. 이러한 시장환경에서 전시회의 비교우위를 호소하지 못하면 매력적인 전시회 주체들은 관심을 두지 않을 것이다.

따라서 전시회 프로모션의 시작은 전시회에 대한 강점과 약점 분석을 한 후 약점에 대해서는 개선책을 마련해 고객의 불안이나 불신을 떨쳐낼 수 있어야 하고 강점에 대해서는 고객이 이해하기 쉽게 설명하고 설득할 수 있어야 한다. 이 과정에서 진실하지 않은 과장광고나 허위사실을 말하는 경우 고객은 단기적으로는 호응할지 모르지만 결국 전시회를 떠나게 될 것이다.

2) 전시회 프로모션 전략

(1) 사전프로모션

앞서 언급하였듯이 전시회 프로모션은 전시회 개최 이전부터 사전프로모션이 실행되어야 한다. 사전프로모션 성패에 따라 전시회에서 참여를 바라는 핵심 주체를 초청할 수 있을지 여부가 판가름 나는 것이다. 따라서 전시회 개최를 준비중인 직원에게 경쟁 전시회의 동향을 파악하면서 사전 프로모션의 전략을 치밀하게 짜도록 유도해야 할 것이다.

사전프로모션 전략을 짜는데 있어 첫 번째 업무는 잠재고객에 대한 시장세분화를 통해 접근방식에 대한 수단을 정해야 하는 것이다. 고객층은 크게 반드시 초청해야 할 핵심고객, 지속적으로 참여해온 기존고객 그리고 새로이 개척을 해야 하는 신규고객으로 나뉠 수 있다. 우선 핵심고객에 대해서는 정확한 리스트를 확보하는 것이 중요하다.

구매가능성이 높은 신규 고객사 임원, 협력 사업체의 임원 등이 핵심고객이라 할 수 있는데, 이들에 대한 개별적인 접촉은 어려울 수 있으므로 어떤 단체에 소속되어 있고 활동영역은 어떻게 되는지 파악하여 접촉할 수 있는 방안을 강구해야 할 것이다. 기존고객의 경우 앞서 언급한 세 집단 중 가장 비용이 적게 소요되는 집단이다. 그렇지만 소홀히 다룰 경우 언제든지 떠날 수 있는 고객층이기에 전시회 측에서 지속적으로 관심을 갖고 있다는 표현을 해주어야 한다. 더불어 전시회에 대한 충성도를 높이기 위해서는 긍정적인 이미지를 줄 수 있도록 PR 활동에도 소홀해서는 안될 것이다.

신규고객은 잠재고객이라고도 할 수 있는데, 전에 전시회 측에 접촉경험이 있거나 기존 전시회에서 참여기업 부스를 방문했던 기록이 있는 집단이 대상이 된다. 역시 관건은 이들 집단에 대한 정보를 확보해야 하는데, 부스 참여업체의 협력을 통해 리스트를 확보한 후 집중적으로 프로모션을 시행하는 것이 효율적인 방법이 되겠다. 신규고객 유치비용은 기존고객 유지비용보다 더 많이 소요되기 때문에 예산적 측면을 신중하게 고려해야 한다.

사전 프로모션 방안으로는 파워 고객의 개별접촉, 관련 전문지 광고, 직접 우편 발송, 텔레마케팅 등의 수단이 있지만, 가장 효율적인 방안은 역시 개별 접촉일 것이다. 개별 접촉은 많은 시간과 비용이 소요되는 단점이 있지만, 전시회에 참여를 유도하는데 가장 성과가 높다. 개별접촉 과정에서는 고객이 특별한 대우를 받고 있다는 인식을 심어줘야 하고, 필요하면 무료입장권이나 주차권 같은 인센티브를 부여할 필요가 있다.

반면, 전문지에 광고를 게재하는 것은 많은 잠재고객에게 동시다발적으로 참여를 호소할 수 있는 수단이 된다. 광고단가가 높다면 전문지 측에 광고와는 별도로 전시회를 소개하는 특별세션이나 인터뷰 대담을 요구하는 것이 바람직하다. 고객들은 광고를 통한 일방적인 메시지 전달보다는 기사화된 내용을 좀더 신뢰하고 관심을 갖는 경우가 많기 때문이다.

온라인을 통한 홍보는 제대로만 진행되면 저비용 고효율의 효과를 볼 수 있는 수단이 될 것이다. 최근 인터넷의 발달로, 포털사이트 메인에 광고를 기재하거나, 이메일을 보내 홍보를 진행하기도 한다. 그러나 이메일은 방법이 간단하고 시간도 대폭 줄어든다는 장점을 갖고 있으나, 스팸메일로 여겨져 읽히지 않는 경우가 발생할 수 있다. 또한, 상대고객의 이메일 계정이 바뀌어 회신되는 수도 적지 않아 참가자들에 대한 데이터베이스를 꾸준히 업데이트하여 최신으로 유지하고 관리할 필요가 있다.

(2) 현장 프로모션

현장프로모션은 전시회 개최지 차원에서 진행되는 프로모션과 전시회 개최장소에서 개최되는 프로모션으로 나뉠 수 있다. 개최지 프로모션은 공항이나 호텔을 비롯하여 전시회 참가자가 방문할 가능성이 높은 지역을 중심으로 진행되는데, 각종 매체를 통한 광고와 현수막 등을 통한 야외 홍보수단을 활용할 수 있다. 이어 지역신문이나 전문지를 대상으로 특집기사를 게재하거나 보도자료, 브리핑, 인터뷰의 진행, 전시회 디렉토리 광고 등이 이루어진다.

개최장소 프로모션은 전시회 현장에서 진행되는 사안으로서 부스프로모션과 각종 이벤트를 활용한 방안이 있다. 부스 프로모션은 전시장 내에서 참관객의 시선을 끌 수 있는 프로그램을 기획하는 것이 중요하다. 깜짝 이벤트나 각종 경품을 내걸게 되면 많은 참관객들의 시선을 확보할 수 있다. 사람이 모여든 순간 재치를 발휘하여 제품설명이나 시연 등을 행할 수 있다. 제품시연은 자사의 상품을 제품 담당자가 고객들 앞에서 직접 사용하는 장면을 보여주는 것으로 동적인 분위기를 조성하여 고객들의 참여를 유도하는 것이 좋다.

(3) 사후 프로모션

전시회 종료 후에도 고객을 지속적으로 확보해 나가려면 사후 프로모션의 시행이 필요하다. 앞서 언급하였지만 기존고객 관리가 신규고객 창출보다 비용면에서 유리한 측면이 있기 때문에 이들을 관리하기 위한 다양한 수단을 강구해야 한다. 행사종료 후 이메일로 감사편지를 보내는 것은 가장 기본적인 사항이 되는 것이고 주최측의 이벤트나 특별 행사가 있을 때 초청장을 지속적으로 보내 항상 고객을 생각하고 있다는 메시지를 던져야 한다. 그리고 전시회 개최기간 고객의 요청사항이 있을 때에는 기록을 한 후 행사 이후에라도 반드시 처리를 해줘야 한다. 고객은 자신의 요청한 서비스가 무시되어 답변을 받지 못한다면 다시는 행사에 참여하지 않을 것이다.

7 전시회에서 세일즈 리드(lead)의 중요성

1) 리드의 중요성

전시회에 참가하는 목적은 다양하지만 궁극적인 목적은 바이어와 참관객 대상의 상담을 통해 매출확대를 꾀하고자 하는 것이다. 물론 현장판매가 이루어져 즉석에서 성과를 거둔다면 가장 바람직하겠지만, 현실적으로 전시회 현장에서 참관객이 구매서명을 바로하는 경우는 드물다. 다만, 상담과정을 통해 표적시장층이라 할 수 있는 참관객의 상품구매 계획과 성향을 파악할 수 있고 중장기적으로 구매행동에 나섰을 때 자사제품을 구매할 수 있게끔 연결고리를 만들어 놓는 것이 중요한 것이다. 바이어 역시 상담과정을 통해 다양한 구매정보를 획득할 수 있다.

리드(lead)는 이처럼 자사제품에 대한 구매가능성이 있는 잠재고객의 구매계획과 성향에 대한 정보를 말한다. 전시회 부스에서 근무하는 직원이 해야 할 가장 중요한 업무는 이러한 리드를 정확하게 확보하는 것이라 할 수 있다. 그러나 현실적으로 국내 전시회 부스에 참여하는 대부분의 직원은 리드의 중요성을 간과한 채

단순 회사홍보에 치중하는 경향이 많은데, 이는 사전 교육이 부실하게 이루어졌다는 증거가 되는 것이다.

사실 전시회 참가를 통한 매출성과는 행사기간보다는 행사 종료 후 확보된 리드를 바탕으로 세밀한 판촉계획을 세워 본격적으로 이루어질 수 있다. 따라서 리드 확보가 부실하게 되면 전시회에 참여한 회사입장에서는 추후 매출확대의 기회를 상실한다고 볼 수 있기 때문에 리드의 중요성은 매우 크다고 할 수 있다. 전시회 참여가 갖는 가장 큰 장점은 평소 만나고 싶은 바이어와 참관객을 한 장소에서 집중적으로 만날 수 있다는 것이다. 물론 부스 구매비용 등 전시회 참여에 따른 비용지출이 발생하지만, 리드관리를 효과적으로 할 수 있다면 투자대비 더 높은 성과를 거둘 수 있을 것이다.

2) 리드 작성방법

리드 작성을 통한 잠재고객의 정보를 획득하고 정리하기 위해서는 사전에 질문항목을 꼼꼼하게 정리할 필요가 있다. 너무 단순한 질문은 정보획득에 한계가 있고 또 너무 복잡하고 많은 질문항목은 고객을 불편하게 할 수 있기 때문에 적절한 분량의 질문을 준비해야 한다. 또한 리드작성의 방향은 자사의 전시회 참여목표에 따라야 할 것이다. 기존고객 관리, 신규고객 창출, 바이어 중심의 미팅 혹은 신상품 테스트 등 여러 가지 목표가 있을 것이다.

리드양식에 포함되어야 할 핵심정보는 크게 기본정보, 고객의 프로파일, 고객의 관심사항, 고객의 요구사항, 고객의견 등이 될 것이다. 기본정보는 보통 시간절약을 위해 명함으로 대신할 수 있다. 고객 프로파일은 고객의 담당업무와 직함, 의사결정 권한 정도 그리고 선호하는 제품성향 등이고 관심사항은 고객이 어떤 유형의 상품과 서비스를 선호하는지, 그리고 수용가능한 가격대는 어느 정도인지를 파악할 수 있다. 고객요구와 의견은 반드시 기록을 해야 하는데 대화를 하다보면 평소에 깨닫지 못했던 중요한 힌트를 얻을 수도 있다

고객의 질문사항 중 현장에서 답변을 할 수 있거나 부스 참여직원의 의사결정권의 제한으로 인해 차후 답변을 해야 하는 상황이 발생할 수 있다. 이는 행사 종료

후 반드시 회사로 돌아가 답변을 구한다음 고객에게 전달을 해주어야 한다. 충실한 답변 전달 여부가 고객을 자사의 충성고객으로 만들 수 있는 여부가 될 것이다.

리드 작성을 할 때 고객과의 미팅시간이 충분하다면 여유를 가질 수 있지만, 동시에 수많은 고객이 방문코자 했을 때 미팅 시간관리는 중요하게 된다. 이때는 리드 기록을 신속하게 해야 하는데 우선 고객에 대한 상대적 중요도를 빠르게 파악해야 한다. 단순 참관객인지, 혹은 제품 구매의사에 깊은 관심이 있는지, 나아가 제품구매를 대량으로 결정할 수 있는 의사결정자 위치에 있는지를 분류할 수 있어야 한다. 그리고 설명은 강조하고 싶은 핵심단어 위주로 간결한 질문과 답변을 유도해야 한다.

8 전시회 공동개최의 필요성

기업은 이익을 창출하고, 경쟁력을 확보하기 위해 제휴네트워크(Alliance Network), 동맹(Partnership), 결합(Coalition)과 같은 운영전략을 활용하게 되며 공동개최 역시 이런 운영방법 중 하나로 여겨지고 있다. 즉 상호보완적 관계에 있는 기업이나 경쟁관계에 있는 기업이 일부 사업 또는 기능별 활동부분에서 경쟁기업과 일시적인 협조관계를 갖는 것을 의미하며, 대부분 상당히 구체적이고 명확히 제시된 목적을 수행하기 위해 이루어진다고 할 수 있다.

전시회 개최의 경우 최근 국내외적으로 경쟁이 치열해지면서 유사전시회가 난립하게 되고 이로 인해 수익성 악화의 문제가 떠오르고 있다. 이에 대한 해결책의 하나로 비슷한 유형의 전시회를 공동개최하는 방안이 떠오르고 있다. 공동개최가 이루어지기 위해서는 많은 난관이 기다리고 있는데 최소한의 합의가 필요하다.

우선 공동주최에 뛰어든 복수의 전시주최자가 참여업체 및 참관객 유치확대라는 공동의 목표달성을 위해 노력하되, 기업으로서의 독립성을 유지해야 하는 것이 필요하고, 공동개최에 참여하는 기업측은 협약을 통해 이익을 공유하고 목표를 달성하기 위한 업무분담과 책임소재에 합의할 수 있어야 한다.

즉 전시회의 공동목표를 추구하기 위해 복수의 전시 주최자가 파트너십을 형성하고, 공동개최하지만 각 조직의 소유권과 재정과 같은 고유의 특성은 독립적으로 보유하게 된다. 공동개최의 형식으로 운영되는 전시회는 자연스레 행사 규모가 커지게 되고 영향력도 증대되며, 이는 전시회 핵심고객이라 할 수 있는 대기업 참가를 유도하기에 용이해지며 참관객 유치확대도 기대할 수 있다.

그러나 공동개최 형식이 무엇인가에 따라 파트너 간의 이해관계가 충돌하고 갈등에 빠질 수도 있다. 역으로 협력관계가 효율적으로 구축된다면 공동개최를 통해 상호간 시너지효과를 얻을 수 있고 시장의 파이를 키울 수 있다는 기회적 측면도 존재한다.

전시회 통합성공사례 "월드 IT 쇼"

국제규모의 전시회를 육성하겠다는 정부정책에 따라 20년이 넘는 역사를 자랑하는 'SEK', 'KIECO'과 10년의 역사를 자랑하는 'IT KOTRA' 전시회를 6개의 주관사가 힘을 합쳐 개최한 국내 최대 규모의 IT분야 전시회인 월드IT쇼는 '통합'을 통해 성공한 대표적인 전시회다.

통합 4회째를 맞이하고 있는 이 전시회는 지식경제부, 방송통신위원회, 문화체육관광부가 공동으로 주최하고 있으며, 모바일 및 방송통신, 디지털가전, 소프트웨어(콘텐츠), IT융합분야, 산업전자 분야 등 IT 전 품목을 다루며 삼성, LG, SKT, KT 등 메이저 대기업과 퀄컴 등 외국사 등 500여개 기업이 참가하는 전시회다.

2010년 작년 기준으로 국내 5만명, 해외 3,000명 등 총 53,000여명의 관람객이 국내외에서 다녀갔다. 올해도 약 수만명이 넘는 관람객이 참가했으며 60여개사가 넘는 해외 기업들이 수출상담회에 참가해 2억 달러 상당의 수출상담을 진행 하는 등 국제전시회로 손색이 없다는 평가다.

이처럼 월드IT 쇼가 성공 할 수 있었던 비결은 '통합'이다. 여기저기서 산발적으로 행해지던 여러 전시회를 하나로 통합해 대형화시켜 경쟁력을 강화시킨 대표적 케이스다. IT관련 전시회는 미국, 유럽 등 관련 산업 강국에서도 많이 개최되고 있어 여러 개의 작은 전시회로는 국제적 경쟁력을 가질 수 없다는 게 정부와 전시전문가의 전반적인 견해였다.

이런 통합을 통해 가지는 가장 큰 장점은 바로 '시너지효과'를 들 수 있다. 여러 전시회가 통합돼 개최되면 하나의 전시회를 보러 왔다가 다른 전시회도 둘러볼 수 있는 효과가 생긴다.

관람객 입장에서도 여러 전시회를 동시에 볼 수 있어 비용대비 관람효과를 배가시킬 수 있다. 해외바이어 입장에서도 전시회를 보기 위해 매번 한국을 방문하기보다 하나의 전시회를 통해 여러 전시품목을 볼 수 있어 비용, 시간대비 방문효과가 좋다는 반응이다.

전문가들은 국내 전시회가 해외 유수의 전시회와 경쟁력하기 위해서는 국내 유사전시회간 과도한 경쟁보다는 통합화를 통한 경쟁력 강화를 권한다.

(주간무역, 2011년 5월 20일자 기사)

5대전시장, 오리알을 낳는 황금거위 되나?

2012년 평균매출액 증가율 32%로 본격 성장국면 진입
부실경영 구조 고착화 …
보조금 · 인건비 원가산입 문제

[주간무역] 5대전시장 2012년도 영업현황 분석

킨텍스, 벡스코, 엑스코에 이어 김대중컨벤션센터의 확장공사가 완료됐다. 전시장 및 컨벤션시설의 확장과 함께 산업부 주도로 전시산업의 대형화, 국제화가 적극적으로 추진되고 있다.

이에 따라 코엑스, 킨텍스, 벡스코, 엑스코, 김대중컨벤션센터 등 국내 5대 전시장의 매출과 전시사업 수익이 큰 폭으로 늘어나고 있다. 해당 컨벤션센터와 소속 지자체들의 대형 국제회의와 행사 유치노력이 성과를 거두면서 컨벤션시설을 중심으로 한 사업과 임대수익도 대폭 증가하고 있다.

기반시설 확충으로 인한 전시컨벤션산업의 양적 성장이 가시화되고 있는 것이다. 하지만 전시사업과 임대사업 수익 증가를 토대로 한 매출확대에도 불구하고 전시장들의 영업이익과 당기순이익은 눈에 띄게 개선되지 못하고 있다.

인프라확충 효과로 매출 급성장

◇ **날개 달은 전시장 매출 성장** = 전시장별 매출액을 보면 서울 강남구 삼성동 소재 코엑스가 2011년도 507억원에서 2012년 591억원으로 16.5%의 증가율을 기록했다. 경기도 고양시 소재 킨텍스는 2011년 252억원에서 2012년도 428억원으로 증가율이 69.8%에 달했다. 부산 소재 벡스코는 같은 기간 동안 매출액이 154억원에서 236억원으로 늘어나 53%의 증가율을 보였다. 대구 소재 엑스코는 매출액이 2011년 191억원에서 2012년 221억원으로 15.6%가 늘어났다. 광주 소재 김대중컨벤션센터는 같은 기간 동안 매출액이 81억원에서 92억원으로 확대되어 증가율이 13.4%에 달했다.

5대 전시장의 2012년도 매출액은 총 1,568억원으로 전년도의 1,186억원보다 32.2%가 증가했다. 5대 전시장의 평균 매출증가율은 지난해 우리나라 기업의 평균 매출증가율(한국은행 4월 18일 공보, 1,723개 기업 대상 2012년 기업경영분석 자료) 5%를 6배나 상회하는 성적이다. 2012년도 서비스업 평균 매출증가율은 3.8%에 불과했다.

킨텍스의 매출 성장세로 볼 때 앞으로 매출 1위를 놓고 코엑스와 뜨거운 경쟁을 벌일 것으로 예상된다. 그리고 지난해에는 부산의 벡스코가 대구의 엑스코를 누르고 매출 3위로 올라선 점이 눈길을 끈다. 인프라 확충에 따른 결과지만 전시장의 매출성장은 양적 확대라는 측면에서 본격적인 성장국면에 진입한 것으로 보인다.

PCO사업 강화로 매출 급증

◇ **전시컨벤션사업 매출 급속 신장** = 5대 전시장의 매출은 크게 전시사업과 전시장 임대수입, 컨벤션 임대수입과 부대시설 임대수입으로 구성된다.

전시사업 수입은 전시회를 직접 주관하거나 대행하는 사업으로 올린 수익을 의미한다. 전시장들은 지난해부터 컨벤션기획 사업, 즉 PCO(Professional Convention Organizers)사업을 적극적으로 강화하고 있다. 5대 전시장의 경우 시설 확장으로 임대수입의 증가, 전시사업 확충, 컨벤션사업 매출증대가 공통적으로 이뤄지고 있다.

코엑스의 지난해 전시사업수입은 403억원으로 전년도의 333억원에 비해 21%가 증가했다.

코엑스의 경우 지난해 핵안보정상회의 등 PCO사업 매출이 약 100억원 가량 늘어났다. 코엑스는 지난해 19개의 컨벤션을 주최했다. 전시회는 자체 22개, 위탁 18개 등 총 40개를 주관하거나 대행하는 사업을 진행했다. 전시사업 수입이 총 70억원이 늘어난 것에 비추어 보면 지난해 코엑스의 컨벤션을 제외한 전시부문 수입은 소폭 줄어든 것으로 분석된다. 코엑스의 경우 다른 전시장과는 달리 전시장과 컨벤션시설의 임대수입은 지배주주인 비영리 사단법인 한국무역협회 매출로 잡힌다. 대신에 무역센터(전시장, 컨벤션시설, 아셈타워 및 트레이드타워 사무실, 코엑스몰 매장, 코엑스아티움) 임대운영 및 시설관리 수수료를 대행사업 수입[표**]으로 잡고 있다. 지난해 코엑스 전시장(회의실 제외)의 임대사업 수입은 실제 187억원에 달해 5대 전시장 중에서 가장 많은 매출액을 기록하고 있다.

킨텍스의 지난해 전시사업 수입은 115억원으로 2011년도의 50억원에 비해 65억원, 132%가 늘어났다. 임대수입도 2011년도 148억원에서 작년에는 214억원으로 66억원, 45%가 증가했다. 구내매점과 오피스시설, 상설 전시장, 주차 등의 부가사업 수입도 55억원에서 99억원으로 44억원, 80%가 늘었다.

킨텍스의 경우 2011년 9월 제2전시장이 개관하면서 전시면적이 10만㎡로 확대됐다. 킨텍스는 지난해 주관전시회와 대행전시회 각 4회, 총 8회를 개최했다. 지난해의 경우 컨벤션 및 인센티브 투어 사업도 총 31건을 유치했다.

임대수입 증가는 SIMTOS, 국제식품산업 대전 등 10만㎡ 규모 글로벌 전시회 개최와 국제회의 등의 유치행사가 늘어난 데 힘입은 것이다.

벡스코의 경우 지난해 전시사업 수입은 75억원으로 전년도의 23억원보다 52억원, 226%가 증가했다. 임대사업 수입은 131억원에서 161억원으로 30억원, 23%가 늘어났다. 139억원으로 전년도의 66억원보다 73억원, 110%가 증가했다.

벡스코도 지난해 시설이 2배로 확대됐다. 5회 연속 100만 관람객이 찾은 부산국제모터쇼를 비롯하여 제2전시장 운영 활성화를 위해 자체 개발한 부산 국제원자력산업전, 아트쇼부산, 국제 해양플랜트전시회 뿐만 아니라 지스타, 부산 국제 실버엑스포, 부산국제수산무역엑스포 등 2011년에 비해 11건이 늘어난 총 74건의 전시회를 성공적으로 개최했다. 제19차 라이온스 부산세계대회 등 컨벤션사업도 활성화되고 있다.

엑스코의 경우 지난해 전시사업 수입은 68억원으로 전년도 55억원에 비해 24%가 증가했다. 유치 임대사업 수입은 84억원에서 93억원으로 10.7%의 증가율을 기록했다. 엑스코의 경우 전시, 컨벤션 위탁사업을 대행사업 수입으로 잡고 있는데 2012년도의 경우 59억원으로 2011년도의 52억원에 비해 13.5%가 증가했다.

엑스코는 지난해 자체 기획전시회로 14건을 치뤘다. 2011년보다 3건이 늘어났다. 유치 전시회는 37건, 컨벤션이 64건에 달했다. 2012년부터 엑스코도 PCO업무를 본격적으로 강화하여 컨벤션 유치실적이 크게 향상됐다.

김대중컨벤션센터의 지난해 전시사업 수입은 2011년도의 16억 7,000만원에서 15억 8,700만원으로 5%가 감소했다. 임대사업 수입은 29억원에서 33억원으로 13.4%가 증가했다. 광주광역시 행사 등 대행사업 수입은 35억원에서 43억원으로 23%가 늘어났다.

김대중컨벤션센터는 광주국제식품전 등 총 9건의 전시회를 직접 주관하고 있으나, 지난해의 경우 경기침체 등의 영향으로 매출이 소폭 감소한 것으로 보인다. 임대사업 수입은 전시회 및 컨벤션시설의 유치확대 노력으로 증가세를 보이고 있다.

적자경영 구조 개선 시급

◇ **여전히 저조한 전시장 경영수익** = 지난해 5개 전시장 가운데 영업이익이 흑자를 낸 곳은 코엑스와 킨텍스 두 곳 뿐이다. 코엑스의 경우 영업이익이 2011년 21억원에서 지난해에는 19억원으로 소폭 감소했다. 당기순이익 또한 20억원에서 16억원으로 줄어들었다.

킨텍스의 지난해 영업이익은 78억원으로 2011년도의 39억원보다 2배가 늘어났다. 영업이익이 늘었으나 감가상각비가 2011년도 220억원, 2012년도의 경우 322억원에 달해 당기순이익은 2011년 150억원, 2012년도는 210억원의 손실을 각각 기록했다.

벡스코와 엑스코는 국고 및 지방자치단체의 보조금과 출자금이 많아 이자수익 등이 발생 영업이익은 적자를 시현했으나 두 곳 모두 소폭의 당기순이익 흑자를 기록했다. 두 전시장은 공히 영업손실이 2012년도에 더욱 확대됐다. 김대중컨벤션센터도 적자경영 상태가 크게 개선되지 않고 있다.

5대 전시장의 재무제표상에서 가장 두드러지게 나타나고 있는 문제점은 매출보다 원가가 더 많게 잡혀 있는 부분이다. 킨텍스와 벡스코의 전시사업, 엑스코의 임대사업은 매출보다 원가가 훨씬 더 많게 기재되어 있다.

정부보조금과 직원급여 등이 원가에 과다하게 산입되고 있는 데 따른 결과로 파악된다.

전시장의 경제유발 효과가 아무리 크더라도 전시장의 적자 또는 부실 경영구조가 먼저 개선되지 않고서는 전시컨벤션산업의 활성화와 경쟁력 강화가 사회적 지원을 받을 수 있는 기반이 약화된다. 전시컨벤션산업은 흔히 황금알을 낳는 거위에 비유되고 있다. 생산, 부가가치, 소득, 고용 등의 분야에서 경제유발효과가 가장 큰 산업으로 지목되고 있기도 하다.

그러나 본지가 5대 전시장의 2012년도 감사보고서 등을 심층적으로 분석해 본 결과, 5대 전시장들은 황금알을 낳는 거위가 아니라 오리알을 낳고 있는 황금거위가 되어 뒤뚱거리고 있다.

상황이 이렇게 된 데는 전시장의 후진적인 경영구조, 정부와 지도층의 전시장 경영에 대한 관심 부족과 몰이해, 정책과 제도의 부족과 전시컨벤션산업의 발전에 대한 사회공감대 마련 실패 등이 복합적으로 작용하고 있다.

전시장의 양적 성장 토대가 마련되고 있는 만큼 5대 전시장들은 소프트파워의 강화와 경영효율성 제고로 흑자경영기조를 빠른 시간 내에 다져야 할 것으로 지적된다.

김종윤 · 김성미기자 ⓒ weeklytrade
(주간무역, 2013년 6월 10일자 기사)

Chapter 09

컨벤션뷰로

09 컨벤션뷰로

C · H · A · P · T · E · R

1 컨벤션뷰로(Convention and Visitor Bureau)

컨벤션뷰로는 특정 도시가 MICE와 관련된 행사를 유치함에 있어 필요한 업무와 정보를 제공해주는 공공조직이라 할 수 있다. 대부분의 협회와 기업은 회의 유치 등과 관련한 업무에 전문성이 부족하기 때문에 컨벤션뷰로와 같은 조직에 컨설팅을 의뢰하는 경우가 많다. 컨벤션뷰로는 유치추진 절차에서부터 행사장 선정, 소요 예산 분석, 유치제안서 작성, 현지설명회 개최, 마케팅, 국제기구 임원을 대상으로 한 홍보활동 등 포괄적인 업무를 지원해준다.

최근에는 컨벤션뷰로가 전통적 업무인 회의분야에서 벗어나 인센티브 투어, 전시회 및 이벤트 등 다양한 MICE행사를 자신들의 도시로 유치하려 노력하고 있다. 이를 위해서는 자신이 속한 도시가 MICE 개최에 필요한 인프라와 전문인력 그리고 다양한 콘텐츠를 보유하고 있다는 도시홍보 마케팅을 펼쳐야 하는데, 이로 인해 컨벤션뷰로는 DMO의 성격을 띠고 있는 것이다. DMO는 Destination Marketing Organizaion의 약어로 국가나 도시의 관광청, 관광공사, 컨벤션뷰로 등 관련 전담부서들을 총칭하는 용어로 사용되고 있다.

오늘날의 컨벤션뷰로는 1800년대 미국의 디트로이트시에서 시작되었다고 할 수 있다. 당시 디트로이트시는 발달된 교통망의 중심지였고 미국의 3대 자동차회사인 Ford, Chrysler, GM의 본부가 위치하고 있었다. 이처럼 발달된 교통망과 기업본부의 소재는 다양한 회의를 필요로 하였고, 자연스레 회의를 기획하고 운영할 수 있는 주체를 필요로 하게 되었다. 이러한 배경이 디트로이트시에서 컨벤션뷰로가 탄생하게 된 배경이 되었다. 물론 일부 도시와 호텔에서는 관련업계들이 공동으로 마케팅을 진행하였으나, 컨벤션뷰로의 설립은 그동안 단편적이고 개별적인 마케팅을 전문화시키고 대형화시키게 되는 계기를 마련하였다. 이렇게 발생한 컨벤션뷰로는 초기에 기업회의에 초점을 맞추면서 개별 관광객들을 마케팅 대상에서 제외하였다.

그러나 1970년대에 이르러 개별 관광객들이 관광시장에 기여하는 정도가 높아짐에 따라, 주력시장에서 개별 관광객들을 다루기 시작하였고, 이에 따라 처음에는 Convention Bureau에서 시작한 것이 관광홍보의 기능을 맡으면서, 관광객 유치가 중요해지자 이에 대한 초점을 맞추어 Convention and Visitor Bureau로 명칭을 바꾸게 되었다.

2 컨벤션뷰로의 역할

컨벤션뷰로는 우선 비영리 조직으로 목적지를 홍보하고 관광산업을 발전시켜 지역사회의 장기적인 경제개발에 힘쓴다는 목표를 갖고 있다. CVB는 관광이나 회의업에 종사하는 지역 사업체들의 협회로 구성되기도 한다. 방문객들에 대해서, CVB는 도시에 대한 핵심적인 정보 제공자이다. 브로커와는 달리 편파적이지 않은 공정한 정보를 제공하게 되며, 방문객들이 선호할 만한 역사적, 문화적, 오락적 장소들에 대한 정보를 제공함으로써 컨벤션이나 비즈니스 회의를 준비하는 자들에게 편의를 제공한다.

컨벤션뷰로가 본연의 역할을 얼마나 잘하느냐에 따라 회의를 준비하는 기획자의 시간과 노력을 절감할 수 있다. 선진 MICE 도시의 컨벤션뷰로는 업무체계가 시스템화되어 있어 회의기획가가 편하게 회의준비를 할 수 있게끔 되어 있다. 구체적으로보면 컨벤션뷰로는 회의가 시작하기 전에 회의장소를 물색하고 이용가능한 숙박시설을 파악하며, 현장답사를 원활하게 진행할 수 있도록 기획가를 돕고 있다.

컨벤션뷰로는 또한 회의진행시 필요한 각종 첨단회의진행 장비, 케이터링 업체, 이벤트사, 운송업체 등 지역 내 서비스 제공업체들과 기획가를 업무적으로 연결시켜줌으로써 원활한 회의진행을 위한 노력을 하고 있다. 컨벤션뷰로는 개최 예정행사에 영향을 줄 수 있는 지역 법률이나 규정에 대해서도 자문을 한다.

여기에는 각종 세금, 유류반입규정, 관세정보 등 행사유치와 진행에 있어서 발생할 수 있는 모든 상황에 대한 법적 문제에 대한 자문을 행하게 된다. 특히, 개최하는 행사가 타 지역으로부터의 물품 유입이나 환율 등 민감한 부분이 포함된다면, 회의기획자들은 개최지의 지역경제동향과 법률에 대해 사전에 파악해두어야 하며, 컨벤션뷰로에서도 필요한 정보를 제공할 수 있도록 준비해야 한다.

컨벤션뷰로의 직원들은 지역전문가로 구성되는 경우가 많다. 이들은 호텔, 레스토랑, 관광지, 컨벤션센터를 비롯해 많은 장소들에 대한 정보를 제공하며, 회의 기획자들이 필요로 하는 장소를 추천해준다. 회의의 목적에 맞는 적합한 장소를 물색하고 결정하는 것은 회의 성패를 결정짓는 매우 중요한 업무이다. 앞서 언급한 컨벤션뷰로의 역할을 크게 회의유치활동과 행사진행 그리고 사후관리로 나누어 다음과 같이 살펴보고자 한다.

1) 회의유치 활동

- 컨벤션뷰로는 지역에서 제공되는 서비스와 시설들에 대한 객관적인 정보를 제공한다.
- 컨벤션뷰로는 광대한 정보 데이터베이스를 구축하고 있으며, 이를 통해 장소섭외를 위한 회의기획자들의 시간, 에너지, 예산을 절약할 수 있게 도와준다.
- 컨벤션뷰로는 회의기획자들과 지역업체 간 연결을 해줌으로써 적합한 서비스 제공이 이루어질 수 있도록 도와주고 있다.
- 컨벤션뷰로는 참가자들이 그들의 자유시간을 극대화할 수 있고 색다른 경험을 할 수 있도록 행사 후 관광프로그램, 배우자 프로그램, 저녁 이벤트 등을 진행하는 데 도움을 준다.
- 컨벤션뷰로는 호텔예약 시 할인혜택과 호텔과의 협상에서 발생하는 갈등을 조정해 준다.
- 컨벤션뷰로는 회의개최 가능시설에 대한 정보, 호텔의 이용가능 여부, 컨벤션센터에 대한 시설현황을 파악하고 제공한다.

- 컨벤션뷰로는 지역 내 운송업체들에 대한 정보를 제공함으로써 회의기획자가 셔틀서비스나, 지상, 항공운송을 통해 접근성을 파악할 수 있도록 도와준다.
- 컨벤션뷰로는 지역 내 이벤트, 관광지, 레스토랑 등 관광이나 이벤트와 관련된 정보들을 제공함으로써 회의기획자들이 회의 이외의 프로그램들을 기획하는 데 도움을 준다.
- 컨벤션뷰로는 회의기획자들을 위해 지역 내 숙박시설들을 파악하여, 행사기간 내 이용가능한 객실을 대상으로 블록 단위의 예약을 진행한다.
- 주최측의 현장답사와 사전답사를 진행함으로써 자신들의 지역이 개최지로 선정될 수 있도록 노력하고 있다.

2) 행사진행

- 컨벤션뷰로는 사진, 슬라이드, 비디오 프레젠테이션과 같은 홍보수단을 제공하면서 많은 참가자들을 유인하기 위해 노력한다.
- 컨벤션뷰로는 회의주최 측의 요구에 따라 도시의 광장, 특화거리 등을 행사활용목적으로 사용할 수 있도록 지역정부와의 협조하에 도움을 제공한다.
- 컨벤션뷰로는 회의진행에 필요한 보조적인 수단들을 제공하며, 온라인 등록과 사전등록을 지원한다.
- 자신들의 지역에서 행사가 개최될 때 전문서비스를 제공하기 위해 지역사회를 대상으로 서비스 교육, 언어교육을 실시하며, 시설들의 안전수준을 항상 확인하고 있다.
- 컨벤션뷰로는 필요하다면 전문회의기획가(PCO)나 현지운영대행사(DMC)를 추천한다.

3) 사후관리

행사가 끝나고 난 뒤 이루어지는 사후평가에서도, CVB는 부가적인 서비스를 제공한다.

- 행사기간 동안 제반시설이 얼마나 효율적으로 활용되었는지 확인하기 위해 CVB는 주최측과의 사후 인터뷰를 진행한다.
- 제공된 숙박시설에 대한 점유율, 참여율, 노쇼(No Show)비용 등의 통계자료를 수집하여 차후 행사에서 활용한다.
- 컨벤션뷰로는 회의기획가가 차기행사가 개최될 도시의 CVB와의 관계를 형성할 수 있도록 도울 수 있다.

3 국내 주요 컨벤션뷰로의 기능

MICE산업의 특성상 민관 합동의 다양한 지원정책이 효과적으로 작용하게 되면서, 많은 지역에서 필요에 의해 컨벤션뷰로를 설립하여 운영 중에 있다. 서울관광마케팅 주식회사를 비롯해 지방에서는 부산관광컨벤션뷰로, 대구컨벤션뷰로, 제주컨벤션뷰로, 대전컨벤션뷰로, 광주관광컨벤션뷰로, 인천관광공사 그리고 경주컨벤션뷰로 등이 설립되어 전담조직으로서의 역할을 수행하고 있다.

사실, 컨벤션뷰로는 활동을 통해 직접적으로 이익을 창출하는 것이 아니라, 지역 업체를 통한 간접적인 이익창출을 하는 경우가 많다. 국내에서는 「국제회의산업 육성에 관한 법률」의 제정 · 시행으로 컨벤션산업을 정책적으로 지원할 수 있는 기반을 마련하고 있지만, 재정적으로 어려움을 겪고 있다. 그러므로 지역사회의 이해도를 높여 민간차원의 재원조달 방안을 꾀하고 회원확보 및 수익창출을 위한 다양한 노력을 펼쳐나가야 한다.

표 9-1 지자체 컨벤션뷰로 현황

명칭	약칭	설립형태	설립일
대구마케팅공사		사단법인	2003.4
부산관광컨벤션뷰로	BCVB	사단법인	2004.11
서울관광마케팅	STO/SCB	사단법인	2004.12
제주컨벤션뷰로	Jeju CVB	사단법인	2005.3
대전컨벤션뷰로	DCVB	재단법인	2005.12
광주관광컨벤션뷰로	GCVB	사단법인	2007.9
인천관광공사	ITO	공기업 산하조직	2008.12

1) Korea MICE Bureau

한국관광공사는 1979년 국제회의부를 설치하여 컨벤션 업무를 포함시킨 후, 2010년 초 Korea MICE Bureau로 개편하여 국제회의 유치활동 및 국내 개최 국제회의 운영 지원, 홍보선전활동 전개, 국제회의 정보제공 및 전문인력 양성 등 국제회의 산업 육성활동을 전개함으로써 국제회의 전담부서로써의 역할을 하고 있다.

현재 MICE기획팀, 컨벤션팀, 인센티브 전시팀, 국제행사팀 등 4개 팀으로 구성되어 있으며, 유치 가능한 국제회의 발굴, 원스톱 서비스 제공, 국내 개최 확정 단체에 대한 지원, MICE 정보 수집 및 제공, 국내 MICE산업 육성을 위한 정책적 지원을 맡고 있다. 아래의 내용은 주요 업무를 정리한 것이다.

- 유치가능 국제회의 발굴 : 현재 국제기구에 가입되어 있는 2,500여개 국내단체를 대상으로 유치의향조사를 실시하고 유치가능성이 높은 국내단체에 대한 세일즈콜 및 유치 권유활동 그리고 유관인사 방한 초청지원을 실시한다.
- 국제회의 유치에 대한 원스톱서비스 제공 : 국제회의 유치절차 안내 및 자문을 실시하고 유치제안서 작성 및 환영서신 제공을 지원하고 더불어 공사 해외지사망을 통한 유치활동을 지원한다.

- 국내개최가 확정된 국제회의 주관단체에 대한 지원 : 국제회의 개최관련 정보제공 및 보조금을 지원한다. 보조금의 활용내역은 참가안내서 인쇄, 관광프로그램 운영, 문화예술공연 등이다.
- MICE 마케팅 활동 : MICE 전문전시회 참가 및 한국홍보관을 운영하고 관련 전문지 광고게재 및 기사화에 노력한다. 해외 MICE 로드쇼 실시 및 세일즈콜을 실시하고 홍보영상물과 각종 간행물을 제작 배포한다.
- MICE산업 육성기반조성 : 한국 MICE 육성협의회를 운영하고 한국 MICE산업전을 개최한다.
- MICE 정보수집 및 제공 : MICE 통합정보시스템을 구축하여 운영하고 국제회의 주최기관 정보수집 및 제공역할을 한다. 한국 MICE산업계 소식을 담은 e-newsletter를 제작 발송한다
- 국제기구와의 협력활동 : 국제관광기구 관련회의 유치지원을 하고 MICE 관련 국제기구와 협력활동을 하면서 국제기구 회의에 참석한다.

(Korea MICE 뷰로 웹사이트 참조)

2) 서울컨벤션뷰로

서울컨벤션뷰로는 서울관광마케팅의 한 부서로서 서울의 MICE산업을 전담하며 컨벤션산업 활성화를 유도하는 서울시 컨벤션 전담기구이다. 컨벤션도시로서의 서울을 알리기 위한 해외마케팅과 홍보활동을 담당하는 한편, MICE 이벤트에 대한 유치, 개최, 홍보 지원서비스를 제공하고 컨벤션전문가를 양성하기 위한 특별한 프로그램을 개발하였다. 이 프로그램을 실제 교육활동에 활용하는 등 MICE산업 전체의 활성화에도 기여하고 있다.

주요 활동을 보면 유치지원, 홍보지원, 개최지원, 서울형 기업회의 지원, 우수전문인력 지원 등의 역할을 담당하고 있다. 유치지원으로는 현장답사와 유치활동, 제안성 작성을 위한 재정적 지원, 유치지원 클리닉 등의 지원을 하고 있고, 홍보지원으로는 기념품 지원, 개최지 정보제공 및 자문, 이동식 홍보부스 지원, 홍보영상물 지원, 컨벤션 참가자용 관광책자를 지원하고 있다.

개최지원 프로그램으로는 홍보물과 시설비용, 연계관광 그리고 서울시장 주최 만찬을 지원하고 있고 컨벤션 개최관련 정보제공 및 자문을 하고 있으며, 컨벤션 자원봉사자와 관광안내책자를 지원하고 있다. 서울형 기업회의 지원으로는 2단계에 걸친 유치 및 개최지원 답사뿐만 아니라 개최지 선정을 위한 사전답사를 지원하고 있다. 이어 30명 이상 외국인이 1박 이상 체류하는 회의를 서울로 유치 혹은 개최하는 기업, 단체, 협회, 기관 또는 법인에 해당되는 기관을 대상으로 차등화된 다양한 인센티브를 부여한다.

3) 제주컨벤션뷰로

2005년 설립된 사단법인 제주컨벤션뷰로는 제주특별자치도가 출자한 비영리 MICE 전담기구이다. 주요 역할을 보면 MICE 목적지로서 제주를 마케팅하고 있는데 국제회의 및 인센티브 투어 제주유치와 해외박람회 및 로드쇼 등에 참가하여 바이어를 상대로 유치활동을 펼치고 있다. 현재 제주 MICE Alliance에 100개 회원사를 보유하고 있으며 이 기구를 통해 공동마케팅을 전개하고 있다.

또한, 제주 MICE 원스톱정보시스템을 구축하여 고객이 제주 MICE 관련 정보를 요구하면 신속하게 서비스를 제공하고 있다. 현재 ICCA(국제컨벤션협회)와 UIA(국제협회연합) 회원사로 활동하고 있으며, 제주지역 단체가 행사유치를 원하는 경우 제안서 작성을 지원하고 있으며, 나아가 현장답사 및 팸투어 진행에도 도움을 주고 있다.

4 컨벤션뷰로 관련 국제조직

컨벤션뷰로와 관련된 조직은 1915년 미국의 세인트루인스에서 미국 내 28개 지역의 컨벤션 담당자들의 모임(The Association of Convention Secretaries)으로 시작되었다. 이들은 각자의 지역에 대한 정확한 정보를 공유하고, 전문적인 컨벤션 경영기술을 공유하며, 객관적인 컨벤션 경영관리기법을 개발하는데 초점을 두었다.

그 후 1919년에는 미국 뿐만 아니라 세계 각국의 컨벤션뷰로가 회원국으로 가입하게 되면서 명칭을 International Association of Convention Bureaus(IACB)로 바꾸게 되었다.

차후, 컨벤션뷰로가 단순한 컨벤션 판매뿐만 아니라 관광객 유치에도 초점을 맞추어 뷰로의 명칭에 Visitor가 삽입되는 경향을 보이자, 1974년에는 협회의 이름을 International Association of Convention and Visitors Bureau(IACVB)로 바꾸었다. 이는 급증하는 관광객들을 유치하는 것의 중요성을 반영하는 맥락에서 이루어졌다고 할 수 있다.

MICE산업이 발전하면서 컨벤션뿐만 아니라 인센티브 투어, 전시회 등 여러 사업들이 발전함에 따라 이런 행사들을 유치하기 위해 자신들의 도시들을 홍보하는데 집중하였다. 각 지역의 컨벤션뷰로는 회의 수요층을 방문하여 도시를 홍보하는 적극적인 노력을 펼쳤고, 이는 컨벤션뷰로가 단순한 컨벤션 지원기능 뿐만 아니라 도시홍보를 위한 전담기구로 자리잡는데 일조하게 되었다. 이에 2005년 8월, 이러한 추세를 반영하여 협회는 명칭을 DMAI로 바꾸게 되었다.

DMAI는 지속적으로 회의산업의 서비스 품질과 범위를 증진시키는 것에 목적을 두고 있으며, 이를 위해 각 지역의 도시마케팅 전담기구, CVB를 대상으로 전문 교육프로그램, 인증프로그램을 운영하고 있다. 특히, CVB 종사원 자격증 프로그램(CDME, Certified Destionation Management Executive)을 통해 기본적인 기획력, 마케팅능력을 검증하고 있으며, 이를 통해 각 도시에서 전문적인 회의컨벤션 서비스를 제공하고자 한다.

DMAI는 CVB회원으로부터 얻은 정보들을 포털 웹사이트에 소개하고 회의기획가는 DMAI 홈페이지를 통해 개최지를 검색하고 도시를 선택하며, 선택한 도시에 E-mail로 직접 RFP/입찰제안서를 보낼 수 있다. 또한 웹사이트는 전 세계 여행지의 공식 관광청 웹사이트에 링크되어 있어 회의기획가들이 중요 정보를 쉽게 접할 수 있도록 구축해 놓고 있다. 최근에 DMAI가 운영하는 사이트는 전 세계적으로 비회원 개최지까지 포함하여 1,250여개의 CVB에 접속할 수 있으며 14,000여개 조직이 주최하는 27,000여개 이상의 회의정보를 데이터베이스로 구축한 회의산업 네트워크를 구축하여 기획가들의 공신력 있는 정보원으로 자리잡고 있다.

한편, 암스테르담에 본부를 두고 있는 국제컨벤션협회(ICCA, International Congress & Convention Association)는 국제회의시장에 중점을 두고 있으며 80여 개국, 750개의 공급업체들의 네트워크를 구성하고 있다. 회원사에는 CVB, DMC, 국제회의 기획사, 항공, 호텔 등 관련 산업 업체들이 포함되어 있다. 이들 단체는 공급업체 네트워크를 형성하면서 개최지 정보, 회의 개최지 선택, 기술적 조언, 전반적 컨벤션 계획과 같은 회의 개최부터 진행에 이르는 전문적 지식을 제공하고 있다.

지역적인 차원에서도 관련기관의 네트워크가 구축되어 운영되고 있다. 아태관광기구(PATA: Pacific Asia's Travel Association)는 아시아 · 태평양 지역 관광산업의 발전을 위해 회원국의 정보교류를 지원하고 있으며, MPI는 국제회의 관련 교육프로그램 및 조사연구와 관련된 서비스를 관련단체에 제공하고 있다. 국제박람회연맹(UFI)은 회원이 운영하는 무역박람회 개최를 조정하면서 성공적인 박람회개최를 지원하고 있다.

Chapter 10

현지운영대행사

10 현지운영대행사(DMC)

C · H · A · P · T · E · R

1 현지운영대행사(Destination Management Company)

성공적인 MICE행사를 개최하기 위해서는 계획을 잘 세우는 것도 중요하지만, 그 만큼 행사가 개최되는 지역에 대한 지식도 갖추고 있어야 한다. MICE기획가는 지역이 선정되면 해당하는 지역에 대한 정보를 수집해야 한다. 개최지에 대한 일반적인 지식뿐만 아니라, 법률 및 규정, 산업형태, 관광자원의 분포, 대표적인 시설에 대한 정보와 수용능력에 대한 정보는 성공적으로 행사를 치르기 위해 필수적으로 파악해야 한다.

이러한 특징은 인센티브 투어에서 잘 나타나는데 투어기획가가 관광지를 선정하게 되면 참가자들에게 보다 더 많은 만족을 주기 위해 전반적인 지역정보 수집에 나서게 된다. 현지운영대행사인 DMC는 이들에게 필요한 정보를 제공하게 되며, 기획가들이 필요로 하는 시설의 종류에 적합한 업체들을 직접 연결시켜주기도 한다.

일반적으로 회의 관리, 호텔, 컨벤션센터, 컨벤션 사무국, 항공사 등 각 부분은 주최측과 서비스 제공자라는 관계 속에서 산업 내 일부분으로 이해되고 있으나, DMC는 적합한 시설에 대한 정보제공과 함께 이들의 커뮤니케이션을 돕는 매개체적인 역할을 함으로써 보다 성공적인 MICE행사 진행을 위해 노력하고 있다.

기획가들은 자신들이 직접 정보를 수집하기도 하지만, 보다 더 정확하고 전문적인 정보를 얻기 위해 현지운영대행사(DMC)를 고용하게 된다. DMC는 회사나 협회의 행사가 개최되는 지역에 관한 지식, 경험과 자원을 제공하게 되며 전문적인 서비스 제공을 위해 지역내 항공사, 호텔, 휴양지와 같은 시설들과 제휴관계를 적극적으로 모색한다.

DMC의 서비스는 행사목표에 가장 적합하고 참가자들을 만족시킬 수 있는 업체를 추천할 능력이 되는지에 초점이 맞추어져 있다. 주최측과의 만남이 이루어지고 난 후, 행사의 성격에 대한 파악이 이루어지면, 자신들이 갖고 있는 지역시설에 관한 정보를 검색해 행사와 가장 적합하다고 판단되는 업체를 선정하고 해당 업체로부터 최상의 서비스를 이끌어 낼 수 있게끔 노력한다.

사실 회의기획가는 DMC가 제한된 예산범위 안에서 자신들이 원하는 행사의 성과창출 목표를 최대한 달성할 수 있도록 프로그램을 제작해 주기를 바란다. 그러나 DMC 입장에서는 회의기획가가 예산 반영을 너무 적게 하는 경우 주최측이 원하는 수준의 프로그램을 제작하지 못할 것이고, 이는 전체 행사의 부실로 이어질 가능성이 크다. 따라서 협력업무 초기단계에서부터 적절한 예산과 시간적 배려가 이루어질 수 있도록 노력해야 하는 것이다.

DMC는 다양한 업무를 소화해야 하는데, 그 중에서도 운송업무는 일반적으로 모든 DMC들이 제공하는 핵심 서비스의 일종이라 할 수 있다. 운송업무에는 행사장과 숙소 사이를 오가는 셔틀 서비스뿐만 아니라 공항에서 숙소에 이르는 의전서비스와 수하물 관리를 포함하게 된다. 호텔의 경우 자체적으로 셔틀 서비스를 제공하는 사례가 많지만, DMC에 의해 서비스를 설계, 관리하는 경우도 있다. 운송의 경우 사용자 수의 증감폭이 클 뿐만 아니라, 정확한 타이밍을 요구하기 때문에 적정수준의 서비스를 지속적으로 제공하는 것이 중요하며, 이러한 전문성 필요에 의해 DMC를 활용하는 경우가 많아지고 있다.

항공운송 서비스는 관습적으로 의전(환영) 서비스와 수하물 관리가 포함된다. 영접환영 서비스는 DMC 직원이 들고 있는 환영 사인과 후원회사 측이 담당하는 도착 손님 환영으로 구성된다. 공항 운송 관리자가 처리하는 도착 승객명단의 관리는 이 서비스의 핵심 요소다. 도착 승객명단에서 발생할 수 있는 정보 누락 등의 문제 가능성을 염두에 두고 관리자는 이에 대한 대비책까지 계획해야 한다. 그러므로 DMC와 항공사, DMC와 운송장비 공급자 및 공항의 영접 환영 직원 간에는 부단한 커뮤니케이션이 필요하다.

기획가와의 미팅 이후, 행사에 적합한 업체와 프로그램을 확정짓게 되면, DMC는 이를 정리하여 세부적인 제안서를 준비하게 된다. 제안서는 기획자가 제안한 예산 범위 내에서 제시 조건들을 충족하는 내용으로 구성되며, 주최측이 요구하는 사항을 예산범위 내에서 품질관리를 하면서 충분히 수용할 수 있는지 객관적인 시각에서 다시 검토되어야 한다.

호텔, 휴양지, 컨벤션센터나 다른 관광자원들의 경우 이용자들을 만족시키고 편의를 제공하기 위해 대규모 자본을 투자하여 개발을 진행하게 된다. 하지만 DMC의 경우 광범위한 자본투자를 요하지 않으며 시설의 개발보다, 지역내 핵심시설과의 교통접근성에 중점을 두어 지역정보를 지속적으로 업그레이드 할 수 있는데 초점을 둔다.

DMC의 조직구조는 컨벤션뷰로나 다른 관련 기업과는 달리 정형적인 틀을 갖추고 있는 것은 아니며, 부서가 세분화되어 있지 않고 영업, 운영, 관리에 초점이 맞추어져 있다는 것이 특징이다. 지역에 따라 분점을 설립하여 운영하는 경우가 많다. 업무직원과 관련해서는 기획사에서 직접 직원을 행사 현지에 파견하는 경우도 있지만 그보다는 DMC에 직원 파견을 의뢰하는 것이 현실적으로 더 효율성이 있는 경우가 많다.

사실, MICE 개최지에서 이루어지는 다양한 서비스 프로그램은 대부분 행사기간에만 고용이 이루어지는 임시직인 경우가 많기 때문에 현지 정보를 가장 잘 알고 있는 DMC에 업무를 의뢰하는 경우가 많은 것이다. 현지고용은 대부분 현장진행요원으로 활용되는 경우가 많은데, 단기 고용직이라 하더라도 숙련된 업무를 필요로 하는 경우도 많다. 따라서 기획사 입장에서는 DMC가 현지 인력을 고용한다 하더라도 현장진행요원에 대한 사전교육은 책임을 갖고 진행해 나가는 것이 바람직하다.

2 DMC의 자원 확보

DMC는 '지역전문가'로서 일반적인 사람들이 알지 못하는 지역의 세세한 정보까지 파악하고 있다. DMC를 찾는 기획가들은 일반적으로 접할 수 있는 정보뿐만 아니라 이런 세세한 정보를 통해 완벽에 가까운 프로그램을 기획하기를 기대하므로,

DMC는 기획가의 요구에 맞추어 충분한 정보를 제공해야 한다. 성공적인 DMC는 지역 내 다양한 인적 · 물적자원들을 확보하여 운영을 하게 되며, DMC의 대표적인 자원들은 다음과 같다.

1) 포트폴리오

DMC는 기획가들과의 미팅자리에서 자신들이 제공해왔던 서비스나, 행사에 제공 가능한 프로그램을 포트폴리오를 통해 제시한다. 운송과 같은 기본적 지원 서비스의 경우 지역에 상관없이 공통된 서비스를 제공하게 되지만, 테마파티, 팀빌딩, 야외관광과 같은 엔터테인먼트 등과 같은 부분은 얼마든지 타 지역과 차별화된 서비스 제공이 가능하다.

2) 브랜드 가치

DMC는 기획가 및 주최측과 지역 업체를 연결해주는 매개체적인 역할을 한다. 특히 DMC가 제공하는 능력이 무형적인 서비스임을 감안하였을 때, DMC에 대한 이미지 및 브랜드에 대한 평판은 기획가와의 협상에 있어 절대적인 위치를 차지한다. 과연 성공적으로 행사를 진행할 수 있는지 여부는 DMC를 통한 수익창출과 행사성공을 보장받을 수 있는 관건이기 때문이다

3) 행사 경험

기획가가 DMC를 찾게 되는 가장 중요한 이유는 산업 내에서의 풍부한 경험을 통한 전문지식을 갖고 있다는 것이다. 비록 DMC가 다른 분야에 비해 규모가 영세하더라도, 갖고 있는 정보의 수준이 다르기 때문에 기획가는 이를 활용하기 위해 DMC를 찾게 된다. 행사경험이 풍부한 DMC라면 행사 주최측의 신뢰를 얻을 수 있기 때문에 DMC 입장에서는 이에 대한 준비가 필요하다.

4) 지역업체와의 네트워크

DMC가 지역 업체와의 관계를 어떻게 유지하느냐에 따라 제공되는 서비스의 내용이 달라지기도 한다. 훌륭한 공급업체와의 관계 형성은 질 높은 서비스를 제공받을 수 있기 때문에 DMC가 얼마나 양질의 네트워크를 구축해 놓았는지가 중요한 관건이 된다. 기획사와 협상을 할 때도 지역공급업체와 좋은 네트워크가 형성되어 있다는 것을 제시할 수 있다면 유리한 조건으로 계약을 체결할 수 있을 것이다.

3 DMC의 업무진행절차

DMC가 성공적으로 자리잡기 위해서는 끊임없이 다른 지역과 차별화된 프로그램을 개발하기 위해 노력해야 한다. DMC가 지역사회 내의 여러 자원들을 관리하고 서비스를 제공한다고 해서, 모든 사업부문에 해당되는 서비스를 제공하는 것은 아니다. 따라서 선택과 집중 전략에 따라 고객이 가장 선호할 만한 영역에 집중적으로 서비스를 제공할 수 있게끔 집중해야 한다. MICE행사와 관련된 부분이 주된 활동영역이 되겠지만, 때로는 소수 개별 고객을 전문적으로 상대하는 DMC도 존재한다.

이처럼 DMC가 특화된 서비스를 제공하려면 우선 시장분석을 통해 시장세분화를 해야 한다. 자신의 지역 및 네트워크 구성상태를 면밀히 분석해서 MICE행사 중 국제회의, 전시회, 박람회, 인센티브 투어, 이벤트 행사 등 어떤 서비스가 가장 자신있게 서비스를 제공할 수 있는지 파악해야 하는 것이다. 도시형 MICE 목적지에서는 회의와 문화예술 관련 콘텐츠 확보에 주력할 수 있고 리조트형 중심의 MICE 행사는 인센티브 투어와 같은 행사에 집중하는 것이 바람직할 것이다. 이와 같은 DMC 업무진행 방식은 매우 복잡하고 불확실성이 크기 때문에 처음부터 체계적으로 업무를 진행해야 사후 문제발생 여지를 줄여나갈 수 있다. 다음은 DMC의 보편적인 업무수행 절차이다.

1) 잠재고객의 발굴

DMC가 상품을 판매하기 위한 첫 단계는 새로운 사업기회를 발견하고 그 고객을 찾는 것이다. 새로운 사업기회에는 고객이 있는 곳 또는 고객이 사업을 하는 곳의 방문에서 시작된다. 이것은 잠재적 고객이 참석하는 것으로 알려진 모든 행사가 포함될 수 있다. 잠재 사업에 대한 정보를 얻는 방법은 다양하나, 각 지역의 컨벤션뷰로와 전시컨벤션 세터, 여행사, 특급호텔 등의 네트워크를 활용해 찾아나가는 것이 바람직하다.

이를 위해서는 평소 협력관계를 맺고 있는 지역 업체들을 정기적으로 방문하거나 세미나 및 포럼 형식을 빌어 미팅 횟수를 늘려나가는 것이 중요하다. 때에 따라서는 양질의 관계를 구축하기 위해 독자적인 행사를 개최에 귀빈으로 초청할 수도 있고 주요 고객이 개최하는 행사에 스폰서로 참여할 수도 있다. 회원사나 후원사로 DMC가 참여할 경우, 관련된 행사를 맡게 될 가능성이 높아지며 조직 내 잠재적인 수요층과의 관계를 형성함으로써, 네트워크를 확장할 수 있다. 즉 DMC와 같은 고객 및 기획자들과 함께 사업을 하는 업계 대표들과의 관계를 형성하는 것은 새로운 사업기회를 식별하는 데 효율적인 방법이라고 할 수 있다.

2) 사업제안서 작성

주최측이 행사를 개최할 지역이 확정되면 회의기획가는 현지에서 파트너십을 맺을 수 있는 전문 DMC를 찾게 되는데 RFP를 지역의 DMC업체에 제시하게 된다. 그러면 DMC는 본격적으로 사업제안서 작성을 시작하는데 핵심 콘셉트를 먼저 결정할 필요가 있다. 주최측의 의도를 정확히 파악하는 과정을 통해 얻을 수 있는데 여기에는 창의와 혁신이라는 화두가 필요하고 이어 예산분석도 필수적으로 따라야 할 과정이다.

보편적으로 성공적인 제안서는 주최측과 기획사의 만족뿐만 아니라 프로그램에 참여하는 참가자 만족까지도 염두에 두고 작성될 수 있어야 한다. 때문에 제안서 작성은 기존 행사의 반복이 아닌 창의적인 내용을 담고 있어야 하는 것이다. 창의적인 제안서를 작성하기 위해서는 많은 시간이 필요하기 때문에 주최측에 제출하기 위한 마감시간에 쫓기게 되면 낭패를 볼 수도 있다. 따라서 DMC는 평소에도 연구개발을 꾸준하게 진행하여 의뢰가 들어왔을 때 양질의 제안서를 빠른 시간에 제출할 수 있는 준비가 필요하다.

예산의 경우 사업제안을 성공적으로 수행하기 위한 가장 중요한 관문이라고 볼 수 있다. DMC 서비스 제공 내용이 아무리 훌륭하다 하더라도, 주최측에서 제시한 예산을 넘길 경우 제안된 사업내용은 무용지물이 될 수 있기 때문이다. 또한 예산 문제는 주최측이나 DMC 양측에 있어 모두 민감한 부분이라 할 수 있어 서로 조심스럽게 접근해야 하는 부분이다.

특히, 주최측이 경쟁입찰을 통해 필요로하는 DMC를 선정하려고 한다면, 가격대비 성과창출을 극대화할 수 있는 사업제안서를 채택할 가능성이 높기 때문에 유무형의 성과창출에 대한 합리적인 설득을 준비해야 할 것이다. 이 경우 중요하게 고려해야 할 것은 DMC가 보유하고 있는 다양한 자원을 어떻게 효율적으로 배분할 수 있을 것인지 여부이다.

3) 현장 조사

현장 조사는 DMC가 제안하려는 프로그램에 포함되는 업체를 방문하여 장소와 프로그램을 직접 확인하는 절차를 말한다. 보통 업체들은 간혹 자신의 프로그램을 실제보다 다소 과장하여 홍보하려는 경향이 있어 현장실사는 필수절차인 것이다. 또한 DMC가 현장확인 없이 주최측에게 프로그램을 바로 제안했을 경우, 나중에 프로그램의 품질이 떨어지는 경우는 DMC가 신뢰하락에 대한 부담을 껴안을 수도 있는 것이다.

현장답사는 주의 깊게 계획되고 진행되어야 하는데, 비용이 동반되기 때문에 보통 지역업체의 후원을 받아 진행되는 경우가 많다. 지역업체는 아무래도 프로그램 기획에 대한 이해도가 회의기획가 및 DMC에 비해 떨어지기 때문에 소통을 통한 사전준비가 필수이다. 현장실사를 통해 DMC는 자신의 능력을 고객인 회의기획가에게 입증해야 하기 때문에 긍정적인 이미지를 부여하기 위한 세심한 관리가 필요하다.

4) 계약 및 행사진행

DMC는 사업제안서를 제출하고 채택단계에 들어서면 회의기획자와 더불어 지역의 공급업체인 호텔, 컨벤션센터, 유람선, 이벤트사 등과 성공적인 행사진행을 위해 협상을 통한 계약을 맺어야 한다. 제출된 사업계획서 내용을 토대로 협상과정을 통해 서비스가 제공되는 절차와 방식에 대해 명확히 밝혀야 하며, 참가집단의 특성에 따라 서비스 제공의 내용이 달라질 수도 있다는 융통성의 여지를 남겨야 한다.

실제 프로그램이 계약되면 본격적으로 DMC는 고객을 대상으로 서비스 제공이 시작된다. 시장환경은 언제든지 바뀔 수 있고 불확성실을 담고 있기 때문에 DMC는 업무추진 과정에서 밀접하게 고객과 소통과 협력관계를 이어가야 한다. 특히, 행사진행 중에 서비스를 제공받는 참가자의 수가 수시로 변하기 때문에 DMC는 비용문제와 그 밖의 운영 세부사항을 수시로 수정하며 진행해 나가야 한다.

때로는 주최측이나 회의기획가가 프로그램 진행 도중에 적극적으로 관여하여 의견을 개진하게 되면 DMC는 계약에 없는 새로운 서비스를 추가하거나 혹은 삭제해야 하는 상황에 직면하게 되는데, 지역 공급업체 대상으로 변경된 프로그램에 대한 내용에 대해 설득할 수 있는 역량을 가지고 있어야 한다.

변경된 운영부분에 대하여 적극적으로 관여하면 기획시간 중에 다른 활동과 서비스가 추가되거나 프로그램에서 제거될 수 있다. 사무국뿐만 아니라 DMC 역시 행사진행 중 갑자기 변하는 사항들이 있는지 끊임없이 확인하며, 만약 변화내용이 있다면 시설 측에 즉시 통보해 적절한 서비스가 제공될 수 있도록 노력해야 한다.

5) 사후관리

행사가 종료된 이후 DMC는 고객에게 제공한 서비스 및 프로그램에 대해 정산을 해야 한다. 금액청구는 행사 이전에 체결한 계약서 내용을 근거로 진행하면 되는데, 사전에 약속된 서비스와 실제 제공된 서비스를 비교 평가하여 평가를 진행하게 되고, 이는 포괄적이 아닌 세부적인 항목별로 이루어져야 한다. 비용지출은 고정비용과 가변비용으로 나누어 쓰여지는데, 고정비용은 참가자수와 관계없이 지출되는 것이고 가변비용은 참가자수가 중요한 기준이 되기 때문에 행사진행 과정에 항상 참가자수를 정확히 파악하고 있어야 한다.

행사를 마무리하다 보면 대부분 최초계획과는 다른 예산의 추가 및 삭감요인이 발생할 수밖에 없고, 이 내용은 최종 청구서에 정확히 기재되어 있어야 한다. 정산이 끝난 이후 DMC는 행사 전반에 대한 분석내용을 담은 보고서를 주최측과 회의기획사에 제출하면 좋은 평가를 받을 수 있다. 이는 DMC가 제공하는 서비스 품질에 대해 고객의 피드백을 얻는 과정이기 때문에 고객과의 지속적인 관계구축에 있어 중요한 자산이 될 수 있다.

Chapter 11

MICE산업의 협상과 계약

11 MICE산업의 협상과 계약

C · H · A · P · T · E · R

협상은 거래 혹은 합의를 도출하기 위한 관점의 논의로 정의되며, 두 당사자 간에 계약을 하기 위한 협의행위이고, 계약은 당사자에게 협의내용을 이행하도록 의무를 부과하는 법적 행위라고 할 수 있다. MICE산업의 경우 계약은 회의주최측과 회의기획사 그리고 서비스 제공업체 간에 이루어지며, 일단 계약이 체결되면 이행 의무가 발생한다. 계약의 효력을 통해 행사를 둘러싼 각 주체가 맡은바 업무를 성실하게 수행할 것이라는 기대를 가질 수 있고, 이는 주체 모두가 보호받을 수 있는 근거가 될 수 있다.

1 협상

협상은 개최지가 선정되면서 시작된다. 성공적인 행사를 진행하기 위한 계약서를 작성하기 위해서는 많은 필요사항들이 협상기간 내에 다루어져야 한다. 참가자가 이용할 호텔의 객실, 행사장, 식음료 등의 기본적인 요소뿐만 아니라 부가적인 프로그램까지 행사진행과정에 필요한 모든 과정이 협상기간 내에 다루어져야 한다. 여기에는 돌발상황이 발생했을 경우에 대한 약정도 포함된다. 협상이 진행될 때 각 주체는 서로 유리한 입지를 확보하기 위해 치열하게 사전에 준비를 진행한다.

우선, 전체적인 행사의 맥락을 파악하기 위해 행사의 구성이 어떻게 되는지 검토작업부터 시작해야 한다. 이어 전체 예산 및 주요 항목별 예산 가이드라인을 준비하고 공급업체와 협상에 들어가기 전에 협상에 대한 계획을 수립한다. 여기에는 후보업체들의 제공가능한 서비스가 어느 범위까지 가능한지를 파악해야 하는데, 주최측의 추가적인 요구사항이 있다면 사전에 이를 반영하여야 한다.

협상을 시작하기 전 상대주체의 전략을 예측하기 위해 서비스 공급업체들이 어떠한 방식으로 수익을 창출하는지 파악할 필요가 있고, 가격협상에 들어갔을 때 협상의 하한선을 미리 염두에 두어야 한다. 그리고 서비스 제공업체가 주최측이 원하는 행사내용을 제한된 예산범위 안에서 진행할 수 있는지 검토해야 한다. 비단 비용적인 측면뿐만 아니라 협상과정에서 회의기획가는 서비스 제공업체의 업무 창의성도 동시에 분석할 수 있어야 한다.

1) 협상의 과정과 태도

일반적인 협상의 과정을 보면 정보수집과 분석 그리고 협상 상대방의 전략과 태도분석 그리고 협상이 합의에 이르렀을 때 내용을 어떻게 문서화하는가에 대한 과정을 거치게 된다. 회의기획가의 협상과정도 비슷한 과정을 거치게 되는데, 우선 회의주최측에 대한 정확한 요구사항을 파악해야 한다. 어떤 사항을 중요시하는지를 파악하여 협상과정에서 우선순위에 있는 사항이 필수적으로 합의될 수 있도록 노력해야 한다.

협상과정에서 정보를 독점하고 진행해야 하는 것이 필요할 때도 있지만, 회의개최와 관련해서는 협상 상대방인 회의기획가와 서비스 제공업체가 서로 정보를 공유하면서 윈윈할 수 있는 방향을 모색하는 것이 더 효율적일 때가 많다. 이는 원활한 협상과 계약을 위해서도 중요하지만 선택가능 한 대안을 더 많이 찾을 수 있기 때문이다. 보통 행사를 개최하는 주최측은 제안요청서(RFP: Request for Proposal)의 형태로 서비스 제공업체에게 정보를 제공하게 되는데, 가능한 자세하게 내용을 작성하는 것이 바람직하다.

협상을 진행하다 보면 절충점을 초기에 찾지 못해 상대방에 대해 불신하게 되고 심지어는 협상을 끝내고 싶다는 생각을 가질 때가 많다. 협상은 어느 한쪽이 일방적으로 유리하게 이끌어 가는 것은 결코 바람직하지 않고, 쌍방이 어느 정도 만족할 수 있는 절충점을 찾는 것을 목표로 삼는 것이 좋다. 다만, 그 절충점이 과연 어느 시점에서 이루어져야 하는가는 협상의 능력과 경험에서 우러나올 것이다.

협상이 완료되면 협상내용을 문서화해야 하는데 구두상으로 합의한 내용은 나중에 법적인 보호를 받기 어렵기 때문에 서면으로 협정서를 작성해야 한다. 협상에 대한 합의를 이룬 후 서류에 서명하면 다시 돌이킬 수 없기 때문에 서명전에 주최측과 서비스 제공 업체측은 계약서에 자신들이 원하는 사항들이 누락됨이 없이 적절하게 반영이 되었는지 꼼꼼하게 확인하는 절차를 거쳐야 한다. 특히, 서명은 정당한 권한을 가진 사람이 해야 하며, 그렇지 않을 경우 구속력이 발생하지 않기 때문에 이에 대한 확인절차도 필요하다.

2) 정보수집 방안

최근 정보의 홍수시대를 맞아 회의기획가가 수집해야 할 정보의 양은 한정된 시간 내에 파악하기 어려울 정도로 너무도 방대하다. 이 많은 정보 중에서 필요한 정보만을 발췌하여 검토를 하려면 회의기획가 단독으로 진행하기에는 힘들고 보통 지역의 컨벤션뷰로와 같은 DMO조직의 도움을 받는 것이 현명할 것이다. 컨벤션뷰로는 지역업체에 대한 제반 사항을 이미 파악하고 있기 때문에 정보요청을 하면 신속하게 자료를 얻을 수 있다.

또한 지역업체 뿐만 아니라 개최후보 지역의 이벤트와 관광프로그램에 대한 정보도 제공받을 수 있다. 이처럼 컨벤션뷰로는 개최를 희망하는 주최조직이나 회의기획가에게 객관적이고 공신력 있는 정보를 제공하며, 회의기획가가 지역업체와 RFP를 주고받는 과정에도 기여를 할 수 있다. 컨벤션뷰로 이외에도 해당 지자체의 관련부서, 업종별 협의체 등을 통해서도 정보를 획득할 수 있기에 회의기획자는 우선적으로 정보획득 기관에 대해 파악할 필요가 있다.

한편, 관련기관을 통한 정보수집 이외에 또다른 정보를 수집할 수 있는 방안은 제안요청서를 활용하는 것이다. 제안요청서(RFP)는 행사 개최를 위한 업체의 역량 및 수용태세 적합성 평가를 돕기 위해 서비스 제공업체에서 준비하는 서류로 주최기관이 공급업체에 원하는 서비스의 내용을 제시하고 입찰에 참여하기를 요청하는 문서이다. RFP는 개최지 선정부터 행사기간 내 서비스 공급업체를 선정함에 이르기까지 모든 분야에서 이루어지며, 행사개최와 연관있는 업체 중 희망업체를 대상으로 진행된다.

행사 주최측은 RFP를 통해 서비스 업체에게 전달하고 싶은 소통을 행하게 되는 것인데, 가능하면 자신이 원하는 행사의 목적과 방향 그리고 물리적 요구사항과 참가자에게 제공하고픈 서비스 내용 등을 구체적으로 명시할 수 있다. 그리고 지역업체의 답변을 통해 어느 정도 역량과 수용태세를 파악할 수 있게끔 문서를 작성해야 한다.

좀더 구체적으로 보면 RFP 안에는 일반적으로 행사 참가자 및 주최조직에 대한 정보가 담겨 있고 행사개최의 선호날짜 그리고 희망하는 옵션사항, 일별 필요로 하는 객실의 수와 형태, 회의실의 수와 규모, 전시회 개최에 따른 공간확보와 부수의 수, 야외 이벤트와 관광프로그램, 그리고 수용가능한 예산범위 등을 다루고 있어야 한다. 지역업체는 이러한 제안요청서를 받고나서 자신의 역량분석과 제시된 예산크기가 적절한지를 판단하여 입찰에 참여할 것인지를 결정하게 된다.

제안요청서에 대한 업체의 신청은 보통 두 개 업체 이상 복수인 경우가 많으므로 회의주최측과 기획가는 어떤 업체를 선정할 것인지를 결정할 수 있는 평가기준이 마련되어 있어야 한다. 행사의 성격에 따라 평가기준은 다양하게 적용되겠지만, 보편적으로 검토해야 할 것은 제안 내용이 명확한가, 특정방향으로 치우친 것은 아닌가, 행사의 성격과 목표에 부합하는가, 제시된 예산범위를 수용하는가, 제시된 내용은 진실하고 증빙자류는 첨부되어 있는가 등의 내용이 해당될 것이다.

3) 계약을 위한 현장조사

RFP를 통한 정보수집 후 회의기획가는 유력한 후보지에 대한 조사를 진행하게 된다. 아무리 전문적인 기획가라 하더라도 서류평가만을 가지고 제안업체의 적합성과 회사경영실태를 파악하는데 무리가 있으므로 직접 개최지를 방문하여 제안요청서에 기재된 내용이 사실인지 확인하고, 담당자와 면담을 진행하게 된다. 현장조사에는 비용을 절감할 수 있는 요소가 많은데 호텔의 경우 지정호텔로 선정되기 위해 많은 서비스를 제공하려고 노력한다.

현장조사는 개최지와 개최장소로 구분하여 평가할 수 있는데 개최지는 행사가 진행되는 목적지 개념으로 파악하면 될 것이다. 개최지 특성을 우선 파악해야 하는

데 가장 중요한 요소가 접근성 분석이다. 해당 지역을 방문하는 항공편과 선박편 혹은 지상교통편이 참가자 편의를 위해 어느 정도 서비스를 제공할 수 있는가를 파악해야 하고, 지역이 보유하고 있는 관광자원, 쇼핑시설, 회의관련 시설, 컨벤션뷰로 서비스 제공 유무, 그리고 안정성과 청결 등의 관심사를 둘러볼 것이다.

다음은 숙박시설에 대한 실사에 나서는데 호텔의 접근성, 객실수용능력, 고객서비스 제공수준, 비즈니스센터 이용 편의성, 장애인 접근성 편의, 종사원의 서비스 등을 종합적으로 평가하게 된다. 참가자를 배려하는 차원에서 숙박요금을 차등 적용하는 것이 가능한지 파악해야 하고, 회의 주최측을 위한 사무국 설치, 프레스룸 등의 이용편의가 가능한지 검토해야 한다.

현장 실사에는 호텔 위생과 청결도 물론 검토대상이 되는 것이고, 객실의 가구와 조명, 수납공간, 냉장고와 미니바, 무선 인터넷 가능 여부도 포함된다. 그외 안전시설을 위한 화재경보기, 자동소화장치, 비상구 확보, 보안시설 여부를 비롯해 프론트에서의 예약절차 편의, 환급정책, 조기도착과 지연 출발에 따른 비용과 관리방안, 케이터링 메뉴와 비용도 확인대상이 된다.

행사 개회식과 폐회식 등 주요 행사가 진행될 회의시설에 대한 점검도 필수대상이다. 접근성을 비롯해 회의진행에 필요한 편의시설 구비 여부, 주요 회의장과 소규모 회의장 간의 이동거리, 교통수단, 지역 관광자원과의 이동거리, 숙소와의 접근성이 검토대상이다. 이어 행사참가자 수용능력과 A/V 장비 보유 여부, 전시공간 확보, 무선인터넷 접근성 등을 실사해야 한다.

식음료서비스 역시 참가자에게는 중요한 관심사가 된다. 식음료서비스 제공주체는 누구인지 파악해야 하고, 여기에는 인지도와 평판 그리고 영업시간, 위생과 청결, 피크타임 때의 고객 수용능력, 단체인원 수용능력, 메뉴의 맛과 다양성, 시간대별 가격차등 여부, 뷔페와 연회메뉴 그리고 부가가치세와 팁 등과 관련된 사항을 파악해야 한다.

행사에 만약 전시회 개최가 동반된다면 전시장소 역시 실사대상이 된다. 주변 물류창고와 전시장소와의 접근성, 화물하역 여부와 적정용량, 안전 및 보안서비스, 조명장치의 설치 및 이용편의, 부스 설치 편의와 참가자 이동 동선의 확보, 현수막

제한 규정, 부수적 기자재 설치 제한, 사무국 설치 가능 여부 및 이벤트 장소확보 등이 검토대상이 된다.

4) 업체별 협상내용

(1) 수송업체

수송업체의 협상대상은 대표적으로 항공사와 지상에서의 교통수단이 된다. 항공사의 경우는 특히 협상준비에 만전을 기해야 하는데, 왜냐하면 기존에 확정된 항공스케줄이 존재하기 때문에 변경이 여간 까다로운 것이 아니다. 항공사와의 협상테이블에 올라갈 요소로는 대표적인 것이 단체참가를 예약하고자 했을 때 가격할인이 어떻게 될 것인지 여부를 논의하는 것이다. 물론 항공사 자체별 예금할인 규정이 있기 때문에 협상의 여지가 많지는 않지만 최대한 융통성을 발휘해야 할 것이다.

그 외에 예약편의와 취소에 관한 규정, 계약 이후 가격상승 요인이 발생했을 때 개런티 문제, 전체 참가자 수 대비 무료좌석 제공 여부, VIP를 위한 좌석 등급 제공 여부, 단체할인이 가능한 기간확보 등을 협상해야 한다. 지상 수송업체와 관련해서는 공항과 숙소 간 이동을 위한 수단 확보, 회의장과 숙소 그리고 주요 편의시설을 이동하는 셔틀버스 운행 등을 논의해야 한다.

(2) 회의시설

대표적인 회의시설은 역시 전시컨벤션센터와 호텔이 될 것이다. 임대비용은 다소 비싸겠지만, 참석자 만족 및 전체적인 회의진행 이미지를 위해서는 가능한 회의전문 시설을 활용하는 것이 바람직할 것이다. 다만, 호텔의 경우 객실을 이용한다면 회의공간의 임대료를 저렴하게 활용할 수 있고, 반대로 객실 이용이 없다면 회의장 임대료는 높게 책정될 수밖에 없다.

보통 회의규모가 크고 전시회가 동반되는 행사라면 호텔보다는 전시컨벤션센터를 활용하는 경우가 많은데, 센터와 협상에 나서기 전에 우선 행사 주최측과 면담을 통해 요구사항을 충분히 숙지하고 센터에서 제공받을 수 있는 다양한 프로그램에 대한 파악이 필요하다. 전시컨벤션센터는 특히 식음료 서비스와 관련 자체적으로 제공하기보다는 외부 전문업체를 통한 케이터링 서비스를 이용하는 경우가 많기 때문에 가격과 서비스에 대한 논의가 필요하다.

전시컨벤션센터와 협상과정에서 논의해야 할 주요 내용으로는 행사와 이벤트 진행을 위한 메인 무대 설치 및 철거, 행사기간 내 주최측이 이용가능한 편의시설, 개회식 및 폐회식 그리고 소규모 회의실 이용에 따른 장비임대료, 행사가 진행되는 동안 타행사의 중복 여부, 예약기간 및 취소에 따른 비용 처리 여부, 계약금 지급방식 그리고 행사장 훼손에 따른 보상 등이 되겠다.

한편, 전시공간과 관련해서는 회의와 달리 부스설치가 필요한 사안이므로 공간확보와 관련된 협상이 중요한 사안이 될 것이다. 공간확보가 결정되면 부스의 숫자, 부스 간판, 전시회 진행기간 추가되는 서비스 요청, 행사장 물품의 반입과 반출 기간, 부스 설치와 철거에 따른 시간제약, 각종 벌금규정 등이 협상대상이 된다.

(3) 호텔 및 식음료

호텔은 전체 회의시설 유형 중 이용빈도가 가장 많은 장소이고 회의개최와 관련된 협상항목도 그범위가 넓고 까다로운 편이다. 호텔 내에서 회의가 개최되는가, 아니면 회의개최는 없이 객실 블록만 잡고 이용이 되는가에 따라 협상내용이 달라질 것이다. 우선 객실블럭과 관련해서는 행사기간 참가자가 이용하는 공간에 대해서 타행사자나 일반관광객이 이용하지 못하도록 협상해야 한다.

객실 블록은 객실의 유형을 따져야 하는데, 싱글과 더블 그리고 스위트와 같이 종류별로 예약을 진행해야 하고, 가장 유의해야 할 것은 참가자 수 변동으로 인해 객실 블럭을 잡아 놓은 것이 크게 부족하거나 여유분이 과다하게 남아도는 상황일 것이다. 객실이 부족한 상황이 되었을 때 호텔측의 협조를 얻어 타호텔 예약을 확보할 수 있는 내용논의가 필요하고 블럭잡은 객실이 남아도는 경우 취소에 따른 비용처리를 어떻게 할 것인지 협상해야 한다.

객실요금 지급과 관련된 협상 역시 사전에 진행되어야 한다. MICE와 관련된 행사는 보통 대규모로 이루어지고 개최지 결정은 1년 혹은 2년 전에 이미 정해지므로 객실요금도 이 시기에 따라 확정되어져야 한다. 그래야 사전등록자를 대상으로 객실요금 정보를 제공할 수 있기 때문이다. 주의할 것은 협상기간 동안에 정해진 객실요금이 행사가 개최되기까지의 기간 동안 환율변화나 물가지수 변동이라는 변수를 만날 수가 있는데, 협상 당사자는 이러한 상황에 어떻게 규정을 둘 것인지 논의해야 한다.

식음료와 관련된 내용은 주로 세금문제와 종사원 인건비, 주류반입 그리고 외부 케이터링 업체의 활용 등의 논의대상이 된다. 세금문제의 경우 이미 기존 법령에 상당부분 관련 규정이 정해져 있기 때문에 크게 문제될 것은 없지만, 면세규정을 둘러싸고는 주의깊에 논의를 해야 한다. 보통 비영리단체의 경우 행사에 따른 면세혜택을 받는 경우가 있는데 사전 협상과정에서 필요한 증빙서류를 제출하고 이를 밝혀야 한다.

종사자 인건비에 대해서는 팁규정을 어떻게 적용할 것인가를 논의해야 한다. 이용고객이 자신의 의사에 따라 종사원에게 팁을 줘야 하는지, 아니면 호텔요금에 이미 서비스요금이 포함되는지를 확인해야 한다. 주류와 음식반입은 외부에서 가져오는 경우 이에 대한 일정비율의 비용을 처리하는 구조를 이해해야 한다. 사실, 호텔입장에서는 식음료 판매를 통해서 수익창출을 기대해야 하는데, 외부에서 반입해버리면 매출효과가 반감될 수밖에 없다. 따라서 외부에서 주류 혹은 음식이 반입되는 경우 별도의 비용을 부과하거나 혹은 행사장 임대료를 다소 높게 책정하는 방식을 논의하게 된다.

MICE행사를 진행하다 보면 참가자의 만족제고를 위해 호텔 내부가 아닌 야외에서 테마파티 형식을 빌어 진행하는 경우도 있다. 이 경우 호텔에서 외부로 음식을 반출하는 케이터링 서비스가 진행되어야 하는데, 호텔 내부에서 제공되는 가격보다 높게 책정이 될 것이다. 왜냐하면 종사원 서비스가 따라야 하고 음식포장, 식기 및 테이블의 운반 등이 동반되기 때문이다. 테마파티 형식으로 진행되는 경우에는 각종 소품과 미니 이벤트 그리고 인테리어 구성 등이 뒤따르는 경우도 있어 이에 대한 협력업체와의 추가 협상이 필요하다.

2 계약

계약은 협상에서 논의된 모든 내용들을 포함시켜야 하고 구체화시켜야 하며 명문화해야 한다. 그리고 서비스 제공과 관련하여 추가적인 논의가 있었다면 특약사항을 넣어 그 내용 역시 모두 계약서에 넣어야 효력을 발휘할 수 있다. 예를 들어, 행사기간 내에 서비스 제공업체가 셔틀운송 서비스나, 통역서비스 등 부가적인 서비스를 추가적으로 제공하기로 협상했다면 그 횟수와 노선 등 구체적인 사항을 계약서에 넣어야 한다. 합의된 내용을 구두상으로만 처리할 경우 나중에 문제가 발생하였을 때 보호받을 수가 없으므로 주의해야 한다. 문서로 기록되지 않으면 서비스가 제공된다는 기대는 하지 않는 것이 바람직한 것이다.

MICE산업과 관련된 행사를 진행할 때 회의기획자는 하나의 계약이 아닌 복수의 서비스업체와 협상과 계약을 동시에 진행하게 된다. 따라서 모든 계약내용을 숙지하고 진행하려면 사전에 충분한 준비가 있어야 차질 없이 복수의 계약을 체결할 수 있다. 계약내용을 체결할 때에는 쌍방의 합의하에 설정된 공통의 목적과 세부적인 조건을 다루어야 하는데, 포함되어야 할 내용은 우선 업체의 서비스 개시와 종료일에 대한 기간이 제시되어야 하고, 이에 따른 가격을 계약서 내용에 명시해야 한다.

상해나 손실이 발생했을 경우 법적 책임소재가 명확해야 하고, 계약위반시 행해질 손해배상과 조치에 대한 언급도 포함되어야 한다. 더불어 자연재해와 같은 불가항력적인 사항으로 인해 계약을 위반하게 되었을 때 면책이 되는 범위가 있어야 한다. 최종 계약서는 제3자가 계약관계자들에게 계약내용을 질문하지 않고도 그 의도를 충분히 이해할 수 있도록 명백하게 기술되어야 한다.

주최측과 서비스 제공업체간 계약이 법적으로 정당한 권리를 갖기 위해서는 몇 가지 고려해야 할 사항이 있는데 우선 명확한 조건을 제시해야 한다. 계약은 서로 다른 의사를 가진 쌍방 간에 합의된 의사를 법적으로 명시하고 이행할 것을 밝히는 것을 말한다. 주최측은 적절한 업체를 물색하고 계약을 진행하기 위해 제안요청서(RFP : Request For Proposla)를 보내기도 한다.

예비협상은 공식적인 계약절차에 포함된다고 할 수 없다. 계약을 위한 협상과정이나 제안요청서를 주고받는 과정에서 계약조건이 잠재적으로 정해지기 때문에 쌍방이 명확하게 조건을 이해할 수 있도록 조건을 미리 제시할 수 있어야 한다. 또한, 계약내용을 수정하길 원하면 쌍방의 합의가 있어야 하고 어느 한쪽이 거부하면 계약내용은 변동될 수 없다. 계약 수정절차는 한쪽 당사자가 상대방에게 수정안을 제안하고 상대방이 그 내용에 대해 서명하면 계약수정은 이루어지게 된다. 계약서 서명은 법적인 효력을 갖는 당사자가 직접해야 하는데, 피치못할 사정으로 대리인에게 위임했을 경우 정당한 권한을 위임받았다는 위임장을 확인해야 한다.

예치금과 관련된 내용도 계약서에 포함되어야 하는데, 주최측 예치금은 서비스업체에서 요구가 있을 때 적용된다. 예치금액은 선불의 몇 % 정도를 납부할 것인지 밝혀야 하고 납무 마감일도 명시가 되어야 한다. 보험과 관련된 사항도 계약서에 포함이 되어야 하는데, 서비스 제공업체는 사고가 발생했을 경우를 대비하여 주최측에 보험에 가입할 것을 요구한다.

Chapter 12

MICE 마케팅

12 MICE 마케팅

C · H · A · P · T · E · R

1 MICE상품의 특성

MICE산업은 서비스를 기반으로 이루어진 산업의 특성을 가지고 있으며, 주최측과 회의기획자가 참가자를 대상으로 무형의 서비스와 프로그램을 제공하고 소비자는 제공된 프로그램을 구매하는 절차를 거치게 된다. 서비스상품의 경우 무형의 상품형태를 보이는 경우가 대다수인데, MICE산업에서도 행사기간 내의 참가자를 대상으로 한 프로그램의 진행은 대부분 무형성의 성격을 보이는데, 무형성을 구매하는 회의참가자가 만족할 수 있도록 독특한 경험의 프로그램 제공이 필수적이다.

MICE상품의 또다른 특성은 제공되는 서비스가 단일형태가 아닌 복합적인 패키지 형태로 상품이 판매된다는 것이다. 일반적인 서비스업체에서는 고객이 구매한 서비스가 고객에게 중점적으로 제공되는 반면, MICE의 경우, 숙박, 식음료, 레저, 엔터테인먼트, 기자재, 관광, 운송 등 행사진행을 위해 필요한 모든 서비스들이 행사의 진행 중에 제공되기 때문에 복합적인 성격을 갖는 것이다.

이처럼 일반 서비스 상품과는 다른 특성을 갖는 MICE상품을 판매하려면 체계적인 마케팅전략을 구사하는 것이 필요하다. 우선 행사의 성격을 정확하게 파악한뒤 이행사에 적합한 잠재 수요층을 파악해야 한다. 그리고 시장세분화를 통해 표적시장을 선정한 뒤 선택과 집중에 따른 전략을 펼쳐나가야 한다. 따라서 마케팅전략의 시발점은 행사 기획단계에서부터 시작이 되어야 한다. 행사의 기획의도를 밝히고 그에 걸맞은 콘셉트를 잡아야 하며 행사 성과목표를 정해야 한다.

2 마케팅 절차

MICE상품을 판매하기 위한 마케팅절차는 일반상품의 마케팅절차와 크게 다르지는 않다. 우선 시장조사와 분석과정을 거쳐야 할 것이다. 앞서 언급한 MICE 상품에 대한 자체분석을 통해 특성과 콘셉트를 파악하고 이에 가장 걸맞은 수요층을 찾아야 하는데, 보통 MICE 잠재 수요층은 국내외적으로 광범위하게 퍼져 있기 때문에 관련 국제기구라든가, 혹은 주요 도시의 컨벤션뷰로 등과 같은 단체를 통해 파악하는 것이 효율적일 것이다.

좀더 구체적으로 보면 개최예정 행사관련 국내외 시장동향분석, 행사가능 업체분석, 전차대회 결과보고서 분석, 잠재적 경쟁행사 분석 등의 요인들에 대한 총체적인 비교분석이 필요하다. MICE시장 관련 많이 활용되는 방법은 SWOT 분석이다. SWOT 분석은 시장의 강점, 약점, 기회, 위협요인을 분석하는 것으로 주최측 입장과 참가자 입장 그리고 경쟁시장 등으로 나누어 분석을 시행해야 할 것이다.

다음단계로는 목표시장을 선정하는 것인데, 회의기획자가 어떤 기준을 사용하여 분석하느냐에 따라 세분화된 시장은 여러 형태의 모습으로 나타날 것이다. 이 중 기획하고 있는 프로그램 및 서비스와 가장 조화를 이룰 수 있고, 최상의 서비스를 제공할 수 있는 복수의 참가자 집단을 선별해야 한다. 참가자집단을 선별할 때 기획자는 어떤 시장세분화 기준을 사용할 것인지, 참가자들이 필요와 욕구를 충족시켜 줄 수 있는지를 고려하여 참가자집단을 선별하게 된다.

일반적으로 참가자집단은 경제적 파급효과, 즉 수입관련 측면에서 유리한 대상을 선정한다. 잠재적인 참가자 집단을 선정하게 되면, 그들의 특성에 따라 표적시장을 선정하게 되며, 시장과 참가자 집단의 선정 후에는 그들의 참가를 독려할 수 있는 전략적인 마케팅계획의 수립을 진행하게 된다.

시장 포지셔닝은 세분화에 따라 해당상품을 산업 내에서 적절한 위치에 배치시키는 것을 말하며, 잠재적인 참가자들이 형성하고 있는 이미지를 의미한다. 자신들이 원하는 방향으로 포지셔닝을 하기 위해서는 먼저 참가자들이 원하는 것이 무엇인지 정확하게 파악하는 것이 중요하다. 이를 위해서 서비스 제공업체의 위치와

환경, 종사원들의 서비스 수준에 대한 파악이 이루어져야 하며, 경쟁업체의 전략에 대한 분석도 포지셔닝전략 수립에 필요한 부분이다.

포지셔닝전략이 수립되면 다음 절차로는 마케팅목표에 대한 설정이 필요하다. 주최측의 입장과 잠재적 참가자를 대상으로 그들이 원하는 바를 파악하여 명확한 목표설정이 이루어져야 하고, 가능하다면 정량적으로 측정이 가능하도록 해야 한다. 또한, 조직의 모든 구성원들이 쉽게 이해할 수 있도록 기술이 되어야 하고, 포괄적인 목표제시 뿐만 아니라 개별부서의 목표치도 제시하여 업무과정에 있어 목표에 의한 관리가 될 수 있도록 하는 것이 바람직하다.

마지막으로 마케팅계획에 대한 보고서가 작성되면 이를 토대로 실무자는 업무를 진행해야 한다. 다만, 지속적인 모니터링 작업을 통해 문제점이 발견되거나 더 나은 대안이 제시된다면 신속하게 마케팅계획을 변경시키는 것이 좋다. 행사가 종료된 이후에 마케팅보고서는 평가과정을 거쳐 개선책을 마련하고 피드백 과정을 통해 차기 행사에 자료로 활용될 수 있도록 해야 한다.

3 뉴마케팅 전략

과거와 달리 인터넷이 발달하면서 새로운 마케팅전략이 등장하고 있다. 예전에는 참가자에게 브로슈어를 발송하거나 박람회에 참가하여 홍보하는 대면전략이 주를 이루었다면, 인터넷을 통해 주최조직이 잠재적인 참가업체들과 실시간으로 접촉하는 것이 가능함에 따라 이메일, 블로그, SNS 등 다양한 방법의 온라인 마케팅이 이루어지고 있다. 특히, 온라인 마케팅의 경우 다른 마케팅전략과는 달리 시간과 노력이 적게 들고 비용부담이 적다는 장점을 갖고 있다. 이로 인해 많은 회의기획가들이 마케팅전략을 세울 때 온라인 마케팅을 선호하고 있다.

1) 이메일 마케팅

이메일은 비용이나 노력이 적게 든다는 장점으로 많은 업체들이 마케팅전략으로 활용하고 있다. 매년 이메일을 통해 수많은 메시지가 잠재고객에게 보내어진다. 대부분의 메일은 웹사이트로 고객을 유인하기 위한 것으로 스팸메일로 처리되고 있지만, 잘 활용한다면 이메일은 간편하고 손쉽게 참가객을 유인할 수 있는 핵심적인 수단으로 자리잡을 수 있다.

이를 위해 주최조직은 제대로 된 메시지를 갖고 적합한 사람들에게 접근해야 한다. 잠재적인 고객리스트를 만들고 지속적으로 접촉하고 상호작용을 통해 관계를 형성해 나간다면 주최조직은 효과적인 고객관리를 행할 수 있다. 고객 리스트를 만들기 위한 정보수집과 분석, 데이터베이스 형성에서 비용이 들 수 있지만, 인쇄자료에 의존한 마케팅전략에 비해 훨씬 적은 비용이 들며, 한번 형성한 DB는 지속적으로 활용할 수 있다는 장점이 있다.

다만, 기획가는 정보수집을 함에 있어 단순히 인구통계학적 기준만을 사용할 것이 아니라 사회적 분석, 심리적 분석 등 다양한 분석기준을 활용하여 적합한 데이터베이스를 형성할 수 있도록 노력해야 한다. 고객리스트가 작성되었다면 주최측은 각 고객들에게 자신들의 행사 참여를 유도하기 위한 초대장을 보내게 된다. 고객의 위치와 특성에 따라 초대장의 구성은 다르게 구성된다. 기업환경에서의 회의 초대장은 경영진을 위한 것과 일반 참가자를 위한 것, 그리고 세일즈 부서를 대상으로 한 내용이 다르게 구성되어야 한다.

이들 뿐만 아니라 잠재적인 회원, 기존 참가자, 연설자, 직원, 판매자, 스폰서에게도 이메일을 통해 초대장이 전송될 수 있기 때문에 고객 리스트를 작성 후 수신자 특성별로 세분화해 각 분야별 적합한 초대장을 구성해야 한다. 다만, 모든 수신인에게 배포되는 공통사항이 있는데, 이 부분에 관해서는 전달코자 하는 메시지를 명확하게 제시해야 한다.

최근에는 이메일을 행사 후 평가의 수단으로 활용하는 사례도 증가하고 있다. 등록신청서에 참가자가 남긴 이메일을 토대로, 행사기간 동안 참가자가 느낀 좋은 점, 개선해야 할 사항, 문제점 등을 파악하기 위해 이메일에 링크를 걸어 평가절차를 진행하기도 한다. 평가완료 후 결과는 차기 대회 개최시에 개선사항으로 활용할 수도 있고 혹은 행사 참여단체에 마케팅을 위한 자료로 제공할 수도 있다.

2) 블로그/SNS 마케팅

최근 참가자들은 행사 공식 홈페이지뿐만 아니라 블로그나 SNS 페이지를 통해서도 관련된 정보를 수집하고 있다. 블로그는 사람들이 공식 홈페이지보다 수월하게 접근할 수 있을 뿐만 아니라, 주최 조직과의 상호작용을 통한 피드백을 받을 수가 있다. 블로그는 협동적인 공간, 정치적 가두연설, 뉴스방출, 링크들을 제공한다. 공식 웹사이트가 방문자들을 대상으로 한 일방적인 정보제공에 그치지만 블로그는 정보 제공뿐만 아니라 방문객들의 반응도 살피고 정보를 나눌 수 있다는 쌍방향적인 수단이라는 점에서 효과적인 마케팅수단이라고 할 수 있다. 이를 위해, 블로그에 뉴스와 링크 그리고 아이디어를 공유할 수 있는 공간을 만들어야 한다.

최근 급성장하고 있는 소셜네트워크서비스(SNS: Social Network Service)는 그 역사가 오래되지 않았지만 빠른 성장을 이루어내면서 이용자의 폭발적 증가를 가져왔다. 해당 공간에서 제공하고 있는 서비스의 수가 많고 콘텐츠도 다양한 내용을 담고 있다. 특히 국가나 지역 등 위치는 달라도 공통적으로 웹 사이트라는 온라인 공간을 기반으로, 대인관계의 형성 및 유지, 관계망 구축, 정보교류의 장으로써 활용되고 있다는 특징이 있다.

스마트폰을 통해 SNS에 실시간으로 접속이 가능해지면서, 이용자는 팬페이지를 통해 의견이나 정보를 게시할 수 있고 관계를 맺을 수 있다. 이러한 특성을 기반으로 주최자나 회의기획가는 행사 팬페이지를 개설하고 실시간 정보 업데이트와 참가자와의 끊임없는 교류를 해나갈 수 있다.

SNS를 보다 더 효과적인 마케팅수단으로 활용하려면 그에 걸맞은 전략을 수립할 필요가 있다. 먼저, SNS 운영전략을 장기적인 관점에서 살펴봐야 한다. SNS가 아무리 실시간 접근성을 통해 접촉 빈도를 높인다 하더라도 참가자들에게 긍정적인 이미지를 형성하기 위해서는 장기적인 관점에서, 브랜딩전략과 맞물려 운영되어야 한다. 기존 미디어를 통한 마케팅은 정해진 기간 동안 참가자에게 노출되는 수를 집중적으로 높임으로써 단기적인 효과를 거둘 수 있지만, SNS는 이와 같은 순간적인 효과는 이룰 수 없다는 단점을 갖고 있다.

짧은 시간에 많은 정보가 오고가는 SNS의 특성상 기업이 전하고자 하는 메시지가 한 번에 참가자에게 전달되는 것은 매우 어려운 일이므로, 회의기획가는 장기적인 관점에서 SNS 마케팅전략을 수립해야 하며, 차후에 고객이 기업에 대한 정형적인 이미지를 가질 수 있도록 브랜딩전략을 수립해야 한다. 다시 말해, 온라인 단독에서의 마케팅이 아니라 온/오프라인이 연계된 마케팅전략을 세워야 한다.

4 스폰서 마케팅

1) 스폰서십(Sponsorship)

MICE행사는 항상 재원조달에 어려움을 토로하고 있고 그 대안의 하나로 후원자(스폰서십)를 구하는 것을 대안의 하나로 간주하는 경우가 많다. 그러나 최근 경제가 장기간 어려움을 겪고 유사한 행사가 중복개최되면서 스폰서를 구하기는 점점 더 어려운 환경으로 변하고 있다. 이런 상황에서 기업체의 후원을 확보하려면 기업이 요구하는 유무형의 성과창출에 한발 더 다가서지 않으면 안된다.

따라서 MICE 주최자와 스폰서와의 관계는 항상 협력적 관계틀 속에 자리매김하면서도 때로는 긴장관계에 놓일 수밖에 없는 것이다. 신규 스폰서를 확보하는 것도 중요하지만, 어쩌면 기존 스폰서와의 지속가능한 관계를 유지하면서 행사 개최시마다 후원을 확보하는 것 역시 중요하다. 스폰서는 행사주최자에게 행사지원금이나 물품지원을 제공하고, 행사를 통해 기업의 로고나 이미지를 홍보할 수 있는 기회를 부여받는 것을 말한다.

과거에는 행사의 후원에 대해 기업이윤의 사회적 환원 혹은 기부로 인식하는 경우가 많았으나, 오늘날은 기부보다는 스폰으로 인한 직접적인 기업이익을 창출할 수 있기를 바라는 경우가 더 늘고 있는 추세이다. 스폰서십이 성공하려면 무엇보다 주최측의 세밀하고 성과창출이 가능한 기획이 중요하다. 행사중에 스폰서의 이미지와 브랜드를 자주 노출시킴으로써 홍보효과를 거둘 수 있게끔 해야 한다.

이는 기업에 대한 주최측의 정확한 이해에서 출발을 해야 하는데, 사실 스폰서십은 다른 마케팅수단에 비해 기업이 삼고 있는 표적시장에 대해 비용 대비 성과창출 효과가 높은 편이다. 왜냐하면 MICE행사장 방문 바이어나 참관객이 이미 해당 업종에 대해 충성도가 높은 집단이기 때문이다. 더불어 이들을 대상으로 신제품에 대한 반향이나 기업이 궁금해하는 부분을 주최측의 협조를 받아 효과적으로 분석할 수 있는 기회도 된다.

2) 스폰서의 확보

최근 급속도로 변해가는 기업환경 속에서 기업 자신의 생존과 직결되는 요소에 역량을 집중하고 있는데 대표적인 요소가 과학기술과 기업이미지라고 할 수 있겠다. 그러나 과학기술은 빠른 정보전달로 인해 대규모 투자가 동반되어야만 차별화를 가져올 수 있기 때문에 기업이 채택하기 쉽지 않고, 따라서 기업은 상품판매에 있어 상대적으로 비용부담이 적은 기업이미지를 함께 판매하는 방향을 선호하고 있는 추세이다.

이러한 기업이미지는 그 중요성이 점점 확대되면서 성공적으로 소비자에게 소구할 수 있다면 그 자체로 기업의 중요자산으로 간주될 수 있다. 기업이미지를 구축하는 방법으로는 기존에 광고를 통한 지속적인 노출이 주된 수단이었으나 막대한 비용이 소요되고, 특히 최근에 온라인과 오프라인간 미디어 매체가 폭발적으로 증가하면서 과연 광고를 통한 기업이미지 성과창출이 효과적인지에 대한 의문이 들고 있다.

스폰서 마케팅은 이러한 시장 환경속에서 등장하였는데 사실 기업의 마케팅수단으로 주목된 것은 역사가 오래되지는 않았다. 소비자가 제품을 선택할 때 가격이나 품질에 큰 차이를 느끼지 않는다면 사회적 공헌기업이나 착한 이미지를 갖고 있는 기업 그리고 표적시장 고객의 마음을 잘 이해하는 상품을 선택할 가능성이 크기 때문에 스폰서 마케팅은 기업의 훌륭한 마케팅수단이 될 수 있는 것이다.

행사 주최자 입장에서 스폰서를 확보하는 방법에는 여러 가지가 있지만, 가능하면 투자수익률과 같은 계량적인 수치를 직접적으로 제시할 수 있으면 유치에 도움이 된다. 즉 소비자 인식과 구매기회 창출, 매출확대 기회, 브랜드 인지도 제고 그리고 새로운 시장개척 전략 등을 수치로 유형화해서 제시하는 것이다.

지자체나 지방 공기업 등도 잠재적인 스폰서가 된다. 이들 단체는 기업처럼 이윤창출을 직접적인 목적으로 하기보다는 지역경제 활성화나 해당 공기업 분야의 활성화를 선호하는 경우가 많다. 행사를 통해 관련업종에 대한 지역인프라 구축강화와 목적지 브랜드 이미지를 강화하길 바라며 지역기업의 판매활성화와 홍보를 바라는 경우가 많다.

MICE 주최측이 스폰서를 끌어당기기 위한 노력을 하지만 PCO와 같은 전문회의 기획자에게 의뢰를 하는 경우도 많다. 그러면 기획자는 기업의 관점에서 스폰서 제안서를 검토하고, 유치를 위한 노력을 해야 한다. 스폰서 제안서를 검토할 때에는 각각의 기업별로 기업 노출의 정도, 유통채널, 경쟁업체에 대한 우위, 투자자원, 명성 등을 바탕으로 사전 평가가 이루어지게 된다.

스폰서 기업을 찾기 위한 처음의 과정은 잠재적인 스폰서 가능 기업의 리스트를 확보하는 것이다. 이들 잠재기업 중에서 해당기업이 추구하는 바에 맞는 맞춤형 제안서를 작성해야 한다. 일반적인 조사를 통해 행사 목표시장과 일치하거나 욕구를 충족시켜줄 수 있는 기업체들의 명단을 작성할 수 있다. 이들을 대상으로 단체의 마케팅전략을 조사하여 잠재적인 스폰서 후보로 올릴 수 있다.

기업의 추구 방향과 행사 이미지가 적합한지, 기업이 다른 경쟁행사에 스폰서로 활동하고 있지는 않은지, 마케팅전략이 적합한지를 분석하여 적합하다고 판단된 기업들을 대상으로 먼저 스폰서 제안서를 보내게 된다. 그 후, 기업이 제안서를 검토할 수 있도록 일정시간이 지난 후에 기획자는 제안서를 제출했던 담당자에게 연락하여 스폰서 가능여부를 묻게 된다. 기업이 거절하면 리스트에 올라와 있는 다른 기업들을 대상으로 다시 분석부터 시작하여 유치단계를 진행해야 한다.

기업이 스폰서 활동을 승낙할 경우, 주최측과 기업은 차후 스폰서십 활동에 관한 사업계획서를 작성하게 된다. 명확한 책임분담과 이행을 위하여 사업계획서에는 행사의 개최 목적, 이유, 기간 등 행사 프로필뿐만 아니라 스폰서 제공내역, 주최측 제공내역 등 상호 이행의무, 사후평가 기준까지 제시하게 된다.

제안서에 담길 주요 내용은 행사소개와 더불어 스폰서로 인한 기업의 혜택을 구체적으로 적시해야 한다. 기업이 행사에 대해 쉽게 이해할 수 있도록 행사명, 기간, 장소, 주최, 후원 확정 기업, 규모에 대해 밝혀 놓아야 한다. 또한 기간 내에 어떤 프로그램이 구성되었는지, 주제는 무엇이고 기조강연자는 누구인지도 밝혀서 기업이 행사에 대한 신뢰성을 갖도록 하는 것이 바람직하다.

다음은 기획자가 타깃으로 삼은 목표시장과 예상참가자를 밝힘으로써 어느 분야에서 이루어지는 행사인지 명확하게 밝힐 수 있다. 또한, 기업이 진출하고자 하는 분야와 어느 정도 관련 있는지도 파악할 수 있다. 기업이 스폰서에 참여하게 되는 궁극적인 목적은 홍보를 통해 사회에서 우호적인 이미지를 형성하기 위함이라 할 수 있다. 그러므로 스폰서에 참여하게 될 경우 진행될 홍보전략과 기업이 홍보에 어떻게 참여하게 되는지 밝혀 놓는 것이 좋다.

먼저 기업이 참여할 매력을 느낄 수 있도록 행사의 가치를 부각시켜야 한다. 행사의 가치를 나타내기 위해 전차대회에 참여했던 사람들의 평이나, 유명 인사들의 코멘트, 신문의 기사들을 첨부하여 나타낼 수 있다. 또한 기업이 스폰서로 참여하게 될 경우 얻게 되는 이미지 개선효과, 사회적인 위치 제고에 대해 중요성을 강조할 수 있다. 또한 후원에 따라 기업이 얻을 수 있는 성과와 혜택을 명확하게 밝힘으로써 기업의 참여를 유도해야 한다.

일반적으로 후원금액에 따라 차등적인 혜택을 제공하게 된다. 금액을 기준으로 등급을 나누어 기업들이 제공받을 수 있는 혜택과 공통적으로 받을 수 있는 혜택을 명확하게 구분하여 제시해야 한다. 스폰서 제안서에는 기업들이 원하는 바를 충족시킬 수 있는 내용들이 들어가야 한다. 이를 위해서, 사전에 각 기업들에 대한 분석이 이루어져야 하며, 앞서 언급한 혜택과 경쟁력 있는 가격을 제시하여 기업들의 참가를 유도해야 한다.

그림 12-1 ● 스폰서 제안서 사례

Fertilizer Industry Federation Of Australia, Inc.

Registration No. A0025290C
ABN 71 395 757 876
ARBN 106 743 015

Australian Fertiliser Services Association Inc.

Registered Number A8126
ABN 44 392 693 261

Sponsorship Proposal

Australian Fertilizer Industry Conference

August 23-26 Hyatt Regency Sanctuary Cove, Gold Coast, Queensland, Australia

The Fertilizer Industry Conference is a major event, delegates from the majority of manufacturers, importers, distributors and contract applicators of fertilizer in Australia will be attending. In addition, overseas suppliers and those involved in the shipping and quality assurance industries will be well represented. The last fertilizer industry conference was attended by over 300 delegates.

Government organisations like the Queensland Department of Environment and Resource Management, Attorney General's Department, Department of Climate Change and the Australian Quarantine and Inspection Service will play a key role in the conference.

The fertilizer industry in Australia is making significant progress in how it manages environmental, food safety and quarantine issues. Growing recognition by Government of the industry's effectiveness in managing these issues is underwriting its ability to contribute to the development of public policy. This is an unparalleled opportunity to demonstrate support for the industry and to publicise your company and we invite you to consider the following sponsorship options.

Sponsorship will be accepted in two parts:

1. Expressions of interest accepted up to and including December 15, 2009. Where there are more expressions of interest than available packages the successful sponsor will be selected by ballot. At their discretion the successful sponsor may negotiate with the unsuccessful sponsor(s) a joint arrangement.

   On December 17 successful sponsors will be invoiced for 25% of their package cost payable within 7 days. If the invoice is not paid on time the package may be offered to other applicants.

2. From December 16 onwards applications will be accepted in the order received. Successful applicants will be invoiced for 25% of their package cost, payable within 7 days. If the invoice is not paid on time the package may be offered to another applicant.

All prices quoted are exclusive of GST which will be applied to invoices. The conference organiser reserves the right to not accept any sponsorship proposal.

Draft Program Outline

Monday 23		Tuesday 24	Wednesday 25		Thursday 26
AFSA Council		**Session 1** Fertilizers & Environment 1	**Session 5** Agronomy & Technology 1	Private Meetings	Keynote Speaker
		Morning Tea			
AFSA Council	FIFA CGC	**Session 2** Fertilizers & Environment 2	**Session 6** Agronomy & Technology 2	**Session 7** AQIS & Logistics	**Social Interaction, choice of:** • Rainforest Ramble • Gold Coast Cruise • Fertilizer Golf
		Lunch			
AFSA Council	FIFA Board	**Session 3** Fertilizers & Climate Change	**Session 8** Markets 1		
		Afternoon Tea			
AFSA AGM	FIFA AGM	**Session 4** Food Safety – Labelling - Security	**Session 9** Markets 2		
Welcome Reception		**Private Arrangements**	**Conference Dinner**		

T:\1 Data\General\Conference 2010\Sponsorship Proposal Australian Fertilizer Industry Conference 2010.doc

Status: Adopted
Date: 2-12-2009
Review Date: None

Page 5 of 6

F I F A

Sponsorship Application

AFSA

Australian Fertilizer Industry Conference

Company Name								
Contact Name								
Contact Phone								
Contact Email								
Postal Address								
Sponsorship Package Applied for (please tick):	1 ☐	2 ☐	3 ☐	4 ☐ 5 ☐	6 ☐			
For level 2, Preferred Activity	Welcome dinner ☐ Keynote and activities ☐							
For level 3, Preferred Session	1 ☐ 2 ☐ 3 ☐ 4 ☐ 5 ☐	6 ☐ 7 ☐ 8 ☐ 9 ☐						
Signed		Date						

Please fax to: +61 2 6248 9860
Or mail to: FIFA, Locked Bag 916, Canberra ACT 2601, Australia
Or scan and email to : nick.drew@fifa.asn.au

T:\1 Data\General\Conference 2010\Sponsorship Proposal Australian Fertilizer Industry Conference 2010.doc | Status: Adopted | Date: 2-12-2009 | Review Date: None | Page 6 of 6

출처 : http://www.docstoc.com

1. Welcome drinks and dinner poolside. Welcome guests to the conference with a short speech, signage and exclusive promotional stubby coolers (at sponsors cost and discretion). Acknowledgement on all food stalls and at the bar.

2. Activities day, introduce the keynote speaker; close the conference and welcome delegates to the activities. Signage and exclusive promotional sun hats (at sponsors cost and discretion).

Package 3 Session Sponsor (9) $6,000

Sponsor one of the nine sessions on the conference program.

Each session sponsor will put their name on one of the sessions of the conference, strongly identifying their company with the initiatives of the industry. Each will receive third tier prominence on all conference material.

- Power Point auto presentation prior to the session.
- Option to provide the session chairman including 5 minute introduction to the session to cover how and why your company supports the theme.
- Inclusion of material in the conference package.

Package 4 Dinner Sponsor (2) $4,000

Have your message displayed on all tables at the conference dinner, note there will be two sponsors displayed.

- Inclusion of material in the conference package.
- Acknowledgement placard on each table at the conference dinner.
- Acknowledgement in program and proceedings.

Package 5 Vehicle Display (6) $4,000

Park your spreader or other vehicle immediately outside the conference venue where delegates will spend their morning and afternoon tea breaks.

- Inclusion of material in the conference package.
- Acknowledgement in program and proceedings.

Package 6 Display (9) $2,000

- 1 Standard display area of 3m width X 1.8m depth, including display boards.
- Acknowledgement in program and proceedings.
- Inclusion of 1 page brochure in the conference pack.

T:\1 Data\General\Conference 2010\Sponsorship Proposal Australian Fertilizer Industry Conference 2010.doc | Status: Adopted | Date: 2-12-2009 | Review Date: None | Page 3 of 6

T:\1 Data\General\Conference 2010\Sponsorship Proposal Australian Fertilizer Industry Conference 2010.doc | Status: Adopted | Date: 2-12-2009 | Review Date: None | Page 4 of 6

Conditions

1. The number of sponsors in each category is fixed.
2. A non refundable deposit of 25% of the package cost plus GST must be received within 7 days of acceptance and invoicing.
3. The balance of the package cost plus GST will be invoiced on July 1, 2010 and payable within 14 days. Earlier invoicing by arrangement.
4. The last date for the receipt of applications will be June 30, 2010.
5. Provision of signage, display materials and conference package materials will be at the sole responsibility and cost of the sponsor.
6. Power Point auto presentations and lunch and dinner placards will be prepared by the conference organizer in consultation with the sponsor.
7. At least one full registration from each sponsor must be received as part of the sponsorship package. No registration is included as part of any package.
8. Sponsors who are not members of FIFA or AFSA will receive the FIFA member rate on conference registrations.
9. The organizers are pleased to discuss variations on the proposed packages as long as these do not conflict with other sponsors agreements.
10. The contact details supplied with the application will be the primary contact and the organizer takes no responsibility for further communication within your company.
11. Displays and vehicles can be set up on Monday August 23 with the majority of delegates expected to arrive during that day for commencement of the main conference program with the welcome reception at 18:00.

Summary of Sponsorship Packages

Details	Package Options					
	1	**2**	**3**	**4**	**5**	**6**
Number available	1	2	9	4	6	9
Cost ($000,s)	25	12	6	4	4	2
Prominent acknowledgement on all conference materials	✔					
Second tier acknowledgement on all conference materials		✔				
Third tier acknowledgement on all conference materials			✔			
Acknowledgement in program and proceedings				✔	✔	✔
Power Point auto presentation all conference sessions	✔					
Power Point auto presentation 1 session			✔			
10 minute presentation	✔	✔				
Session Chair and 5 minute presentation			✔			
Signage at all venues including dinners	✔					
Signage at activities	✔	✔				
Display area						✔
Placard on dinner tables				✔		
Materials in conference package	✔	✔	✔	✔	✔	
1 page brochure in conference package						✔

Package 1, Conference Sponsor (1) $25,000

The Conference Sponsor is the single major sponsor and will receive prominent acknowledgement on all conference material and at each session of the conference.

- Power Point auto presentation between all conference sessions.
- Option to provide the chairman for the conference dinner, including a 10 minute introduction to cover how and why your company supports the themes of the conference.
- Inclusion of material in the conference package.
- Prominent signage at all conference and dinner venues (to be provided by the sponsor).

Package 2, Event Sponsor (2) $12,000

Sponsor an event with flexible options to suit your requirements.

Each event sponsor can design their promotion to suit the event and the message. Each will receive second tier prominence on all conference material.

- Option to provide 10 minute talk at the beginning of the event.
- Inclusion of material in the conference package.
- Prominent signage to suit the event (to be provided by the sponsor).
- Two separate events to choose from, all involving all delegates.

T:\1 Data\General\Conference 2010\Sponsorship Proposal Australian Fertilizer Industry Conference 2010.doc

Status: Adopted
Date: 2-12-2009
Review Date: None

Page 2 of 6

5 MICE 내부마케팅 전략

1) MICE 관련기관 내부마케팅의 중요성

고객개념의 확대와 더불어 내부마케팅활동에 대한 중요성은 점점 확대되고 있는 추세이다. 따라서 고객만족을 통해 지속적인 조직성장을 위해서는 내부마케팅 활동을 강화하여 직원들의 직무만족을 할 수 있는 여건구축이 선행되어야 한다. 공공서비스를 주요 상품으로 취급하는 공기업에서도 조직의 생존과 경쟁력확보를 위해 마케팅을 필수적인 경영관리 활동으로 수행할 것을 요구하는 상황이다.

따라서 직원들을 1차 고객으로 인식하여 그들에게 고객지향적인 사고를 고양하는 내부마케팅 노력은 사람을 상대하는 MICE 관련기관에 있어서는 당연하다고 하겠다. 이러한 이유로 최근에는 공기업 등의 공공부문에서도 외부고객 및 내부고객으로 구분하여 효율적인 마케팅활동을 전개하고 있다.

즉 사기업에서 추구하고 있는 내부마케팅개념을 도입함으로써 직원들의 일체감과 노력을 증가시켜 시너지효과를 발생시킬 뿐 아니라 고객지향성 제고와 공공서비스품질 향상에 기여하고, 고객만족을 강화함으로써 장기적으로 지속가능한 경영을 할 수 있도록 다각적인 노력을 기울이고 있다(송효분 · 박석희, 2005; 한진수 · 김은정, 2005; 윤기호, 2006; 정기한 · 황인호 · 신재익, 2007; 장양례, 2007; 강형철, 2009)는 것이다.

직무만족은 조직구성원들의 욕구와 목적을 통합시킬 뿐만 아니라 조직성과를 예측하기 위한 중요한 지표가 된다(송효분 · 박석희, 2005). 따라서 조직성과가 효과적으로 창출되려면 내부고개들의 직무만족이 선행되어야 하고, 내부고객들의 직무만족을 위해서는 적절한 지원과 보상 및 인정 등의 지속적인 노력이 수반되어야 한다(Siguaw, et al., 1994; 박봉규, 1997; 한진수 · 김은정, 2005).

특히 MICE 관련 기관에서 내부고객의 직무만족은 고객지향성과 관련성을 갖기 때문에 직원들의 긍정적인 고객지향성을 유인하기 위해서는 직무만족이 중요한 요인이 된다. 그러므로 이러한 직무만족은 MICE산업의 다양한 서비스에서 우선순위가 요구되는 중요한 요인이라고 할 수 있다(T. J. Brown et al., 2002; donavan et al., 2004; 한진수 · 김은정, 2005).

지금까지 내부마케팅활동과 관련된 관광서비스 산업분야 연구를 살펴보면 주로 호텔 및 여행사, 레스토랑 등의 요식업, 의료기관, 금융기관 등을 중심으로 연구가 이루어졌는데(구필모 · 허향진 · 서용건 · 이성은, 2003; 송효분, 2005; 윤기호, 2006; 김창곤, 2007; 곽상종, 2008; 이인성, 2009; 박미선 · 신홍철, 2010; 신돌식, 2010), MICE 분야에 있어서는 상대적으로 관심이 적었던 게 사실이다.

지방자치단체 또는 수도권 지역의 공기업 등을 대상으로 수행한 연구(이상철 · 유근환 · 장우진 · 김용득, 2001; 라휘문 · 김영희, 2004; 정기한 · 황인호 · 신재익, 2007; 황윤용 · 정성구 · 최수아 · 이국용, 2007; 함석종 · 나현미 · 김규남, 2009; 김은희, 2009)는 다소 활발하게 조명이 되고 있으나, 아쉽게도 MICE산업과 관련된 컨벤션센터 및 컨벤션뷰로와 같은 공공기관의 내부마케팅을 다룬 사례는 많지 않다. 흔히, MICE산업의 지역마케팅을 담당하는 관광목적지마케팅기구(DMO, destination marketing organization)는 MICE산업 진흥을 위한 최일선에 있기 때문에 더더욱 소속직원의 내부마케팅 활동은 필수적이다.

일반적으로 1980년대에 들어서야 본격적으로 활성화되기 시작한 목적지마케팅 사업은 기업뿐만 아니라 지방자치단체 간에 무한경쟁 환경에서 경제적 이익을 확보하기 위한 지방정부의 노력에서 출발하였다(J. Hall, 2004). 국가수준에서 관광목적지마케팅 및 관광목적지 관광개발과 관련해서 관광조직을 분류할 수 있는데, 관광목적지마케팅기구(DMO)와 정부부처 그리고 관광협회를 들 수 있으며, 관광목적지마케팅기구는 특정 목적지를 마케팅하는 책임을 가진 조직으로 정부부처와 관광협회를 제외한다.

또한 관광목적지마케팅기구는 주로 정부가 설립하거나 예산을 지원한다. 그래서 관광목적지(destination)는 정부차원이든 자치단체 차원이든 정치적 경계선이라는 의미를 포함하고 있는 것이다(Steven Pike, 2008; T. Bomhorst, J. R. Ritchie, L. Sheehan, 2010). 지역(Region)수준에서의 관광목적지마케팅기구는 지역 또는 목적지의 관광진흥을 위한 전담기구로서 MICE 목적지와 관련해서는 목적지마케팅, 관광세일즈, 컨벤션세일즈, 국내외 커뮤니케이션, 각종 안내 · 지원서비스, 자료수집, 마케팅활동을 통한 이미지창출, 이벤트기획 및 관리 등 목적지발전 등의 역할을 하는 기구(organization)이다(K. weber, K, Chon, 2002).

2) MICE 관련 기관의 내부마케팅 활동

각종 행사를 지역 내로 유치함에 있어 민간관광업체가 중심이 되고, 지방정부가 협조하는 방식으로 MICE 관련 각종 행사를 유치하는 경우가 일반적이다(황의곤 · 김성섭, 2003; 박의서, 2005). 이와 관련된 기관의 내부마케팅활동이란 조직을 고객중심적으로 통합 · 운영하기 위한 마케팅적 방식으로 직원들에게 사기를 부여하는 계획된 노력(페르베즈 K. 아미드 · 모하메드 라피크, 2007; M. Rafiq, P. K. Ahmed, 2000)이다.

즉 직원을 최초의 고객으로 보고 그들에게 서비스마인드나 고객지향적인 사고를 심어주어 더 좋은 성과를 내도록 동기를 부여하는 활동(이유재, 2009)이라 할 수 있다. 이러한 내부마케팅의 실행요인으로는 다양한 요인이 있는데 직무만족이 대표적인 사안이 될 것이다. 직문만족은 커뮤니케이션, 종업원의 교육훈련, 근무환경, 보상제도, 어학교육 등이 중요하게 작용을 한다(이관표 · 정승조, 2003). 그리고 직무와 관련된 상사의 지원, 의견수렴, 교육훈련, 정보 및 자원, 보상의 수준 역시 직무만족에 직접적인 영향을 미친다(라휘문 · 김영희, 2004)고 제시되고 있다.

이렇게 여러 가지 내부마케팅 요소들이 복합적으로 작용하여 직무만족을 이끌어 낼 수 있고, 그 요소들 중에서도 가장 중요한 몇 가지 요소들은 경영진이 조직원들의 직무만족도 제고를 위하여 내부마케팅 도구로 도입함에 고려할 필요가 있을 것이다. 인적서비스 성패가 중요하게 좌우되는 MICE기업은 종업원에게 매력적인 직무와 직무환경을 하나의 패키지로 제공하는 것이 내부마케팅전략에서 필요하다(이동진, 2007).

그리고 내부마케팅이 종사원의 직무만족과 서비스품질에 중요한 결정요인이며(D. B. Arnette et al, 2001; P. Kotler, J. T. Bowen, J. C. Makens, 2010), 내부마케팅 중에서도 특히 의사교환 및 의사전달과 같은 커뮤니케이션활동이 중요하다(김선미, 2005)고 주장되고 있다. 사례조사를 보면 강원랜드 직원을 대상으로 한 연구에서는 커뮤니케이션, 보상, 감독방법 및 동료관계 등 모두의 내부마케팅활동이 높으면 높을수록 직무만족도가 높아진다고 밝히고 있다(함석종 · 나현미 · 김규남, 2009).

또한 컨벤션센터의 내부마케팅이 종사자 직무만족과 고객지향성에 영향이 있음을 검증한 연구(박옥필, 2009)도 있었으며, 지방자치단체 공무원들을 대상으로 한 내부마케팅활동과 관련해서는 지방공무원을 내부고객으로 인식하여 내부마케팅활동을 지속적이고 효율적으로 수행한다면 공무원들의 조직동일시는 높아지고 결과적으로 고객지향성을 제고시킨다고 밝혀지고 있다(김은희, 2009).

이상의 내용을 종합할 때 MICE기관에서 내부마케팅요인은 직무만족과 서비스품질에 유의적인 영향을 미친다고 볼 수 있으며, 조직구성원의 직무만족은 종사자들이 참여와 협력체계를 강화시켜주는 커뮤니케이션, 노동력의 가치에 상응한 대가로서 경제적 생활안정에 기여한 보상, 종업원의 자기계발 욕구를 충족시켜주는 교육훈련 등과 같은 내부마케팅활동에 영향을 받고 있다는 것을 알 수 있다(김희동, 2008). 즉 조직구성원에게 동기를 부여해 주면 고객과 조직구성원 간의 긍정적인 상호작용으로 나타나고, 나아가서 성과로 표출된다는 것이다(H. S. Bansal et al., 2001; P. Kotler, J. T. Bowen, J. C. Makens, 2010).

MICE 산업론

부록

MICE산업 관련법률

부록 MICE산업 관련법률

C · H · A · P · T · E · R

국제회의산업 육성에 관한 법률

[시행 2012.2.5] [법률 제11037호, 2011.8.4, 타법개정]

제1조(목적) 이 법은 국제회의의 유치를 촉진하고 그 원활한 개최를 지원하여 국제회의산업을 육성 · 진흥함으로써 관광산업의 발전과 국민경제의 향상 등에 이바지함을 목적으로 한다.

[전문개정 2007.12.21]

제2조(정의) 이 법에서 사용하는 용어의 뜻은 다음과 같다.

1. "국제회의"란 상당수의 외국인이 참가하는 회의(세미나 · 토론회 · 전시회 등을 포함한다)로서 대통령령으로 정하는 종류와 규모에 해당하는 것을 말한다.
2. "국제회의산업"이란 국제회의의 유치와 개최에 필요한 국제회의시설, 서비스 등과 관련된 산업을 말한다.
3. "국제회의시설"이란 국제회의의 개최에 필요한 회의시설, 전시시설 및 이와 관련된 부대시설 등으로서 대통령령으로 정하는 종류와 규모에 해당하는 것을 말한다.
4. "국제회의도시"란 국제회의산업의 육성 · 진흥을 위하여 제14조에 따라 지정된 특별시 · 광역시 또는 시를 말한다.
5. "국제회의 전담조직"이란 국제회의산업의 진흥을 위하여 각종 사업을 수행하는 조직을 말한다.
6. "국제회의산업 육성기반"이란 국제회의시설, 국제회의 전문인력, 전자국제회의체제, 국제회의 정보 등 국제회의의 유치 · 개최를 지원하고 촉진하는 시설, 인력, 체제, 정보 등을 말한다.

[전문개정 2007.12.21]

제3조(국가의 책무) ① 국가는 국제회의산업의 육성·진흥을 위하여 필요한 계획의 수립 등 행정상·재정상의 지원조치를 강구하여야 한다.

② 제1항에 따른 지원조치에는 국제회의 참가자가 이용할 숙박시설, 교통시설 및 관광 편의시설 등의 설치·확충 또는 개선을 위하여 필요한 사항이 포함되어야 한다.

[전문개정 2007.12.21]

제4조 삭제 〈2009.3.18〉

제5조(국제회의 전담조직의 지정 및 설치) ① 문화체육관광부장관은 국제회의산업의 육성을 위하여 필요하면 국제회의 전담조직(이하 "전담조직"이라 한다)을 지정할 수 있다. 〈개정 2008.2.29〉

② 국제회의시설을 보유·관할하는 지방자치단체의 장은 국제회의 관련 업무를 효율적으로 추진하기 위하여 필요하다고 인정하면 전담조직을 설치할 수 있다.

③ 전담조직의 지정·설치 및 운영 등에 필요한 사항은 대통령령으로 정한다.

[전문개정 2007.12.21]

제6조(국제회의산업육성기본계획의 수립 등) ① 문화체육관광부장관은 국제회의산업의 육성·진흥을 위하여 다음 각 호의 사항이 포함되는 국제회의산업육성기본계획(이하 "기본계획"이라 한다)을 수립·시행하여야 한다. 〈개정 2008.2.29〉

1. 국제회의의 유치와 촉진에 관한 사항
2. 국제회의의 원활한 개최에 관한 사항
3. 국제회의에 필요한 인력의 양성에 관한 사항
4. 국제회의시설의 설치와 확충에 관한 사항
5. 그 밖에 국제회의산업의 육성·진흥에 관한 중요 사항

② 삭제 〈2009.3.18]

③ 문화체육관광부장관은 국제회의산업 육성과 관련된 기관의 장에게 기본계획의 효율적인 달성을 위하여 필요한 협조를 요청할 수 있다. 〈개정 2008.2.29〉

④ 기본계획의 수립에 필요한 사항은 대통령령으로 정한다.

[전문개정 2007.12.21]

제7조(국제회의 유치·개최 지원) ① 문화체육관광부장관은 국제회의의 유치를 촉진하고 그 원활한 개최를 위하여 필요하다고 인정하면 국제회의를 유치하거나 개최하는 자에

게 지원을 할 수 있다. 〈개정 2008.2.29〉

② 제1항에 따른 지원을 받으려는 자는 문화체육관광부령으로 정하는 바에 따라 문화체육관광부장관에게 그 지원을 신청하여야 한다. 〈개정 2008.2.29〉

[전문개정 2007.12.21]

제8조(국제회의산업 육성기반의 조성) ① 문화체육관광부장관은 국제회의산업 육성기반을 조성하기 위하여 관계 중앙행정기관의 장과 협의하여 다음 각 호의 사업을 추진하여야 한다. 〈개정 2008.2.29〉

1. 국제회의시설의 건립
2. 국제회의 전문인력의 양성
3. 국제회의산업 육성기반의 조성을 위한 국제협력
4. 인터넷 등 정보통신망을 통하여 수행하는 전자국제회의 기반의 구축
5. 국제회의산업에 관한 정보와 통계의 수집·분석 및 유통
6. 그 밖에 국제회의산업 육성기반의 조성을 위하여 필요하다고 인정되는 사업으로서 대통령령으로 정하는 사업

② 문화체육관광부장관은 다음 각 호의 기관·법인 또는 단체(이하 "사업시행기관"이라 한다) 등으로 하여금 국제회의산업 육성기반의 조성을 위한 사업을 실시하게 할 수 있다. 〈개정 2008.2.29〉

1. 제5조제1항 및 제2항에 따라 지정·설치된 전담조직
2. 제14조제1항에 따라 지정된 국제회의도시
3. 「한국관광공사법」에 따라 설립된 한국관광공사
4. 「고등교육법」에 따른 대학·산업대학 및 전문대학
5. 그 밖에 대통령령으로 정하는 법인·단체

[전문개정 2007.12.21]

제9조(국제회의시설의 건립 및 운영 촉진 등) 문화체육관광부장관은 국제회의시설의 건립 및 운영 촉진 등을 위하여 사업시행기관이 추진하는 다음 각 호의 사업을 지원할 수 있다. 〈개정 2008.2.29〉

1. 국제회의시설의 건립
2. 국제회의시설의 운영
3. 그 밖에 국제회의시설의 건립 및 운영 촉진을 위하여 필요하다고 인정하는 사업으로서 문화체육관광부령으로 정하는 사업

[전문개정 2007.12.21]

제10조(국제회의 전문인력의 교육 · 훈련 등) 문화체육관광부장관은 국제회의 전문인력의 양성 등을 위하여 사업시행기관이 추진하는 다음 각 호의 사업을 지원할 수 있다. 〈개정 2008.2.29〉

1. 국제회의 전문인력의 교육 · 훈련
2. 국제회의 전문인력 교육과정의 개발 · 운영
3. 그 밖에 국제회의 전문인력의 교육 · 훈련과 관련하여 필요한 사업으로서 문화체육관광부령으로 정하는 사업

[전문개정 2007.12.21]

제11조(국제협력의 촉진) 문화체육관광부장관은 국제회의산업 육성기반의 조성과 관련된 국제협력을 촉진하기 위하여 사업시행기관이 추진하는 다음 각 호의 사업을 지원할 수 있다. 〈개정 2008.2.29〉

1. 국제회의 관련 국제협력을 위한 조사 · 연구
2. 국제회의 전문인력 및 정보의 국제 교류
3. 외국의 국제회의 관련 기관 · 단체의 국내 유치
4. 그 밖에 국제회의 육성기반의 조성에 관한 국제협력을 촉진하기 위하여 필요한 사업으로서 문화체육관광부령으로 정하는 사업

[전문개정 2007.12.21]

제12조(전자국제회의 기반의 확충) ① 정부는 전자국제회의 기반을 확충하기 위하여 필요한 시책을 강구하여야 한다.

② 문화체육관광부장관은 전자국제회의 기반의 구축을 촉진하기 위하여 사업시행기관이 추진하는 다음 각 호의 사업을 지원할 수 있다. 〈개정 2008.2.29〉

1. 인터넷 등 정보통신망을 통한 사이버 공간에서의 국제회의 개최
2. 전자국제회의 개최를 위한 관리체제의 개발 및 운영
3. 그 밖에 전자국제회의 기반의 구축을 위하여 필요하다고 인정하는 사업으로서 문화체육관광부령으로 정하는 사업

[전문개정 2007.12.21]

제13조(국제회의 정보의 유통 촉진) ① 정부는 국제회의 정보의 원활한 공급·활용 및 유통을 촉진하기 위하여 필요한 시책을 강구하여야 한다.

② 문화체육관광부장관은 국제회의 정보의 공급·활용 및 유통을 촉진하기 위하여 사업시행기관이 추진하는 다음 각 호의 사업을 지원할 수 있다.
〈개정 2008.2.29〉

1. 국제회의 정보 및 통계의 수집·분석
2. 국제회의 정보의 가공 및 유통
3. 국제회의 정보망의 구축 및 운영
4. 그 밖에 국제회의 정보의 유통 촉진을 위하여 필요한 사업으로 문화체육관광부령으로 정하는 사업

③ 문화체육관광부장관은 국제회의 정보의 공급·활용 및 유통을 촉진하기 위하여 필요하면 문화체육관광부령으로 정하는 바에 따라 관계 행정기관과 국제회의 관련 기관·단체에 대하여 국제회의 정보의 제출을 요청하거나 국제회의 정보를 제공할 수 있다. 〈개정 2008.2.29〉

[전문개정 2007.12.21]

제14조(국제회의도시의 지정 등) ① 문화체육관광부장관은 대통령령으로 정하는 국제회의도시 지정기준에 맞는 특별시·광역시 및 시를 국제회의도시로 지정할 수 있다. 〈개정 2008.2.29, 2009.3.18〉

② 문화체육관광부장관은 국제회의도시를 지정하는 경우 지역 간의 균형적 발전을 고려하여야 한다. 〈개정 2008.2.29〉

③ 문화체육관광부장관은 국제회의도시가 제1항에 따른 지정기준에 맞지 아니하게 된 경우에는 그 지정을 취소할 수 있다. 〈개정 2008.2.29, 2009.3.18〉

④ 문화체육관광부장관은 제1항과 제3항에 따른 국제회의도시의 지정 또는 지정취소를 한 경우에는 그 내용을 고시하여야 한다. 〈개정 2008.2.29〉

⑤ 제1항과 제3항에 따른 국제회의도시의 지정 및 지정취소 등에 필요한 사항은 대통령령으로 정한다.

[전문개정 2007.12.21]

제15조(국제회의도시의 지원) 문화체육관광부장관은 제14조제1항에 따라 지정된 국제회의도시에 대하여는 다음 각 호의 사업에 우선 지원할 수 있다. 〈개정 2008.2.29〉

1. 국제회의도시에서의 「관광진흥개발기금법」 제5조의 용도에 해당하는 사업

2. 제16조제2항 각 호의 어느 하나에 해당하는 사업

[전문개정 2007.12.21]

제16조(재정 지원) ① 문화체육관광부장관은 이 법의 목적을 달성하기 위하여 「관광진흥개발기금법」 제2조제2항제3호에 따른 국외 여행자의 출국납부금 총액의 100분의 10에 해당하는 금액의 범위에서 국제회의산업의 육성재원을 지원할 수 있다. 〈개정 2008.2.29〉

② 문화체육관광부장관은 제1항에 따른 금액의 범위에서 다음 각 호에 해당되는 사업에 필요한 비용의 전부 또는 일부를 지원할 수 있다. 〈개정 2008.2.29〉

1. 제5조제1항 및 제2항에 따라 지정 · 설치된 전담조직의 운영
2. 제7조제1항에 따른 국제회의 유치 또는 그 개최자에 대한 지원
3. 제8조제2항제2호부터 제5호까지의 규정에 따른 사업시행기관에서 실시하는 국제회의산업 육성기반 조성사업
4. 제10조부터 제13조까지의 각 호에 해당하는 사업
5. 그 밖에 국제회의산업의 육성을 위하여 필요한 사항으로서 대통령령으로 정하는 사업

③ 제2항에 따른 지원금의 교부에 필요한 사항은 대통령령으로 정한다.

④ 제2항에 따른 지원을 받으려는 자는 대통령령으로 정하는 바에 따라 문화체육관광부장관 또는 제18조에 따라 사업을 위탁받은 기관의 장에게 지원을 신청하여야 한다. 〈개정 2008.2.29〉

[전문개정 2007.12.21]

제17조(다른 법률과의 관계) ① 국제회의시설의 설치자가 국제회의시설에 대하여 「건축법」 제11조에 따른 건축허가를 받으면 같은 법 제11조제5항 각 호의 사항 외에 다음 각 호의 허가 · 인가 등을 받거나 신고를 한 것으로 본다. 〈개정 2008. 3.21, 2009.6.9, 2011.8.4〉

1. 「하수도법」 제24조에 따른 시설이나 공작물 설치의 허가
2. 「수도법」 제52조에 따른 전용상수도 설치의 인가
3. 「소방시설 설치 · 유지 및 안전관리에 관한 법률」 제7조제1항에 따른 건축허가의 동의
4. 「폐기물관리법」 제29조제2항에 따른 폐기물처리시설 설치의 승인 또는 신고
5. 「대기환경보전법」 제23조, 「수질 및 수생태계 보전에 관한 법률」 제33조 및 「소음 · 진동관리법」 제8조에 따른 배출시설 설치의 허가 또는 신고

② 국제회의시설의 설치자가 국제회의시설에 대하여 「건축법」 제22조에 따른 사용승인

을 받으면 같은 법 제22조제4항 각 호의 사항 외에 다음 각 호의 검사를 받거나 신고를 한 것으로 본다. 〈개정 2008.3.21, 2009.6.9〉

1. 「수도법」 제53조에 따른 전용상수도의 준공검사
2. 「소방시설공사업법」 제14조제1항에 따른 소방시설의 완공검사
3. 「폐기물관리법」 제29조제4항에 따른 폐기물처리시설의 사용개시 신고
4. 「대기환경보전법」 제30조 및 「수질 및 수생태 보전에 관한 법률」 제37조에 따른 배출시설 등의 가동개시(稼動開始) 신고

③ 제1항과 제2항에 따른 허가 · 인가 · 검사 등의 의제(擬制)를 받으려는 자는 해당 국제회의시설의 건축허가 및 사용승인을 신청할 때 문화체육관광부령으로 정하는 관계 서류를 함께 제출하여야 한다. 〈개정 2008.2.29〉

④ 특별자치도지사 · 시장 · 군수 또는 구청장(자치구의 구청장을 말한다)이 건축허가 및 사용승인 신청을 받은 경우 제1항과 제2항에 해당하는 사항이 다른 행정기관의 권한에 속하면 미리 그 행정기관의 장과 협의하여야 하며, 협의를 요청받은 행정기관의 장은 그 요청을 받은 날부터 15일 이내에 의견을 제출하여야 한다.

[전문개정 2007.12.21]

제18조(권한의 위탁) ① 문화체육관광부장관은 제7조에 따른 국제회의의 유치 · 개최의 지원에 관한 업무를 대통령령으로 정하는 바에 따라 법인이나 단체에 위탁할 수 있다. 〈개정 2008.2.29〉

② 문화체육관광부장관은 제1항에 따른 위탁을 한 경우에는 해당 법인이나 단체에 예산의 범위에서 필요한 경비(經費)를 보조할 수 있다. 〈개정 2008.2.29〉

[전문개정 2007.12.21]

부칙 〈제11037호, 2011.8.4〉 (소방시설 설치 · 유지 및 안전관리에 관한 법률)

제1조(시행일) 이 법은 공포 후 6개월이 경과한 날부터 시행한다.

제2조부터 **제5조**까지 생략

제6조(다른 법률의 개정) ① 및 ② 생략

③ 국제회의산업 육성에 관한 법률 일부를 다음과 같이 개정한다.

제17조제1항제3호 중 「소방시설설치유지 및 안전관리에 관한 법률」 을 「소방시설 설치 · 유지 및 안전관리에 관한 법률」 로 한다.

④부터 〈25〉까지 생략

국제회의산업 육성에 관한 법률 시행령

[시행 2011.11.16] [대통령령 제23295호, 2011.11.16, 일부개정]

제1조(목적) 이 영은 「국제회의산업 육성에 관한 법률」에서 위임된 사항과 그 시행에 필요한 사항을 규정함을 목적으로 한다.

[전문개정 2011.11.16]

제2조(국제회의의 종류 · 규모) 「국제회의산업 육성에 관한 법률」(이하 "법"이라 한다) 제2조제1호에 따른 국제회의는 다음 각 호의 어느 하나에 해당하는 회의를 말한다.

1. 국제기구나 국제기구에 가입한 기관 또는 법인 · 단체가 개최하는 회의로서 다음 각 목의 요건을 모두 갖춘 회의
   가. 해당 회의에 5개국 이상의 외국인이 참가할 것
   나. 회의 참가자가 300명 이상이고 그 중 외국인이 100명 이상일 것
   다. 3일 이상 진행되는 회의일 것
2. 국제기구에 가입하지 아니한 기관 또는 법인 · 단체가 개최하는 회의로서 다음 각 목의 요건을 모두 갖춘 회의
   가. 회의 참가자 중 외국인이 150명 이상일 것
   나. 2일 이상 진행되는 회의일 것

[전문개정 2011.11.16]

제3조(국제회의시설의 종류 · 규모) ① 법 제2조제3호에 따른 국제회의시설은 전문회의시설 · 준회의시설 · 전시시설 및 부대시설로 구분한다.

② 전문회의시설은 다음 각 호의 요건을 모두 갖추어야 한다.

1. 2천명 이상의 인원을 수용할 수 있는 대회의실이 있을 것
2. 30명 이상의 인원을 수용할 수 있는 중 · 소회의실이 10실 이상 있을 것
3. 옥내와 옥외의 전시면적을 합쳐서 2천제곱미터 이상 확보하고 있을 것

③ 준회의시설은 국제회의 개최에 필요한 회의실로 활용할 수 있는 호텔연회장 · 공연장 · 체육관 등의 시설로서 다음 각 호의 요건을 모두 갖추어야 한다.

1. 200명 이상의 인원을 수용할 수 있는 대회의실이 있을 것

2. 30명 이상의 인원을 수용할 수 있는 중·소회의실이 3실 이상 있을 것

④ 전시시설은 다음 각 호의 요건을 모두 갖추어야 한다.

1. 옥내와 옥외의 전시면적을 합쳐서 2천제곱미터 이상 확보하고 있을 것
2. 30명 이상의 인원을 수용할 수 있는 중·소회의실이 5실 이상 있을 것

⑤ 부대시설은 국제회의 개최와 전시의 편의를 위하여 제2항 및 제4항의 시설에 부속된 숙박시설·주차시설·음식점시설·휴식시설·판매시설 등으로 한다.

[전문개정 2011.11.16]

제4조 삭제 〈2011.2.25〉

제5조 삭제 〈2011.2.25〉

제6조 삭제 〈2011.2.25〉

제7조 삭제 〈2011.2.25〉

제8조 삭제 〈2011.2.25〉

제9조(국제회의 전담조직의 업무) 법 제5조제1항에 따른 국제회의 전담조직은 다음 각 호의 업무를 담당한다.

1. 국제회의의 유치 및 개최 지원
2. 국제회의산업의 국외 홍보
3. 국제회의 관련 정보의 수집 및 배포
4. 국제회의 전문인력의 교육 및 수급(需給)
5. 법 제5조제2항에 따라 지방자치단체의 장이 설치한 전담조직에 대한 지원 및 상호 협력
6. 그 밖에 국제회의산업의 육성과 관련된 업무

[전문개정 2011.11.16]

제10조(국제회의 전담조직의 지정) 문화체육관광부장관은 법 제5조제1항에 따라 국제회의 전담조직을 지정할 때에는 제9조 각 호의 업무를 수행할 수 있는 전문인력 및 조직 등을 적절하게 갖추었는지를 고려하여야 한다.

[전문개정 2011.11.16]

제11조(국제회의산업육성기본계획) 문화체육관광부장관은 법 제6조에 따른 국제회의산업육성기본계획을 수립하거나 변경하는 경우에는 국제회의산업과 관련이 있는 기관 또는

단체 등의 의견을 들어야 한다.
[전문개정 2011.11.16]

제12조(국제회의산업 육성기반 조성사업 및 사업시행기관) ① 법 제8조제1항제6호에서 "대통령령으로 정하는 사업"이란 다음 각 호의 사업을 말한다.

1. 법 제5조에 따른 국제회의 전담조직의 육성
2. 국제회의산업에 관한 국외 홍보사업

② 법 제8조제2항제5호에서 "대통령령으로 정하는 법인 · 단체"란 국제회의산업의 육성과 관련된 업무를 수행하는 법인 · 단체로서 문화체육관광부장관이 지정하는 법인 · 단체를 말한다.
[전문개정 2011.11.16]

제13조(국제회의도시의 지정기준) 법 제14조제1항에 따른 국제회의도시의 지정기준은 다음 각 호와 같다.

1. 지정대상 도시에 국제회의시설이 있고, 해당 특별시 · 광역시 또는 시에서 이를 활용한 국제회의산업 육성에 관한 계획을 수립하고 있을 것
2. 지정대상 도시에 숙박시설 · 교통시설 · 교통안내체계 등 국제회의 참가자를 위한 편의시설이 갖추어져 있을 것
3. 지정대상 도시 또는 그 주변에 풍부한 관광자원이 있을 것

[전문개정 2011.11.16]

제14조(재정 지원 등) 법 제16조제2항에 따른 지원금은 해당 사업의 추진 상황 등을 고려하여 나누어 지급한다. 다만, 사업의 규모 · 착수시기 등을 고려하여 필요하다고 인정할 때에는 한꺼번에 지급할 수 있다.
[전문개정 2011.11.16]

제15조(지원금의 관리 및 회수) ① 법 제16조제2항에 따라 지원금을 받은 자는 그 지원금에 대하여 별도의 계정(計定)을 설치하여 관리하여야 하고, 그 사용 실적을 사업이 끝난 후 1개월 이내에 문화체육관광부장관에게 보고하여야 한다.
② 법 제16조제2항에 따라 지원금을 받은 자가 법 제16조제2항 각 호에 따른 용도 외에 지원금을 사용하였을 때에는 그 지원금을 회수할 수 있다.
[전문개정 2011.11.16]

제16조(권한의 위탁) 문화체육관광부장관은 법 제18조제1항에 따라 법 제7조에 따른 국제회의 유치·개최의 지원에 관한 업무를 법 제5조제1항에 따른 국제회의 전담조직에 위탁한다.

[전문개정 2011.11.16]

부칙 〈제23295호, 2011.11.16〉

이 영은 공포한 날부터 시행한다.

국제회의산업 육성에 관한 법률 시행규칙

[시행 2014.6.19] [문화체육관광부령 제173호, 2014.6.19, 타법개정]

제1조(목적) 이 규칙은 「국제회의산업 육성에 관한 법률」 및 같은 법 시행령에서 위임된 사항과 그 시행에 필요한 사항을 규정함을 목적으로 한다.

[전문개정 2011.11.24]

제2조(국제회의 유치 · 개최 지원신청) 「국제회의산업 육성에 관한 법률」(이하 "법"이라 한다) 제7조제2항에 따라 국제회의의 유치 · 개최에 관한 지원을 받으려는 자는 별지 서식의 국제회의 지원신청서에 다음 각 호의 서류를 첨부하여 법 제5조제1항에 따른 국제회의 전담조직의 장에게 제출하여야 한다.

1. 국제회의 유치 · 개최 계획서(국제회의의 명칭, 목적, 기간, 장소, 참가자 수, 필요한 비용 등이 포함되어야 한다) 1부
2. 국제회의 유치 · 개최 실적에 관한 서류(국제회의를 유치 · 개최한 실적이 있는 경우만 해당한다) 1부
3. 지원을 받으려는 세부 내용을 적은 서류 1부

[전문개정 2011.11.24]

제3조(지원 결과 보고) 법 제7조에 따라 지원을 받은 국제회의 유치 · 개최자는 해당 사업이 완료된 후 1개월 이내에 법 제5조제1항에 따른 국제회의 전담조직의 장에게 사업 결과 보고서를 제출하여야 한다.

[전문개정 2011.11.24]

제4조(국제회의시설의 지원) 법 제9조제3호에서 "문화체육관광부령으로 정하는 사업"이란 국제회의시설의 국외 홍보활동을 말한다.

[전문개정 2011.11.24]

제5조(전문인력의 교육 · 훈련) 법 제10조제3호에서 "문화체육관광부령으로 정하는 사업"이란 국제회의 전문인력 양성을 위한 인턴사원제도 등 현장실습의 기회를 제공하는 사

업을 말한다.
[전문개정 2011.11.24]

제6조(국제협력의 촉진) 법 제11조제4호에서 "문화체육관광부령으로 정하는 사업"이란 다음 각 호의 사업을 말한다.
1. 국제회의 관련 국제행사에의 참가
2. 외국의 국제회의 관련 기관·단체에의 인력 파견
[전문개정 2011.11.24]

제7조(전자국제회의 기반 구축) 법 제12조제2항제3호에서 "문화체육관광부령으로 정하는 사업"이란 전자국제회의의 개최를 위한 국내외 기관 간의 협력사업을 말한다.
[전문개정 2011.11.24]

제8조(국제회의 정보의 유통 촉진) ① 법 제13조제2항제4호에서 "문화체육관광부령으로 정하는 사업"이란 국제회의 정보의 활용을 위한 자료의 발간 및 배포를 말한다.
② 문화체육관광부장관은 법 제13조제3항에 따라 국제회의 정보의 제출을 요청하거나, 국제회의 정보를 제공할 때에는 요청하려는 정보의 구체적인 내용 등을 적은 문서로 하여야 한다.
[전문개정 2011.11.24]

제9조(국제회의도시의 지정신청) 법 제14조제1항에 따라 국제회의도시의 지정을 신청하려는 특별시장·광역시장 또는 시장은 다음 각 호의 내용을 적은 서류를 문화체육관광부장관에게 제출하여야 한다.
1. 국제회의시설의 보유 현황 및 이를 활용한 국제회의산업 육성에 관한 계획
2. 숙박시설·교통시설·교통안내체계 등 국제회의 참가자를 위한 편의시설의 현황 및 확충계획
3. 지정대상 도시 또는 그 주변의 관광자원의 현황 및 개발계획
4. 국제회의 유치·개최 실적 및 계획
[전문개정 2011.11.24]

제10조(인가·허가 등의 의제를 위한 서류 제출) 법 제17조제3항에서 "문화체육관광부령으로 정하는 관계 서류"란 법 제17조제1항 및 제2항에 따라 의제(擬制)되는 허가·인

가 · 검사 등에 필요한 서류를 말한다.
[전문개정 2011.11.24]

부칙 〈문화관광부령 제87호, 2004.2.21〉
이 규칙은 공포한 날부터 시행한다.

부칙 〈문화체육관광부령 제1호, 2008.3.6〉 (문화체육관광부와 그 소속기관 직제 시행규칙)
제1조(시행일) 이 규칙은 공포한 날부터 시행한다.
제2조 생략
제3조(다른 법령의 개정) ①부터 ⑧까지 생략
⑨ 국제회의산업육성에관한법률시행규칙 일부를 다음과 같이 개정한다.
제4조, 제5조, 제6조 각 호 외의 부분, 제7조, 제8조제1항, 제10조 중 "문화관광부령"을 각각 "문화체육관광부령"으로 한다.
제8조제2항, 제9조 각 호 외의 부분 중 "문화관광부장관"을 각각 "문화체육관광부장관"으로 한다.
⑩부터 〈24〉까지 생략

부칙 〈문화체육관광부령 제93호, 2011.11.24〉
이 규칙은 공포한 날부터 시행한다.

부칙 〈문화체육관광부령 제173호, 2014.6.19〉 (개인정보 보호 등을 위한 문화산업진흥 기본법 시행규칙 등 일부개정령)
이 규칙은 공포한 날부터 시행한다.

국내 전시회 인증제도 운영지침-인증 전시회 규정

제1조(목적) 이 규정은 「전시산업발전법」 제14조 및 같은 법 시행령 제13조, 시행규칙 제7조, 통합고시 제5조에 따른 전시산업의 효율적인 육성 및 지원을 위한 전시회 인증제도 운영에 필요한 사항을 규정함을 목적으로 한다.

제2조(전시회 인증제도 정의) "전시회 인증제도(이하 "인증제도"라 한다)"란 지식경제부로부터 국내 전시회 인증 업무를 위탁받은 한국전시산업진흥회가 전시회주최사업자가 제출한 전시회의 전시면적, 참가업체, 참관객에 관한 정보를 검증기관을 통해 조사·확인하여 그 결과를 통보하고 공개하며, 해당 전시회가 일정의 요건을 충족시킬 경우 인증마크를 부여하여 공인하는 것을 뜻한다.

제3조(용어의 정의) 이 규정에서 사용하는 용어의 정의는 다음과 같다.

1. "전시회"란 무역상담과 상품 및 서비스의 판매·홍보를 위하여 개최하는 상설 또는 비상설의 견본상품박람회, 무역상담회, 박람회 등으로서 대통령령으로 정하는 종류와 규모에 해당되는 전시회를 뜻한다.
2. "전시회의 종류와 규모"란 「전시산업발전법」(이하 "법"이라 한다) 제2조제2호에서 "대통령령으로 정하는 종류와 규모에 해당하는 것"으로 다음 각 호의 어느 하나에 해당하는 것을 말한다.
   ① 「국제박람회에 관한 협약」에 따라 박람회 국제사무국 총회에 등록하거나 박람회 국제사무국 총회에서 승인한 박람회
   ② 옥내와 옥외 전시면적이 2천 제곱미터 이상, 100명 이상의 외국인 구매자가 참가등록 중 어느 하나에 해당되는 상설 또는 비상설 전시회
   ③ 그 밖에 상설 또는 비상설 전시회로서 옥내와 옥외 전시면적이 1천 제곱미터 이상, 10개 이상의 전시부스 중 어느 하나에 해당하는 요건을 갖춘 전시회 중 법 제7조에 따라 등록한 전시주최사업자의 신청에 의하여 지식경제부장관이 전시산업 발전을 위하여 필요하다고 인정하는 전시회
3. "전시회 부대행사"란 전시회와 관련된 홍보 및 판매촉진을 위하여 개최되는 설명회, 시연회, 국제회의 및 부대행사 등을 말한다.

4. "전시시설"이란 전시회 및 전시회 부대행사의 개최에 필요한 시설과 관련 부대시설로서 대통령령으로 정하는 종류와 규모에 해당하는 것을 말한다.
5. "전시주최사업자"란 전시회 및 전시회 부대행사를 기획 · 개최 및 운영하는 사업자를 말하며 전시회에 대한 실질적인 소유권을 가지고 있는 기관을 뜻한다.
6. "인증기관"이라 함은 전시주최사업자가 제출한 전시회 정보에 대한 검증업무를 총괄관리 및 감독하는 기관으로서 동법 제28조 및 동법 시행령 제19조의 규정에 따라 지식경제부로부터 인증업무를 위탁받은 한국전시산업진흥회(이하 "진흥회"라 한다)를 뜻한다.
7. "검증기관"이라 함은 전시회 인증을 실시함에 있어 인증기관으로부터 전시회 정보 검증에 대한 업무를 위탁받아 검증을 실시하는 기관으로서 인증기관이 지정하는 기관을 뜻한다.
8. "등록시스템 운영업체"라 함은 전시주최사업자와의 계약을 통해 전시회 등록업무를 대행하는 업체를 뜻한다.
9. "전시회 참가업체(이하 "참가업체"라 한다)"라 함은 전시주최사업자가 개최하는 전시회에 일정한 공간을 임차하여 부스를 설치하고 제품 및 서비스를 진열하는 기업 및 단체를 뜻한다.
10. "참관객"이라 함은 전시주최사업자가 개최하는 전시회에 소정의 등록절차를 통하여 전시장에 실제로 입장한 사람을 뜻한다.
11. "인증마크"라 함은 전시주최사업자가 제출한 전시회 정보를 통해 전시회에 대해 부여하는 마크[별지 제4호서식]를 뜻한다.

제4조(인증기관의 업무) 인증기관은 전시회 인증과 관련하여 다음 각 호의 업무를 수행한다.
1. 전시회 인증 신청업무 관리
2. 검증기관의 지정 및 감독
3. 전시회 현장 검증(참가업체, 면적)
4. 전시회 정보에 대한 1차 검토 실시
5. 인증심사위원회를 구성하여 전시회 인증결과 확정
6. 인증마크의 부여 및 관리
7. 인증정보의 관리 및 활용
8. 전시회 인증관련 자료의 제작 및 발행
9. 전시회 인증에 대한 적극적인 홍보 및 교육 시행
10. 기타 전시회 인증을 위하여 필요한 사업

제5조(검증기관의 지정 및 업무) 인증기관은 다음 각 호의 자격요건을 갖춘 기관을 검증기관으로 지정하여 전시회 정보 검증업무를 시행하게 할 수 있다.

1. 정보 검증에 대한 유경험 회계법인
2. 해외 제휴법인이 있는 회계법인
3. 인증결과와 이해관계가 없는 회계법인

① 검증기관은 다음 각 호의 업무를 성실히 수행하여야 한다.

1. 전시회 정보에 대한 검증 실시
2. 인증기관에 검증실시 결과보고
3. 검증규정의 준수
4. 기타 검증에 필요한 사항 등

제6조(전시주최사업자의 업무협조) 전시회 인증을 받고자 하는 전시주최 사업자는 전시회 개최 전, 중, 후에 있어서 인증기관 혹은 검증 기관의 업무협조 요청에 적극 응해야 한다.

① 전시주최사업자가 인증기관 혹은 검증기관의 요청사항을 성실히 수행하지 않을 시에는, 인증기관이 전시주최사업자의 전시회 인증 신청 및 결과를 무효로 할 수 있다.

제7조(등록시스템 운영업체 지정 및 업무) 등록시스템 운영업체는 각 전시주최사업자에서 지정한다.

① 지정된 등록시스템 운영업체는 사전에 협의된 등록절차를 성실히 이행하며, 관련 등록정보를 전시회 기간 중 매일 인증기관에 지정된 방법에 따라 제출 할 수 있다.

② 등록시스템 운영업체는 해당 전시장에 등록된 업체로 한정한다. 단, 전시장에 미등록된 운영업체를 이용하고자 하는 경우 사전에 인증기관과 협의하여 승인을 받아야 한다.

제8조(인증요건) 인증 절차를 완료한 전시회에 대해 인증서를 발급하며, 국제전시회 인증요건은 필요조건과 충분조건으로 나뉜다.

① 전시주최사업자가 인증을 신청한 전시회의 전시면적, 전시의 내용, 참가업체의 수 및 참관객의 수 등을 검증하여 전시주최사업자에게 전시회 인증서를 발급하되, 전시회가 필요조건을 충족시키고, 충분조건 2개 중 1개의 요건을 충족시키면 국제전시회 인증서를 발급하여야 한다.

② 필요조건은 다음 호와 같다.

1. 2회 이상 개최 실적 (3회부터 국제인증)

③ 충분조건은 다음의 각호와 같다.
1. 해외 참가업체의 수가 참가업체의 총 수의 10% 이상
2. 해외 참관객의 수가 참관객의 총 수의 5% 이상

제9조(정보 검증범위) 전시회 정보 검증의 범위는 전시면적, 참가업체수, 참관객수 및 세부현황 등 총 4개 부문이다.

제10조(전시면적의 규정) 참가업체의 임차면적과 총 전시면적으로 구분한다.
① 임차면적은 다음 각 호와 같이 규정된다.
1. 전시주최사업자와 참가업체 사이에 정식계약이 체결되어 참가비가 지급된 면적(유상)과 무상으로 제공된 경우 모두를 포함한다.
2. 옥내 임차면적과 옥외 임차면적으로 구분한다.
3. 국내 참가업체의 임차면적과 해외 참가업체의 임차면적으로 구분한다.
4. 전시회 주제와 직접 관련이 있는 부대행사를 위한 면적도 포함된다.
② 총 전시면적은 다음 각 호와 같이 규정된다.
1. 전시주최사업자가 전시회 개최를 위해 비용을 지불하고 전시시설사업자로부터 임차한 전체 전시면적이다.
2. 식음료 시설, 사무실, 창고 등은 제외한다.

제11조(참가업체 수의 규정) 참가업체 수는 다음 각 호와 같이 규정된다.
1. 전시주최사업자와 참가계약을 체결한 업체로, 직원이 제품(서비스)과 함께 직접 부스를 점유하여 참가한 업체만을 말하며, 해당 업체는 참가신청서, 참가업체 디렉토리 등에 명시되어야 한다.
2. 다른 업체의 부스에 제품을 전시하고, 직원이 직접 참가하지 않는 업체는 참가업체 수에 포함되지 않는다.
3. 여러 업체가 공동으로 부스를 구성하여 참가할 시, 공동부스를 구성하는 각각의 참가업체는 독립된 참가업체로 인정된다. 단, 공동부스의 책임을 맡은 참가업체는 공동부스에 참가한 참가업체의 전시면적과 리스트를 입증할 수 있는 서류를 제출해야 한다.
4. 여러 개의 부스를 1개 업체가 사용할 경우 참가업체 수는 1개 업체로 본다.
5. 부스를 임차하고도 전시회에 참가하지 않은 업체는 참가업체 수에 포함되지 않는다.
6. 국내 참가업체와 해외 참가업체로 구분한다.

7. 국내 참가업체와 해외 참가업체는 참가신청서를 기준으로 구분되며, 해외 현지로부터 참가신청서가 접수되었을 경우 해외 참가업체로 구분되고 신청서 상에 기재된 국적에 따라 분류된다.
8. 참가업체의 국적이 명확하지 않은 경우, 참가업체의 본사에서 본사를 대신하여 지사가 참가하였음을 확인하는 경우는 인정된다.

제12조(참관객 수 및 세부현황의 규정) 참관객 수는 다음 각 호와 같이 규정된다.

1. 참관객수는 전시회 입장을 위해 입장료를 지불하거나 등록과정을 거쳐 입장한 참관객을 뜻하며, 등록은 하였으나 전시장에 입장하지 않은 참관객은 포함하지 않는다.
2. 등록과정을 거쳐 입장한 참관객의 작성된 등록 신청서, 이메일 및 전화번호 정보가 누락되었을 경우, 참관객이 전시회에 방문하지 않은 것으로 간주된다.
3. 참관객은 전시회 기간 동안 방문 횟수에 상관없이 입장객 또는 등록자 1명당 한 번만 집계한다.
4. 참관객과 별도로 전시회 방문수를 집계할 수 있으며, 방문은 참관객이 전시장에 방문한 수를 뜻하고 하루에 한번만 집계된다.
5. 참관객수와 참관객의 반복 방문수를 합계하여 총 방문수를 집계 할 수 있다.
6. 참가업체의 직원, 전시회 운영을 위해 고용된 자, 해당 전시장 관계자 등은 제외한다.
7. 참관객은 구매자와 일반인으로 구분하여 집계한다.
8. 구매자는 소속기관 및 기업의 사업상의 목적 혹은 직업적인 관심을 가지고 전시회를 방문한 참관객을, 일반인은 개인적인 관심으로 방문한 참관객을 뜻하며, 등록양식상에 이를 구분할 수 있는 항목을 삽입하여 참관객이 직접 기재할 수 있도록 한다.
9. 일반인은 국내 일반인과 해외 일반인으로 구분된다.
10. 구매자는 국내 구매자와 해외 구매자로 구분하며, 구매자의 지역별, 업종별, 직위별 분류와 담당부서에 대한 현황 등이 포함되며, 그 분류는 전시회별 상황에 따라 전시주최사업자가 별도로 정할 수 있다.

제13조(전시회 인증의 신청) 전시회 인증을 받으려는 전시주최사업자는 지식경제부령으로 정하는 신청서를 인증기관에 제출함으로써 이루어지며, 전시회 인증신청서는 별지 제1호서식에 따른다.

① 인증신청서는 전시회 개최 전 최소 2개월 이내에 제출해야 한다.

② 인증신청서 제출 기한을 넘길 경우, 인증 신청의 유효 여부는 인증기관의 판단에 따른다.

③ 전시주최사업자는 인증 신청 시, 인증 신청 전시회와 관계된 과거자료(최근 2회 이상 전시회 개최 실적 결과)를 인증기관에 제출해야 한다.

제14조(인증 진행에 관한 사전협의) 인증기관, 전시주최사업자, 검증 기관은 전시회 개최 전에 등록절차와 검증 시 필요한 자료의 종류 및 형식에 대하여 협의를 한다.

① 전시주최사업자는 현장 검증에 필요한 자료(전시회 디렉토리, 전시장 레이아웃 등)를 인증(검증)기관에 제출한다.

제15조(현장검증) 인증(검증)기관은 [전시회 정보 검증규정]에 따라 전시규모, 참가업체의 참가여부, 등록절차 이행상황 등을 확인한다.

① 그 외 인증(검증)기관이 필요하다고 판단하는 현장검증을 실시할 수 있다.

제16조(전시회 정보 보고) 등록시스템 운영업체는 전시회 개막과 동시에 매일 집계 정보를 성명별(가나다 순)로 정리된 등록정보 파일을 인증기관에 제출할 수 있으며, 별도 등록시스템 운영업체가 없을 경우 인증기관과 협의 후 별도로 정한다.

① 인증기관 및 검증기관은 전시주최사업자를 통하지 않고 등록시스템 운영업체로부터 직접 참관객 등록정보를 받을 수 있으며, 등록시스템 운영업체는 이러한 요청에 응해야 한다.

② 전시회 인증신청서를 제출한 전시주최사업자는 전시회 종료 후 20일 이내에 다음 각 호의 내용을 인증기관에 제출한다.

1. 전시회 정보 보고서
2. 전시장 임대차계약서 사본
3. 전시회 정보 세부내역 (참관객 정보 세부내역)
4. (필요시) 참가업체 신청서(임차면적 명시) 사본
5. (필요시) 참가업체 참가비 납입증명 서류(선수금, 중도금, 잔금에 대한 세금계산서 및 납입영수증) 사본
6. (필요시) 전시장 임차료 납입증명 서류(선수금, 중도금, 잔금에 대한 세금계산서 및 납입영수증) 사본
7. 기타 검증기관이 요청하는 추가자료 등

③ 전시회 정보 보고서를 제출한 후 수정할 사항이 발견되면 관련 증빙서류와 함께 전시회 인증이 완료되기 전에 인증기관에 보고 후 변경한다.

④ 전시회 정보 보고를 규정된 기일 내에 제출하지 않으면 인증 신청을 무효로 할 수 있다.

제17조(사후검증) 검증기관은 [전시회 정보 검증규정]에 따라 검증을 수행하되, 검증절차의 신뢰성과 효율성을 위해 필요하다고 판단되는 검증절차를 취할 수 있다.

① 표본조사, 전수조사 등 검증기관이 필요하다고 판단하는 사후검증을 실시할 수 있다.

제18조(인증결과의 확정) 인증기관은 분기별로 인증심사위원회를 구성하여 검증기관이 실시한 검증결과를 기초로, 인증여부에 대한 결과를 확정한다.

제19조(인증마크) 인증기관은 전시산업발전법 시행령 제13조 제3항에 따라 전시회 또는 국제전시회의 인증을 받은 전시주최사업자에게는 전시회 인증서 또는 국제전시회 인증서와 함께 전시회 인증마크 또는 국제전시회 인증마크를 부여한다.

① 인증기관은 인증을 획득하지 못한 전시회의 인증마크 사용에 대하여 적극적으로 감시한다.

② 전시회 인증서 및 국제전시회 인증서는 각각 [별지 제5호서식] 및 [별지 제6호서식]에 따른다.

제20조(인증결과 보고서의 제작 및 발행) 인증기관은 전시회 인증서 또는 국제전시회 인증서를 발급한 실적[별지 제7호서식]을 회계연도 종료 후 1월 이내에 지식경제부장관에게 보고하며 인증결과 보고서를 익년 2월까지 작성 및 발행한다.

제21조(인증비용) 인증신청 전시회의 정보에 대한 평가 및 검증을 위한 비용의 산출기준 및 요율은 임대차 면적에 따라 부과된다.

(단위 : 천원)

총 전시 면적(㎡)	10,000㎡ 미만	10,000㎡~ 20,000㎡ 미만	20,000㎡~ 30,000㎡ 미만	30,000㎡ 이상
인 증 비	3,600	4,000	4,400	4,800

부칙 [2010.1.1]

제1조(시행일)

이 규정은 2010년 1월 1일부터 시행한다.

제2조(적용례)

이 규정은 시행일 이후 시작하는 전시회에 대한 인증부터 적용한다.

참 고 문 헌

| 국내논문 |

강형철(2009), 카지노 기업의 내부마케팅 사례연구, 「관광연구총론」, 21(2): 131-154.

곽상종(2008), 콜센터 내부마케팅이 상담사의 고객지향성, 직무만족 및 이직의도에 미치는 영향에 관한 연구, 전남대학교 대학원 박사학위논문.

구필모 · 허향진 · 서용건 · 이성은(2003), 호텔기업의 내부마케팅이 조직구성원의 직무만족에 미치는 영향에 관한 연구: 제주지역 특급호텔을 중심으로, 「관광 · 레저연구」, 19(2): 167-184.

권영철(2001), 기업간 경쟁과 협력의 논리와 규범, 「경영학연구」, 30(3): 695-718.

고상덕(2002), 컨벤션행상에서 조직내 파트너간의 갈등요인과 협업을 통한 성과향상, 「외식경영연구」, 5(2): 3-17.

김시중(2005), 전시컨벤션 개최지 선택속성의 차이 및 선호에 관한 연구, 「산업경제연구」, 18(6): 2791-2816.

김시중 · 박창규(2006), 중요도–성취도 분석에 의한 전시컨벤션 개최지 평가, 「한국경제지리학회지」, 9(3): 328-378.

김은희(2009), 지방정부의 내부마케팅전략에 관한 실증적 연구, 「한국행정논집」, 21(3): 1025-1056.

김영중(2005), 관광이벤트 자원봉사자 관리 · 지원에 관한 연구, 경기대학교 관광전문대학원 석사학위논문.

김정은(2004), 일본과 한국의 컨벤션 산업 비교 연구, 부경대학교 대학원 석사학위논문.

김철원 · 변재상 · 임승빈(2002), 랜드마크의 영향력 범위와 인지요인과의 관계, 「한국조경학회지」, 30(4): 9-18.

김철원 · 박유미 · 이향정(2005), 컨벤션 개최지의 이미지가 만족도 및 사후반응에 미치는 영향, 「관광학연구」, 28(4): 273-294.

김창곤(2007), 호텔종사원의 직무만족과 고객지향성에 관한 연구, 「관광연구저널」, 21(1): 159-174.

김학신 · 이덕성 · 박용범(2004), 레저스포츠 컨벤션이벤트 참가자 이미지와 충성도를 통한 지역 관광시장 활성화방안, 「한국사회체육학회지」, 22: 209-220.

김희동(2008), 호텔 내부마케팅활동이 종사원의 직무만족 및 서비스품질에 미치는 영향, 배재대학교 대학원, 석사학위논문.

노형봉(2001), 국내기업간 전략적 제휴의 핵심성공요인에 관한 연구, 「경영학연구」, 30(1): 76-108.

라휘문 · 김영희(2004), 행정서비스 만족도 결정요인의 탐색: 공무원의 직무만족요인을 중심으로, 「한국지방자치학회보」.

박경애(2005), 지역이미지가 지역공동브랜드의 평가에 미치는 영향: 대구시의 중소기업 공동브랜드를 중심으로, 「중소기업연구」, 27(2): 3-30.

박봉규(1997), 호텔종업원의 고객지향과 그 결정요인에 관한 연구, 「관광 · 레저연구」, 10(1): 7-29.

박미선 · 신홍철(2010), 호텔조직 내 커뮤니케이션 만족과 직무만족과 고객지향성 간의 구조관계 연구, 「서비스경영학회지」, 11(3): 187-207.

박옥필(2009), 컨벤션센터 내부마케팅이 종사자 직무만족과 고객지향성에 미치는 영향, 「한국이벤트컨벤션학회」, 5(1): 35-53.

송우용(1996), 한국 제조기업의 국제 전략적 제휴 성공결정요인. 「무역학회지」, 22(4): 137-160.

송효분(2005), 외식기업의 내부마케팅이 내부고객과 외부고객의 만족에 미치는 영향: 호텔레스토랑과 패밀리 레스토랑을 대상으로, 경기대학교 대학원 박사학위논문.

신동식(2010), 서비스기업에서 내부마케팅요인이 조직신뢰 및 직무만족과 이직의도에 미치는 영향에 관한 연구. 여행사 직원을 중심으로, 「관광연구」, 25(2): 293-316.

안종석(2005), 다차원적 속성의 국가이미지가 제품평가 및 브랜드 태도에 미치는 영향: 중국소비자를 중심으로, 「국제경영연구」, 16(2): 63-90.

양상훈(2012), 기업의 SNS 마케팅 중 메시지 유형이 이용자의 심리적 유형에 따라 브랜드 태도에 미치는 영향: 페이스북 팬페이지를 중심으로, 홍익대학교 석사학위 청구논문.

오상훈(1996), 관광특구의 촉진활성화를 위한 관광기업의 협력기대효용에 관한 실증적연구, 「관광학연구」, 19(2): 149-164.

우정자(2012), 자원봉사 인정과 보상이 청소년의 지역사회자본에 미치는 영향, 「보건사회연구」, 32(2): 335-363.

윤기호(2006), 금융기관 내부마케팅과 조직시민행동이 종업원 노력, 종업원 만족, 고객지향성에 미치는 영향, 동아대학교 대학원 박사학위논문.

윤성준 · 백미영 · 박종원(2003), 기업과 제품 브랜드 이미지의 상호작용에 관한 실증적 연구, 「서비스경영학회지」, 4(1): 153-175.

윤성환(2006), 국가이미지와 브랜드개성이 상해 소비자들의 한국제품 선택에 미치는 영향, 「무역학회지」, 31(2): 263-282.

이강호(2006), 이산적 선택모형을 이용한 컨벤션 시설 선태 예측 모형에 관한 연구 – COEX, BEXCO and ICC JEJU를 중심으로, 「문화관광연구」, 8(2): 77-93.

이강현 · 정진경(2006), 자원봉사조직 및 자원봉사자의 자원봉사 인정 · 보상 시행경험에 관한 연구, 「한국비영리연구」, 5(1): 101-135.

이동진(2007), 콜센터의 서비스 품질경영 핵심요인이 서비스성과에 미치는 영향, 청주대학교 대학원 박사학위논문.

이관표 · 정승조(2003), 클럽하우스내의 식당이용고객의 만족도에 관한 연구, 「호텔경영연구」, 5(1): 225-250.

이수범(2004), 도시 이미지 제고를 위한 장소마케팅 전략: 인천을 중심으로, 「커뮤니케이션학연구」, 12(1), 56-83.

이인성(2009), 외식기업의 내부마케팅요소가 직무만족 및 고객지향성에 미치는 영향, 「관광연구저널」, 23(4): 349-365.

이상철 · 유근환 · 장우진 · 김용득(2001), 지방공무원의 직무만족과 고객지향성에 관한 연구. 경상북도를 중심으로, 「한국사회와 행정연구」, 154(4): 97-120.

이정훈(2004), 지역개발에서 차별화된 장소이미지 설정을 위한 장소분석 방법론 재구축, 「지리학연구」, 38(4): 479-495.

조광익(1997), 관광개발에 있어서 파트너십의 역할: 제주 국제컨벤션센터 건립을 중심으로, 「관광연구논총」, 9호: 157-178.

조희재(2000), 21세기 컨벤션산업 발전을 위한 국제심포지엄보고서, 「한국관광공사」.

정기한 · 황인호 · 신재익(2007), 공기업에서의 내부마케팅과 고객지향성이 서비스품질과 고객만족에 미치는 영향에 관한 연구, 「고객만족경영연구」, 9(1): 103-122.

정명균(2013), SNS 마케팅이 국내 인바운드 관광객의 호텔 선택에 미치는 영향: 기존 지면광고와의 비교를 중심으로, 세종대학교 석사학위 청구논문.

장양례(2007), 여행업 인터널마케팅이 종사원 직무만족에 미치는 영향에 관한 실증연구, 「대한경영학회지」, 20(5): 2383-2404.

정용문 · 변재상(2005), 시민의식에 기초한 공주시 도시이미지 분석–도시와 랜드마크의 형용사 이미지 포지셔닝, 「한국조경학회지」, 33(3): 18-30.

주현식(2001), 컨벤션 참가동기, 개최지속성, 만족 및 재 참가 의도간의 영향 관계, 동아대학교 대학원 박사학위논문.

정유림 · 홍성화(2012), MICE 참가자 여객운송 담당 항공자 직원의 직무스트레스와 역할갈등에 관한연구, 「컨벤션연구」, 12(2): 25-46.

차미숙(1994), 지방정부 경영전략으로서의 제 3섹터, 「국토정보」, 서울: 국토개발원.

최재헌(2005), 세계화시대의 지역과 지역정체성에 대한 개념적 이해, 「한국도시지리학회지」, 8(2): 1-17.

최추호(2004), 전시컨벤션센터의 물리적 환경 요인이 만족과 재이용 의도에 미치는 영향, 「컨벤션연구」, 4(3): 97-111.

최병춘(2010), 우리나라 MICE 뷰로의 글로벌 활성화 방안 연구, 한국통상정보학회, 통상정보연구, 12(4): 479-508.

최문환(2011), 중소수출기업의 무역전시회 참가성과 만족에 영향을 미치는 요인에 관한 연구, 영남대학교 대학원 석사학위논문.

하종명(2000), 호텔컨벤션 활성화를 위한 마케터의 역할과 전략적 제휴에 관한 연구, 「문화관광연구」, 2(1): 167-178.

한진수 · 김은정(2005), 호텔기업의 내부마케팅활동이 종사원의 직무만족, 조직몰입 및 고객지향성에 미치는 영향, 「호텔경영학연구」, 14(3): 191-213.

함석종 · 나현미 · 김규남(2009), 강원랜드의 내부마케팅활동이 직원의 직무만족에 미치는 영향, 「호텔관광연구」, 11(3): 15-30.

황윤용 · 정성구 · 최수아 · 이국용(2007), 공공부문에서의 고객지향성이 서비스품질과 고객만족에 미치는 영향, 「고객만족경영연구」, 9(2): 97-113.

황윤정(2000), 관광자원봉사자 참여활성화 방안에 관한 연구, 한양대학교 대학원 석사학위논문.

한상일(2002), 관광지 장소성의 커뮤니케이션 전략에 관한 연구 – 땅끝마을의 사례를 중심으로, 「문화관광연구」, 4(2): 311-328.

홍성화(2004), 제주지역 컨벤션산업 경쟁력에 대한 컨벤션기획사와 컨벤션 참가자 집단간 인식차이분석, 「관광연구」, 18(2): 275-287.

홍성화(2008), 컨벤션개최지와 개최장소 이미지의 상호관계 연구, 「관광학연구」, 32(1): 31-52.

| 국내문헌 |

김맹선 · 김철원 · 윤세목 · 윤유식 · 최정자(2010), 『이론과 실무사례가 풍부한 PCMA의 전략적 MICE 경영론』, 세림출판.

김용관(2007), 『기업과 전시회마케팅』, 백산출판사.

김성혁(2002), 『컨벤션산업론』, 백산출판사.

대외경제정책연구원(2004), 『대규모 국제회의 유치를 통한 제주 컨벤션 산업의 발전과 경쟁력 강화』, 56-59.

박의서 · 장태순 · 이창현(2010), 『MICE산업론』, 학현사, 262p.

안경모 · 이민재(2006), 『컨벤션경영론 기획 · 운영』, 백산출판사.

안경모 · 손경미(2004), 『페스티발&스페셜 이벤트 경영』, 백산출판사.

이유재(2009), 『서비스마케팅(제3판)』, 학현사.

신재기(2003), 『컨벤션마케팅』, 한올출판사.

주현식 · 우석봉 · 박봉규(2002), 『컨벤션 기획과 실무』, 도서출판 대명.

주현식 · 이창호(2005), 『전시컨벤션마케팅』, 백산출판사.

코리아 MICE 뷰로(2012), 『2011 MICE산업통계조사연구』, 76-126.

페르베즈 K. 아미드 · 모하메드 라피크(2007), 『인터널마케팅: 이젠 내부를 마케팅하라』, 한국 IMC연구회 옮김, 지식공작소.

황희곤 · 김성섭(2003), 『미래형 컨벤션산업론: 마케팅과 경영』, 백산출판사.

황희곤 · 김성섭(2003), 『컨벤션마케팅과 경영』, 백산출판사.

한국관광공사(2011), 『인센티브여행 육성전략 수립 연구』, 15p.

한국관광공사(2009), 『중국 인센티브 여행 시장에 대한 리서치 연구 보고』.

한국문화관광연구원(2009), 『MICE 시설과 인접지역 복합화 추진 방안』, 55p.

한국전시산업진흥원(2010), 『국내 전시 인증제도 운영지침』.

문화체육관광부 · 한국관광공사(2011), 『인센티브여행 육성전략 수립 연구』.

Global MICE Insight, vol. 9, 『한국컨벤션전시산업연구원』.

COEX(2011), 『Green Coex Report』.

| 웹사이트 |

http://www.coex.co.kr

http://www.bexco.co.kr

http://www.exco.co.kr

http://www.kintex.com

http://www.ceco.co.kr

http://www.docstoc.com

www.ramadajeju.co.kr

http://www.gep.or.kr/jsp/index.jsp

http://akei.or.kr/2011_new/index.jsp

| 국외논문 |

Arnette, D. B., Laverie, D. A. & Mclane, C. (2002), Using Job Satisfaction and Pride as Internal-Marketing Tools, Cornell Hotel and Restaurant Administration Quarterly. Cornell University, 43(2): 87-96.

Astroff, M. T. & Abbey, J. R. (1998), Convention sales and services, 5th edition, Cranbury, NJ: Waterbury press

Augustin, M. M. & Knowles, T. (2000), Performance of tourism partnership: A focus on York. Tourism management, 21: 341-351.

Bair, B. (2006), Survey reveals What incentive winners want, Corporate Meetings & Incentives, Jul.

Bansal, H. S., Mendelson, M. B. & Sharma, B. (2001), the Impact of Internal Marketing Activities on External Marketing Outcomes. Journal of Quality Management, 6(1): 65.

Bomhorst, T., Ritchie, B., Sheehan, L. (2010), Determinants of tourism success for DMOs & destinations: An empirical examination of stakeholder' perspectives. Tourism Management, 31: 572-589.

Brown, J. T. & Shoemaker, S. (1998), Loyalty: A strategic commitment. The Cornell H. R. A. Quarterly, 39(1): 12-25.

Brown, T. J., Mowen, J. C., Donavan, D. T. & Licata, J. W. (2002), The Customer Orientation of Service Workers: Personality trait effects on self- and supervisor performance ratings. Journal of Marketing Research, 39(2): 10129.

Clark, J. D., Price, C. H. & Murrmann, S. K. (1996), Buying centers: who chooses convention sites? The Cornell H. R. A. Quarterly, 37(4): 72-76.

CIC (2005), The APEX Event Specifications Guide Template.

Choi, Jeong-Ja (2000), Association Planning Site Selection and Satisfaction a Association Market. Kansas State University, Manhattan Kansas.

Crouch, G. I. & Ritchie, J. R. B. (1998), "Convention Site Selection Research, A Revoew, Conceptual Model and Propositional Framework", Jornal of Convention and Exhibiion Management, 1(1).

CONVNE (2006), AnnMarie Branagan and Vivian McLaughlin, Creating the ideal registration form, Conferon Guide*Exhibit surveys Inc*(2000). ACRR 1120, CEIR, Oct.

Davidson, R. (2003), Adding pleasure to business: Conventions and tourism. Journal of Convention & Exhibition Management, 5(1): 29.

De Araujo, L. M. & Bramwell, B. (2002), Partnership and regional tourism in Brazil. Annals of tourism Research, 29(4): 1138-1164.

Dellaert, G. C. B., Ettema, F. D., & Lindh, C. (1998), Multi-faceted tourist travel decisions: a constraint-based conceptual framework to describe tourists' sequential choices of travel components. Tourism Management, 19(4), 314.

Dubé, L. , & Renaghan, L. M. (2000), Marketing your hotel to and through intermediaries. The Cornell H. R. A. Quarterly, 41(1): 73-83.

Donovan, D. T., Brown, T. J. and Mowen, J. C. (2004), Internal Benefits of service-worker customer orientations: Job satisfaction, commitment and organizational citizenship behaviors. Journal of Marketing, 68: 128-146.

D. S. Vaughn (1980), "Put Trade Show to works for you", Sales & Marketing Management, A special report.

Fortin, P. A. & Ritchie, J. R. B. (1997), An Empirical Study of Association Decision Processes in Convention Site Selection. Journal of Travel Research. 25(4), 42-29.

Gartrell, R. B. (1994), Destination marketing for convention and visitor bureaus. (2nd ed.), Dubuque, IA: Kendall/Hunt Publishing.

George G, FENICH, Ph.D (2002), Meetings, Exposition, Events, and convention.

Go. F. & Zhang, W. (1997), applying Importance-Performance Analysis to Beijing as an International Meeting Destination. Journal of Travel Research, 25(4): 42-49.

Gunn, C. A. (1994), Tourism planning. (3rd ed.), Washington DC: Taylor and Francis.

Hall, J. (2004), Branding Bratain. Journal of Vacation Marketing. 10(2): 171-185.

Heide, J. B. & John, G. (1992), The role of dependence balancing in safeguarding transaction-specific assets in conventional channels. Journal of marketing, 52: 20-25.

Hinkin. T. R., & Tracey, J. B. (2003), The service imperative: Factors driving meeting effectiveness. Cornell Hospitality Quarterly, 22-23.

Johnson, J. L., Cullen, K. B., Sakano, T. & Takenouchi, H. (1997), Setting the stage for trust and strategic integration in Japanese-U.S. cooperative alliance. P.W. & Killing, J.P. (eds.), San Francisco, The New Lexington, Press.

Juergens, J. (2004), Incentive Travel: Luxury is back in demand, Corporate Meetings & Incentives, Nov.

Kotler, P., Bowen, J. T., Makens, J. C. (2010), Marketing for Hospitality and Tourism(3rd ed). New Jerset: Pearson Prentice Hall.

Lawson, F. (1981), Conference, Convention and Exhibition Facilities London: The Architectural.

Lawson, F. (2000), Congress, convention and Exhivition Facilities: Planning, Design, management. Architectural Press.Pike, S. (2001). Destination Marketing Organization, Elseveir.

Lorange, P. & Roos, J. (1992), Strategic alliances formation, evolution and implementation. London: Basil Blackwell.

Middleton, V. (1993), Marketing in travel and tourism, Oxford.: B.H.: 77-85.

Mohr, J. J. & Nevin, J. R. (1990), Communication strategies in marketing channels: A theoretical perspective. Journal of marketing, 54: 36-51.

Moorman, C., Zaltman, G. & Despande, R. (1992), Relationships between providers and users of marketing research: The dynamics of trust within and between organizations. Journal of marketing Research, 29: 314-329.

Moorman, C,. Despande, R. & Zaltman, G. (1993), Factors affecting trust in market research relationship marketing. Journal of marketing, 29: 82.

Morgan, R. M. & Hunt, S. D. (1994), The commitment-trust theory of relationship marketing. Journal of marketing, 58: 22.

Morrison, A. M., Bruen, S. M. & Ansderson, D. J. (1998), Convention and visitor bureaus in the USA: a profile. Journal of Travel and Tourism Marketing, 7(1): 1-19.

Oppermann. M. (1996), Convention Destination Images: Analysis of Association Meeting Planners' Perceptions. Tourim Management, 17: 175-182.

Oppermann, M. (1996), Convention cities-images and changing fortunes. Journal of Tourism Studies, 7(1): 10-19.

Oppermann, M. & Chon K. S. (1997), Convention participation decision-making process. Annals of Tourism Research, 21(1): 178-191.

PCMA (2002), Pofessional Meeting Management, 4th edition.

PCMA (2003), Professional convention Management Association Annual survey.

Polivka, E. G. (1996), Professional meeting management. (3rd ed.), Birmingham, AL: Professional Convention Management Association.

Pike, S. (2008), Destination Marketin: An Integrated Marketing Communication Approach. Oxford: Elsevier.

Qu, H. Lan, L., & Gilder, K. T. C. (2000), The Comparative Anaalysis of Hong Kong as an International Conference Destination in Southeast Asia. Tourism Management, 21(6): 643-648.

Rafiq, M. & Ahmed, P.K. (2000), Advances in the Internal Marketing Concept: Definition, Synthesis and Extension. Journal of Services marketing, 14(6): 449-462.

Rutheford, D. G. & Umbreit, W. T. (1993), Improving interaction between meeting planners and hotel employees. The Cornell H. R. A. Quarterly, 34(1): 68-80.

Selin, S. & Chavez, D. (1995), Developing an evolutionary tourism partnership model, Annals of Tourism Research, 22: 844-856.

Severt, D. Wang, Y, Chen, P., & Breiter, D. (2006), Examining the motivation, perceived performance, and behavioral intentions of convention attendees: Evidence form a regional conference. Tourism Management, 28(2): 399-408.

Sinamohan, M. V. K. (2001), Why research partnerships really matter: innovation theory, institutional arrangement and implaications for developing new technology for the poor. World Development., 29(5): 84-101.

Siguaw, J. A. Brown, G. & Widing R. E. (1994), The Influence of the Market Orientation of the Firm on Dales Force Behavior and Atitudes. Journal of Marketing Research, 31: 106-116.

Sureshchandar, G. S., Rajendran, C., & Kamalanbha, T. J. (2002), Customer Perceptions of Service Quality-A Critique. Total Quality Management, 12: 111-124.

Travis, A. S. (1989), Tourism Destination area development: From theory into practice, In Tourism Marketing and Management handbook, S.F. Witt and L, Moutinho(eds.), NY: Prentice-hall: 487-498.

Weber, K & Chon K. (2002), Convention Tourism: International Research and Industry Perspectives, Hong Kong: The Howard Press, Inc.

Weber, K. (2000), Meeting planners' perceptions of hotel chain practices and benefits: an importance/performance analysis. The Cornell H. R. A. Quarterly, 41(4): 32-38.

Wootton, G. & Stevens, T. (1995), Business tourism: A study of the market for hotel-based meetings and its contribution to Wale's tourism. Tourism Management, 16(4): 306-307.

Westwood, S. Pritchard, A. Morgan, J. N. (2000), Gender-blind marketing Businesswomen's perceptions of airline services. Tourism Management, 21(4): 353-362. 2013 Meeintgs Forecast AMEX, Global Insight, vol. 13.

저/자/소/개

제주대학교 경상대학 관광경영학과에서 재직중이고 한양대학교 대학원 관광학과에서 박사학위를 취득하였다. 현재 제주특별자치도 지원위원회(위원장 국무총리) 민간전문위원, 한국관광학회 재정이사, 한국컨벤션학회 홍보위원장, 제주관광학회 이사직과 제주시 시민행복 정책자문위원, 제주상공회의소 자문위원, 제주특별자치도관광협회 자문위원직을 수행하고 있다.

제주대학교 기획부처장, 경상대학 부학장, 제주특별자치도 관광정책자문위원, 문화체육관광부 관광자원개발사업 자문위원, 지식경제부 제주광역경제권 선도산업 MICE 프로젝트 디렉터직을 수행하였고 중앙일보 제주지역 논설위원, KBS제주 객원해설위원 그리고 제주MBC 토론프로그램 '시사진단'에서 진행자를 역임하였다.

대한민국 MICE 대상(문화체육관광부장관상, 2010년)과 한국관광진흥대상(한국관광학회, 2011년)을 수상하였다.

(email: hotel5757@daum.net)

MICE산업론

2014년 2월 20일 초　판 1쇄 발행
2015년 9월 10일 개정판 1쇄 발행
2024년 2월 10일 개정판 3쇄 발행

지은이 홍성화
펴낸이 진욱상
펴낸곳 백산출판사
교　정 조진호
본문디자인 박채린
표지디자인 오정은

저자와의 합의하에 인지첩부 생략

등　록 1974년 1월 9일 제406-1974-000001호
주　소 경기도 파주시 회동길 370(백산빌딩 3층)
전　화 02-914-1621(代)
팩　스 031-955-9911
이메일 edit@ibaeksan.kr
홈페이지 www.ibaeksan.kr

ISBN 978-89-6183-875-7 93980
값 18,000원